OEUVRES

COMPLÈTES

DE MOLIÈRE.

PARIS. — DE L'IMPRIMERIE DE RIGNOUX,
rue des Francs-Bourgeois-S.-Michel, n° 8.

OEUVRES
COMPLÈTES
DE MOLIÈRE

PRÉCÉDÉES

D'UNE NOTICE PAR L. B. PICARD

Troisième Édition

REVUE, ET AUGMENTÉE

D'UNE DISSERTATION SUR LE TARTUFE

PAR M. ÉTIENNE

DE L'ANCIEN INSTITUT DE FRANCE.

TOME QUATRIÈME.

PARIS.

BAUDOUIN FRÈRES, ÉDITEURS,

RUE DE VAUGIRARD, N° 17.

M DCCC XXVIII.

MÉLICERTE,

PASTORALE HÉROÏQUE,

Dont il n'existe que les deux premiers actes, qui furent représentés à Saint-Germain-en-Laye le 2 décembre 1666.

PERSONNAGES.

MÉLICERTE [1], \
DAPHNÉ [2], } bergères. \
ÉROXÈNE [3], \
MYRTIL, amant de Mélicerte [4]. \
ACANTHE, amant de Daphné [5]. \
TYRÈNE, amant d'Éroxène [6]. \
LYCARSIS, pâtre, cru père de Myrtil [7]. \
CORINNE, confidente de Mélicerte [8]. \
NICANDRE, berger. \
MOPSE, berger, cru oncle de Mélicerte.

ACTEURS.

[1] Mademoiselle Du Parc. — [2] Mademoiselle De Brie. — [3] Mademoiselle Molière. — [4] Baron. — [5] La Grange. — [6] Du Croisy. — [7] Molière. — [8] Mademoiselle Béjart.

La scène est en Thessalie, dans la vallée de Tempé.

MÉLICERTE.

ACTE PREMIER.

SCÈNE I.

DAPHNÉ, ÉROXÈNE, ACANTHE, TYRÈNE.

ACANTHE.
Ah, charmante Daphné!
TYRÈNE.
Trop aimable Eroxène!
DAPHNÉ.
Acanthe, laisse-moi.
ÉROXÈNE.
Ne me suis point, Tyrène.
ACANTHE, *à Daphné.*
Pourquoi me chasses-tu?
TYRÈNE, *à Éroxène.*
Pourquoi fuis-tu mes pas?
DAPHNÉ, *à Acanthe.*
Tu me plais loin de moi.
ÉROXÈNE, *à Tyrène.*
Je m'aime où tu n'es pas.
ACANTHE.
Ne cesseras-tu point cette rigueur mortelle?

TYRÈNE.

Ne cesseras-tu point de m'être si cruelle ?

DAPHNÉ.

Ne cesseras-tu point tes inutiles vœux ?

ÉROXÈNE.

Ne cesseras-tu point de m'être si fâcheux ?

ACANTHE.

Si tu n'en prends pitié, je succombe à ma peine.

TYRÈNE.

Si tu ne me secours, ma mort est trop certaine.

DAPHNÉ.

Si tu ne veux partir, je quitterai ce lieu.

ÉROXÈNE.

Si tu veux demeurer, je vais te dire adieu.

ACANTHE.

Hé bien, en m'éloignant, je te vais satisfaire.

TYRÈNE.

Mon départ va t'ôter ce qui peut te déplaire.

ACANTHE.

Généreuse Éroxène, en faveur de mes feux,
Daigne au moins par pitié lui dire un mot ou deux.

TYRÈNE.

Obligeante Daphné, parle à cette inhumaine,
Et sache d'où pour moi procède tant de haine.

SCÈNE II.

DAPHNÉ, ÉROXÈNE.

ÉROXÈNE.

Acanthe a du mérite, et t'aime tendrement ;

ACTE I, SCÈNE II.

D'où vient que tu lui fais un si dur traitement?

DAPHNÉ.

Tyrène vaut beaucoup, et languit pour tes charmes;
D'où vient que sans pitié tu vois couler ses larmes?

ÉROXÈNE.

Puisque j'ai fait ici la demande avant toi,
La raison te condamne à répondre avant moi.

DAPHNÉ.

Pour tous les soins d'Acanthe on me voit inflexible,
Parce qu'à d'autres vœux je me trouve sensible.

ÉROXÈNE.

Je ne fais pour Tyrène éclater que rigueur,
Parce qu'un autre choix est maître de mon cœur.

DAPHNÉ.

Puis-je savoir de toi ce choix qu'on te voit taire?

ÉROXÈNE.

Oui, si tu veux du tien m'apprendre le mystère.

DAPHNÉ.

Sans te nommer celui qu'Amour m'a fait choisir,
Je puis facilement contenter ton desir;
Et de la main d'Atis, ce peintre inimitable,
J'en garde dans ma poche un portrait admirable,
Qui, jusqu'au moindre trait lui ressemble si fort,
Qu'il est sûr que tes yeux le connoîtront d'abord.

ÉROXÈNE.

Je puis te contenter par une même voie,
Et payer ton secret en pareille monnoie.
J'ai de la main aussi de ce peintre fameux
Un aimable portrait de l'objet de mes vœux,
Si plein de tous ses traits et de sa grace extrême,

Que tu pourras d'abord te le nommer toi-même.
####### DAPHNÉ.
La boîte que le peintre a fait faire pour moi
Est tout-à-fait semblable à celle que je voi.
####### ÉROXÈNE.
Il est vrai, l'une à l'autre entièrement ressemble,
Et certe il faut qu'Atis les ait fait faire ensemble.
####### DAPHNÉ.
Faisons en même temps, par un peu de couleurs,
Confidence à nos yeux du secret de nos cœurs.
####### ÉROXÈNE.
Voyons à qui plus vite entendra ce langage,
Et qui parle le mieux, de l'un ou l'autre ouvrage.
####### DAPHNÉ.
La méprise est plaisante, et tu te brouilles bien ;
Au lieu de ton portrait, tu m'as rendu le mien.
####### ÉROXÈNE.
Il est vrai ; je ne sais comme j'ai fait la chose.
####### DAPHNÉ.
Donne. De cette erreur ta rêverie est cause.
####### ÉROXÈNE.
Que veut dire ceci ? Nous nous jouons, je croi :
Tu fais de ces portraits même chose que moi.
####### DAPHNÉ.
Certes, c'est pour en rire, et tu peux me le rendre.
####### ÉROXÈNE, *mettant les deux portraits l'un à côté de l'autre.*
Voici le vrai moyen de ne se point méprendre.
####### DAPHNÉ.
De mes sens prévenus est-ce une illusion ?

ACTE I, SCÈNE II.

ÉROXÈNE.

Mon ame sur mes yeux fait-elle impression?

DAPHNÉ.

Myrtil à mes regards s'offre dans cet ouvrage.

ÉROXÈNE.

De Myrtil, dans ces traits, je rencontre l'image.

DAPHNÉ.

C'est le jeune Myrtil qui fait naître mes feux.

ÉROXÈNE.

C'est au jeune Myrtil que tendent tous mes vœux.

DAPHNÉ.

Je venois aujourd'hui te prier de lui dire
Les soins que pour son sort son mérite m'inspire.

ÉROXÈNE.

Je venois te chercher pour servir mon ardeur
Dans le dessein que j'ai de m'assurer son cœur.

DAPHNÉ.

Cette ardeur qu'il t'inspire est-elle si puissante?

ÉROXÈNE.

L'aimes-tu d'une amour qui soit si violente?

DAPHNÉ.

Il n'est point de froideur qu'il ne puisse enflammer,
Et sa grace naissante a de quoi tout charmer.

ÉROXÈNE.

Il n'est nymphe en l'aimant qui ne se tînt heureuse;
Et Diane, sans honte, en seroit amoureuse.

DAPHNÉ.

Rien que son air charmant ne me touche aujourd'hui;
Et si j'avois cent cœurs, ils seroient tous pour lui.

ÉROXÈNE.

Il efface à mes yeux tout ce qu'on voit paroître;
Et si j'avois un sceptre, il en seroit le maître.

DAPHNÉ.

Ce seroit donc en vain qu'à chacune, en ce jour,
On nous voudroit du sein arracher cet amour :
Nos ames dans leurs vœux sont trop bien affermies.
Ne tâchons, s'il se peut, qu'à demeurer amies,
Et puisqu'en même temps, pour le même sujet,
Nous avons toutes deux formé même projet,
Mettons dans ce débat la franchise en usage;
Ne prenons l'une et l'autre aucun lâche avantage;
Et courons nous ouvrir ensemble à Lycarsis
Des tendres sentiments où nous jette son fils.

ÉROXÈNE.

J'ai peine à concevoir, tant la surprise est forte,
Comme un tel fils est né d'un père de la sorte;
Et sa taille, son air, sa parole et ses yeux,
Feroient croire qu'il est issu du sang des dieux.
Mais enfin j'y souscris, courons trouver ce père;
Allons-lui de nos cœurs découvrir le mystère;
Et consentons qu'après, Myrtil entre nous deux
Décide par son choix ce combat de nos vœux.

DAPHNÉ.

Soit. Je vois Lycarsis avec Mopse et Nicandre.
Ils pourront le quitter; cachons-nous pour attendre.

SCÈNE III.

LYCARSIS, MOPSE, NICANDRE.

NICANDRE, *à Lycarsis.*
Dis-nous donc ta nouvelle.
LYCARSIS.
Ah ! que vous me pressez !
Cela ne se dit pas comme vous le pensez.
MOPSE.
Que de sottes façons et que de badinage !
Ménalque, pour chanter, n'en fait pas davantage.
LYCARSIS.
Parmi les curieux des affaires d'état,
Une nouvelle à dire est d'un puissant éclat.
Je me veux mettre un peu sur l'homme d'importance,
Et jouir quelque temps de votre impatience.
NICANDRE.
Veux-tu par tes délais nous fatiguer tous deux ?
MOPSE.
Prends-tu quelque plaisir à te rendre fâcheux ?
NICANDRE.
De grace, parle, et mets ces mines en arrière.
LYCARSIS.
Priez-moi donc tous deux de la bonne manière,
Et me dites chacun quel don vous me ferez
Pour obtenir de moi ce que vous désirez.
MOPSE.
La peste soit du fat ! Laissons-le là, Nicandre ;
Il brûle de parler, bien plus que nous d'entendre

Sa nouvelle lui pèse, il veut s'en décharger,
Et ne l'écouter pas est le faire enrager.

LYCARSIS.

Hé!

NICANDRE.

Te voilà puni de tes façons de faire.

LYCARSIS.

Je m'en vais vous le dire, écoutez.

MOPSE.

Point d'affaire.

LYCARSIS.

Quoi! vous ne voulez pas m'entendre?

NICANDRE.

Non.

LYCARSIS.

Hé bien!
Je ne dirai donc mot, et vous ne saurez rien.

MOPSE.

Soit.

LYCARSIS.

Vous ne saurez pas qu'avec magnificence
Le roi vient honorer Tempé de sa présence;
Qu'il entra dans Larisse hier sur le haut du jour;
Qu'à l'aise je l'y vis avec toute sa cour;
Que ces bois vont jouir aujourd'hui de sa vue,
Et qu'on raisonne fort touchant cette venue.

NICANDRE.

Nous n'avons pas envie aussi de rien savoir.

LYCARSIS.

Je vis cent choses là, ravissantes à voir.

Ce ne sont que seigneurs, qui, des pieds à la tête,
Sont brillants et parés comme au jour d'une fête;
Ils surprennent la vue; et nos prés au printemps,
Avec toutes leurs fleurs, sont bien moins éclatants.
Pour le prince, entre tous sans peine on le remarque,
Et, d'une stade loin, il sent son grand monarque :
Dans toute sa personne il a je ne sais quoi
Qui d'abord fait juger que c'est un maître roi.
Il le fait d'une grace à nulle autre seconde;
Et cela, sans mentir, lui sied le mieux du monde.
On ne croiroit jamais comme, de toutes parts,
Toute sa cour s'empresse à chercher ses regards :
Ce sont autour de lui confusions plaisantes;
Et l'on diroit d'un tas de mouches reluisantes
Qui suivent en tous lieux un doux rayon de miel.
Enfin l'on ne voit rien de si beau sous le ciel;
Et la fête de Pau, parmi nous si chérie,
Auprès de ce spectacle est une gueuserie.
Mais puisque sur le fier vous vous tenez si bien,
Je garde ma nouvelle, et ne veux dire rien.

MOPSE.

Et nous ne te voulons aucunement entendre.

LYCARSIS.

Allez vous promener.

MOPSE.

Va-t'en te faire pendre.

SCÈNE IV.

ÉROXÈNE, DAPHNÉ, LYCARSIS.

LYCARSIS, *se croyant seul.*
C'est de cette façon que l'on punit les gens,
Quand ils font les benêts et les impertinents.

DAPHNÉ.
Le ciel tienne, pasteur, vos brebis toujours saines !

ÉROXÈNE.
Cérès tienne de grains vos granges toujours pleines !

LYCARSIS.
Et le grand Pan vous donne à chacune un époux
Qui vous aime beaucoup, et soit digne de vous !

DAPHNÉ.
Ah, Lycarsis ! nos vœux à même but aspirent.

ÉROXÈNE.
C'est pour le même objet que nos deux cœurs soupirent.

DAPHNÉ.
Et l'Amour, cet enfant qui cause nos langueurs,
A pris chez vous le trait dont il blesse nos cœurs.

ÉROXÈNE.
Et nous venons ici chercher votre alliance,
Et voir qui de nous deux aura la préférence.

LYCARSIS.
Nymphes...

DAPHNÉ.
Pour ce bien seul nous poussons des soupirs.

LYCARSIS.
Je suis...

ACTE I, SCÈNE IV.

ÉROXÈNE.

A ce bonheur tendent tous nos desirs.

DAPHNÉ.

C'est un peu librement expliquer sa pensée.

LYCARSIS.

Pourquoi?

ÉROXÈNE.

La bienséance y semble un peu blessée.

LYCARSIS.

Ah, point!

DAPHNÉ.

Mais, quand le cœur brûle d'un noble feu,
On peut sans nulle honte en faire un libre aveu.

LYCARSIS.

Je...

ÉROXÈNE.

Cette liberté nous peut être permise,
Et du choix de nos cœurs la beauté l'autorise.

LYCARSIS.

C'est blesser ma pudeur que me flatter ainsi.

ÉROXÈNE.

Non, non, n'affectez point de modestie ici.

DAPHNÉ.

Enfin tout notre bien est en votre puissance.

ÉROXÈNE.

C'est de vous que dépend notre unique espérance.

DAPHNÉ.

Trouverons-nous en vous quelques difficultés?

LYCARSIS.

Ah!

ÉROXÈNE.

Nos vœux, dites-moi, seront-ils rejetés ?

LYCARSIS.

Non, j'ai reçu du ciel une ame peu cruelle :
Je tiens de feu ma femme; et je me sens comme elle
Pour les desirs d'autrui beaucoup d'humanité,
Et je ne suis point homme à garder de fierté.

DAPHNÉ.

Accordez donc Myrtil à notre amoureux zèle.

ÉROXÈNE.

Et souffrez que son choix règle notre querelle.

LYCARSIS.

Myrtil !

DAPHNÉ.

Oui, c'est Myrtil que de vous nous voulons.

ÉROXÈNE.

De qui pensez-vous donc qu'ici nous vous parlons ?

LYCARSIS.

Je ne sais; mais Myrtil n'est guère dans un âge
Qui soit propre à ranger au joug du mariage.

DAPHNÉ.

Son mérite naissant peut frapper d'autres yeux;
Et l'on veut s'engager un bien si précieux,
Prévenir d'autres cœurs, et braver la fortune
Sous les fermes liens d'une chaîne commune.

ÉROXÈNE.

Comme, par son esprit et ses autres brillants,
Il rompt l'ordre commun et devance le temps,
Notre flamme pour lui veut en faire de même,
Et régler tous ses vœux sur son mérite extrême.

LYCARSIS.

Il est vrai qu'à son âge il surprend quelquefois ;
Et cet Athénien qui fut chez moi vingt mois,
Qui, le trouvant joli, se mit en fantaisie
De lui remplir l'esprit de sa philosophie,
Sur de certains discours l'a rendu si profond,
Que, tout grand que je suis, souvent il me confond.
Mais, avec tout cela, ce n'est encor qu'enfance,
Et son fait est mêlé de beaucoup d'innocence.

DAPHNÉ.

Il n'est point tant enfant, qu'à le voir chaque jour
Je ne le croie atteint déja d'un peu d'amour ;
Et plus d'une aventure à mes yeux s'est offerte,
Où j'ai connu qu'il suit la jeune Mélicerte.

ÉROXÈNE.

Ils pourroient bien s'aimer, et je vois...

LYCARSIS.

Franc abus.
Pour elle, passe encore, elle a deux ans de plus ;
Et deux ans, dans son sexe, est une grande avance.
Mais, pour lui, le jeu seul l'occupe tout, je pense,
Et les petits desirs de se voir ajusté
Ainsi que les bergers de haute qualité.

DAPHNÉ.

Enfin nous désirons, par le nœud d'hyménée
Attacher sa fortune à notre destinée.

ÉROXÈNE.

Nous voulons, l'une et l'autre, avec pareille ardeur,
Nous assurer de loin l'empire de son cœur.

LYCARSIS.

Je m'en tiens honoré plus qu'on ne sauroit croire.
Je suis un pauvre pâtre; et ce m'est trop de gloire
Que deux nymphes d'un rang le plus haut du pays
Disputent à se faire un époux de mon fils.
Puisqu'il vous plaît, qu'ainsi la chose s'exécute:
Je consens que son choix règle votre dispute;
Et celle qu'à l'écart laissera cet arrêt
Pourra, pour son recours, m'épouser, s'il lui plaît :
C'est toujours même sang, et presque même chose.
Mais le voici. Souffrez qu'un peu je le dispose.
Il tient quelque moineau qu'il a pris fraîchement :
Et voilà ses amours et son attachement.

SCÈNE V.

ÉROXÈNE, DAPHNÉ et LYCARSIS, *dans le fond du théâtre;* MYRTIL.

MYRTIL, *se croyant seul, et tenant un moineau dans une cage.*

   Innocente petite bête,
   Qui contre ce qui vous arrête
   Vous débattez tant à mes yeux,
De votre liberté ne plaignez point la perte :
   Votre destin est glorieux,
   Je vous ai pris pour Mélicerte.

Elle vous baisera, vous prenant dans sa main;
   Et de vous mettre en son sein

ACTE I, SCÈNE V.

    Elle vous fera la grace.
Est-il un sort au monde et plus doux et plus beau?
Et qui des rois, hélas! heureux petit moineau,
    Ne voudroit être en votre place?

LYCARSIS.

Myrtil, Myrtil! un mot. Laissons là ces joyaux;
Il s'agit d'autre chose ici que de moineaux.
Ces deux nymphes, Myrtil, à la fois te prétendent,
Et tout jeune déja pour époux te demandent;
Je dois, par un hymen, t'engager à leurs vœux,
Et c'est toi que l'on veut qui choisisses des deux.

MYRTIL.

Ces nymphes?

LYCARSIS.

    Oui. Des deux tu peux en choisir une.
Vois quel est ton bonheur, et bénis la fortune.

MYRTIL.

Ce choix qui m'est offert peut-il m'être un bonheur,
S'il n'est aucunement souhaité de mon cœur?

LYCARSIS.

Enfin qu'on le reçoive; et que, sans se confondre,
A l'honneur qu'elles font on songe à bien répondre.

ÉROXÈNE.

Malgré cette fierté qui règne parmi nous,
Deux nymphes, ô Myrtil! viennent s'offrir à vous;
Et de vos qualités les merveilles écloses
Font que nous renversons ici l'ordre des choses.

DAPHNÉ.

Nous vous laissons, Myrtil, pour l'avis le meilleur,

Consulter sur ce choix vos yeux et votre cœur;
Et nous n'en voulons point prévenir les suffrages
Par un récit paré de tous nos avantages.

MYRTIL.

C'est me faire un honneur dont l'éclat me surprend;
Mais cet honneur pour moi, je l'avoue, est trop grand.
A vos rares bontés il faut que je m'oppose :
Pour mériter ce sort, je suis trop peu de chose ;
Et je serois fâché, quels qu'en soient les appas,
Qu'on vous blâmât pour moi de faire un choix trop bas.

ÉROXÈNE.

Contentez nos désirs, quoi qu'on en puisse croire;
Et ne vous chargez point du soin de notre gloire.

DAPHNÉ.

Non, ne descendez point dans ces humilités,
Et laissez-nous juger ce que vous méritez.

MYRTIL.

Le choix qui m'est offert s'oppose à votre attente,
Et peut seul empêcher que mon cœur vous contente.
Le moyen de choisir de deux grandes beautés,
Égales en naissance et rares qualités!
Rejeter l'une ou l'autre est un crime effroyable,
Et n'en choisir aucune est bien plus raisonnable.

ÉROXÈNE.

Mais en faisant refus de répondre à nos vœux,
Au lieu d'une, Myrtil, vous en outragez deux.

DAPHNÉ.

Puisque nous consentons à l'arrêt qu'on peut rendre,
Ces raisons ne font rien à vouloir s'en défendre.

ACTE I, SCÈNE V.

MYRTIL.

Hé bien, si ces raisons ne vous satisfont pas,
Celle-ci le fera : j'aime d'autres appas;
Et je sens bien qu'un cœur qu'un bel objet engage
Est insensible et sourd à tout autre avantage.

LYCARSIS.

Comment donc? qu'est-ce ci? qui l'eût pu présumer?
Et savez-vous, morveux, ce que c'est que d'aimer?

MYRTIL.

Sans savoir ce que c'est, mon cœur a su le faire.

LYCARSIS.

Mais cet amour me choque, et n'est pas nécessaire.

MYRTIL.

Vous ne deviez donc pas, si cela vous déplaît,
Me faire un cœur sensible et tendre comme il est.

LYCARSIS.

Mais ce cœur que j'ai fait me doit obéissance.

MYRTIL.

Oui, lorsque d'obéir il est en sa puissance.

LYCARSIS.

Mais enfin, sans mon ordre, il ne doit point aimer.

MYRTIL.

Que n'empêchiez-vous donc que l'on pût le charmer?

LYCARSIS.

Hé bien, je vous défends que cela continue.

MYRTIL.

La défense, j'ai peur, sera trop tard venue.

LYCARSIS.

Quoi! les pères n'ont pas des droits supérieurs?

MYRTIL.

Les dieux, qui sont bien plus, ne forcent point les cœurs.

LYCARSIS.

Les dieux... Paix, petit sot. Cette philosophie
Me...

DAPHNÉ.

Ne vous mettez point en courroux, je vous prie.

LYCARSIS.

Non, je veux qu'il se donne à l'une pour époux,
Ou je vais lui donner le fouet tout devant vous.
Ah, ah! je vous ferai sentir que je suis père.

DAPHNÉ.

Traitons, de grace, ici les choses sans colère.

ÉROXÈNE.

Peut-on savoir de vous cet objet si charmant
Dont la beauté, Myrtil, vous a fait son amant?

MYRTIL.

Mélicerte, madame. Elle en peut faire d'autres.

ÉROXÈNE.

Vous comparez, Myrtil, ses qualités aux nôtres!

DAPHNÉ.

Le choix d'elle et de nous est assez inégal...

MYRTIL.

Nymphes, au nom des dieux, n'en dites point de mal.
Daignez considérer, de grace, que je l'aime;
Et ne me jetez point dans un désordre extrême.
Si j'outrage, en l'aimant, vos célestes attraits,
Elle n'a point de part au crime que je fais;
C'est de moi, s'il vous plaît, que vient toute l'offense.

Il est vrai, d'elle à vous je sais la différence :
Mais par sa destinée on se trouve enchaîné;
Et je sens bien enfin que le ciel m'a donné
Pour vous tout le respect, nymphes, imaginable,
Pour elle tout l'amour dont une ame est capable.
Je vois, à la rougeur qui vient de vous saisir,
Que ce que je vous dis ne vous fait pas plaisir.
Si vous parlez, mon cœur appréhende d'entendre
Ce qui peut le blesser par l'endroit le plus tendre;
Et pour me dérober à de semblables coups,
Nymphes, j'aime bien mieux prendre congé de vous.

LYCARSIS.

Myrtil! holà, Myrtil! Veux-tu revenir, traître?
Il fuit; mais on verra qui de nous est le maître.
Ne vous effrayez point de tous ces vains transports;
Vous l'aurez pour époux, j'en réponds corps pour corps.

FIN DU PREMIER ACTE.

ACTE SECOND.

SCÈNE I.

MÉLICERTE, CORINNE.

MÉLICERTE.
Ah, Corinne! tu viens de l'apprendre de Stelle,
Et c'est de Lycarsis qu'elle tient la nouvelle?..

CORINNE.
Oui.

MÉLICERTE.
Que les qualités dont Myrtil est orné
Ont su toucher d'amour Éroxène et Daphné?

CORINNE.
Oui.

MÉLICERTE.
Que pour l'obtenir leur ardeur est si grande,
Qu'ensemble elles en ont déja fait la demande,
Et que, dans ce débat, elles ont fait dessein
De passer, dès cette heure, à recevoir sa main?
Ah! que tes mots ont peine à sortir de ta bouche!
Et que c'est foiblement que mon souci te touche!

CORINNE.
Mais quoi! que voulez-vous? C'est là la vérité,
Et vous redites tout comme je l'ai conté.

MÉLICERTE.
Mais comment Lycarsis reçoit-il cette affaire?

ACTE II, SCÈNE I.

CORINNE.

Comme un honneur, je crois, qui doit beaucoup lui [plaire?

MÉLICERTE.

Et ne vois-tu pas bien, toi qui sais mon ardeur,
Qu'avec ces mots, hélas! tu me perces le cœur?

CORINNE.

Comment?

MÉLICERTE.

Me mettre aux yeux que le sort implacable
Auprès d'elles me rend trop peu considérable,
Et qu'à moi, par leur rang, on les va préférer,
N'est-ce pas une idée à me désespérer?

CORINNE.

Mais quoi! je vous réponds, et dis ce que je pense.

MÉLICERTE.

Ah, tu me fais mourir par ton indifférence!
Mais dis, quels sentiments Myrtil a-t-il fait voir?

CORINNE.

Je ne sais.

MÉLICERTE.

Et c'est là ce qu'il falloit savoir,
Cruelle!

CORINNE.

En vérité, je ne sais comment faire;
Et, de tous les côtés, je trouve à vous déplaire.

MÉLICERTE.

C'est que tu n'entres point dans tous les mouvements
D'un cœur, hélas! rempli de tendres sentiments.
Va-t'en; laisse-moi seule, en cette solitude,
Passer quelques moments de mon inquiétude.

SCÈNE II.

MÉLICERTE.

Vous le voyez, mon cœur, ce que c'est que d'aimer ;
Et Bélise avoit su trop bien m'en informer.
Cette charmante mère, avant sa destinée[1],
Me disoit une fois, sur le bord du Pénée :
« Ma fille, songe à toi ; l'amour aux jeunes cœurs
« Se présente toujours entouré de douceurs.
« D'abord il n'offre aux yeux que choses agréables ;
« Mais il traîne après lui des troubles effroyables :
« Et si tu veux passer tes jours dans quelque paix,
« Toujours, comme d'un mal, défends-toi de ses traits. »
De ces leçons, mon cœur, je m'étois souvenue ;
Et quand Myrtil venoit à s'offrir à ma vue,
Qu'il jouoit avec moi, qu'il me rendoit des soins,
Je vous disois toujours de vous y plaire moins.
Vous ne me crûtes point, et votre complaisance
Se vit bientôt changée en trop de bienveillance.
Dans ce naissant amour, qui flattoit vos desirs,
Vous ne vous figuriez que joie et que plaisirs ;
Cependant vous voyez la cruelle disgrace
Dont, en ce triste jour, le destin vous menace,
Et la peine mortelle où vous voilà réduit.
Ah, mon cœur ! ah, mon cœur ! je vous l'avois bien dit !
Mais tenons, s'il se peut, notre douleur couverte.
Voici...

---

[1] *Destinée* est ici pour *mort*.

SCÈNE III.

MYRTIL, MÉLICERTE.

MYRTIL.

J'ai fait tantôt, charmante Mélicerte,
Un petit prisonnier que je garde pour vous,
Et dont peut-être un jour je deviendrai jaloux.
C'est un jeune moineau, qu'avec un soin extrême
Je veux, pour vous l'offrir, apprivoiser moi-même.
Le présent n'est pas grand; mais les divinités
Ne jettent leurs regards que sur les volontés.
C'est le cœur qui fait tout; et jamais la richesse
Des présents que... Mais, ciel! d'où vient cette tristesse?
Qu'avez-vous, Mélicerte? et quel sombre chagrin
Se voit dans vos beaux yeux répandu ce matin?
Vous ne répondez point; et ce morne silence
Redouble encor ma peine et mon impatience.
Parlez. De quel ennui ressentez-vous les coups?
Qu'est-ce donc?

MÉLICERTE.
Ce n'est rien.

MYRTIL.
Ce n'est rien, dites-vous?
Et je vois cependant vos yeux couverts de larmes.
Cela s'accorde-t-il, beauté pleine de charmes?
Ah, ne me faites point un secret dont je meurs!
Et m'expliquez, hélas! ce que disent ces pleurs.

MÉLICERTE.
Rien ne me serviroit de vous le faire entendre.

MYRTIL.

Devez-vous rien avoir que je ne doive apprendre?
Et ne blessez-vous pas notre amour aujourd'hui,
De vouloir me voler ma part de votre ennui?
Ah, ne le cachez point à l'ardeur qui m'inspire.

MÉLICERTE.

Hé bien, Myrtil, hé bien! il faut donc vous le dire.
J'ai su que, par un choix plein de gloire pour vous,
Éroxène et Daphné vous veulent pour époux;
Et je vous avouerai que j'ai cette foiblesse
De n'avoir pu, Myrtil, le savoir sans tristesse,
Sans accuser du sort la rigoureuse loi
Qui les rend, dans leurs vœux, préférables à moi.

MYRTIL.

Et vous pouvez l'avoir, cette injuste tristesse!
Vous pouvez soupçonner mon amour de foiblesse,
Et croire qu'engagé par des charmes si doux
Je puisse être jamais à quelque autre qu'à vous;
Que je puisse accepter une autre main offerte?
Hé, que vous ai-je fait, cruelle Mélicerte,
Pour traiter ma tendresse avec tant de rigueur,
Et faire un jugement si mauvais de mon cœur?
Quoi! faut-il que de lui vous ayez quelque crainte?
Je suis bien malheureux de souffrir cette atteinte!
Et que me sert d'aimer comme je fais, hélas!
Si vous êtes si prête à ne le croire pas?

MÉLICERTE.

Je pourrois moins, Myrtil, redouter ces rivales,
Si les choses étoient de part et d'autre égales;
Et, dans un rang pareil, j'oserois espérer

Que peut-être l'amour me feroit préférer :
Mais l'inégalité de bien et de naissance,
Qui peut d'elles à moi faire la différence...

MYRTIL.

Ah! leur rang de mon cœur ne viendra point à bout;
Et vos divins appas vous tiennent lieu de tout.
Je vous aime, il suffit; et, dans votre personne,
Je vois rang, biens, trésors, états, sceptre, couronne;
Et des rois les plus grands m'offrît-on le pouvoir,
Je n'y changerois pas le bien de vous avoir.
C'est une vérité toute sincère et pure;
Et pouvoir en douter est me faire une injure.

MÉLICERTE.

Hé bien, je crois, Myrtil, puisque vous le voulez,
Que vos vœux par leur rang ne sont point ébranlés,
Et que, bien qu'elles soient nobles, riches et belles,
Votre cœur m'aime assez pour me mieux aimer qu'elles;
Mais ce n'est pas l'amour dont vous suivez la voix :
Votre père, Myrtil, règlera votre choix;
Et de même qu'à vous je ne lui suis pas chère,
Pour préférer à tout une simple bergère.

MYRTIL.

Non, chère Mélicerte, il n'est père, ni dieux,
Qui me puissent forcer à quitter vos beaux yeux;
Et toujours de mes vœux reine comme vous êtes...

MÉLICERTE.

Ah, Myrtil! prenez garde à ce qu'ici vous faites :
N'allez point présenter un espoir à mon cœur,
Qu'il recevroit peut-être avec trop de douceur,
Et qui, tombant après comme un éclair qui passe,

Me rendroit plus cruel le coup de ma disgrace.

MYRTIL.

Quoi ! faut-il des serments appeler le secours,
Lorsque l'on vous promet de vous aimer toujours ?
Que vous vous faites tort par de telles alarmes,
Et connoissez bien peu le pouvoir de vos charmes !
Hé bien, puisqu'il le faut, je jure par les dieux,
Et, si ce n'est assez, je jure par vos yeux
Qu'on me tuera plutôt que je vous abandonne.
Recevez-en ici la foi que je vous donne ;
Et souffrez que ma bouche, avec ravissement,
Sur cette belle main en signe le serment.

MÉLICERTE.

Ah, Myrtil ! levez-vous, de peur qu'on ne vous voie.

MYRTIL.

Est-il rien... Mais, ô ciel ! on vient troubler ma joie.

SCÈNE IV.

LYCARSIS, MYRTIL, MÉLICERTE.

LYCARSIS.

Ne vous contraignez pas pour moi.

MÉLICERTE, *à part.*

Quel sort fâcheux !

LYCARSIS.

Cela ne va pas mal, continuez tous deux.
Peste ! mon petit fils, que vous avez l'air tendre !
Et qu'en maître déja vous savez vous y prendre !
Vous a-t-il, ce savant qu'Athènes exila,

Dans sa philosophie appris ces choses-là?
Et vous qui lui donnez, de si douce manière,
Votre main à baiser, la gentille bergère,
L'honneur vous apprend-il ces mignardes douceurs
Par qui vous débauchez ainsi les jeunes cœurs?

MYRTIL.

Ah! quittez de ces mots l'outrageante bassesse,
Et ne m'accablez point d'un discours qui la blesse.

LYCARSIS.

Je veux lui parler, moi. Toutes ces amitiés...

MYRTIL.

Je ne souffrirai point que vous la maltraitiez.
A du respect pour vous la naissance m'engage;
Mais je saurai sur moi vous punir de l'outrage.
Oui, j'atteste le ciel que, si, contre mes vœux,
Vous lui dites encor le moindre mot fâcheux,
Je vais, avec ce fer, qui m'en fera justice,
Au milieu de mon sein vous chercher un supplice,
Et, par mon sang versé, lui marquer promptement
L'éclatant désaveu de votre emportement.

MÉLICERTE.

Non, non, ne croyez pas qu'avec art je l'enflamme,
Et que mon dessein soit de séduire son ame.
S'il s'attache à me voir, et me veut quelque bien,
C'est de son mouvement; je ne l'y force en rien.
Ce n'est pas que mon cœur veuille ici se défendre
De répondre à ses vœux d'une ardeur assez tendre :
Je l'aime, je l'avoue, autant qu'on puisse aimer;
Mais cet amour n'a rien qui vous doive alarmer;
Et, pour vous arracher toute injuste créance,

Je vous promets ici d'éviter sa présence,
De faire place au choix où vous vous résoudrez,
Et ne souffrir ses vœux que quand vous le voudrez.

SCÈNE V.

LYCARSIS, MYRTIL.

MYRTIL.

Hé bien! vous triomphez avec cette retraite,
Et dans ces mots votre ame a ce qu'elle souhaite :
Mais apprenez qu'en vain vous vous réjouissez,
Que vous serez trompé dans ce que vous pensez;
Et qu'avec tous vos soins, toute votre puissance,
Vous ne gagnerez rien sur ma persévérance.

LYCARSIS.

Comment! à quel orgueil, fripon, vous vois-je aller?
Est-ce de la façon que l'on me doit parler?

MYRTIL.

Oui, j'ai tort, il est vrai, mon transport n'est pas sage.
Pour rentrer au devoir je change de langage;
Et je vous prie ici, mon père, au nom des dieux,
Et par tout ce qui peut vous être précieux,
De ne vous point servir, dans cette conjoncture,
Des fiers droits que sur moi vous donne la nature :
Ne m'empoisonnez point vos bienfaits les plus doux.
Le jour est un présent que j'ai reçu de vous;
Mais de quoi vous serai-je aujourd'hui redevable,
Si vous me l'allez rendre, hélas! insupportable?
Il est, sans Mélicerte, un supplice à mes yeux;

ACTE II, SCÈNE V.

Sans ses divins appas rien ne m'est précieux :
Ils font tout mon bonheur et toute mon envie ;
Et si vous me l'ôtez, vous m'arrachez la vie.

LYCARSIS, *à part.*

Aux douleurs de son ame il me fait prendre part.
Qui l'auroit jamais cru de ce petit pendard ?
Quel amour ! quels transports ! quels discours pour son [âge !
J'en suis confus, et sens que cet amour m'engage.

MYRTIL, *se jetant aux genoux de Lycarsis.*

Voyez, me voulez-vous ordonner de mourir ?
Vous n'avez qu'à parler, je suis prêt d'obéir.

LYCARSIS, *à part.*

Je n'y puis plus tenir, il m'arrache des larmes,
Et ses tendres propos me font rendre les armes.

MYRTIL.

Que si, dans votre cœur, un reste d'amitié
Vous peut de mon destin donner quelque pitié,
Accordez Mélicerte à mon ardente envie,
Et vous ferez bien plus que me donner la vie.

LYCARSIS.

Lève-toi.

MYRTIL.

Serez-vous sensible à mes soupirs ?

LYCARSIS.

Oui.

MYRTIL.

J'obtiendrai de vous l'objet de mes désirs ?

LYCARSIS.

Oui.

MYRTIL.

Vous ferez pour moi que son oncle l'oblige
A me donner sa main ?

LYCARSIS.

Oui. Lève-toi, te dis-je.

MYRTIL.

O père le meilleur qui jamais ait été,
Que je baise vos mains, après tant de bonté !

LYCARSIS.

Ah, que pour ses enfants un père a de foiblesse !
Peut-on rien refuser à leurs mots de tendresse ?
Et ne se sent-on pas certains mouvements doux,
Quand on vient à songer que cela sort de vous ?

MYRTIL.

Me tiendrez-vous, au moins, la parole avancée ?
Ne changerez-vous point, dites-moi, de pensée ?

LYCARSIS.

Non.

MYRTIL.

Me permettez-vous de vous désobéir,
Si de ces sentiments on vous fait revenir ?
Prononcez le mot.

LYCARSIS.

Oui. Ah, nature, nature !
Je m'en vais trouver Mopse, et lui faire ouverture
De l'amour que sa nièce et toi vous vous portez.

MYRTIL.

Ah ! que ne dois-je point à vos rares bontés !
  (*seul.*)
Quelle heureuse nouvelle à dire à Mélicerte !

Je n'accepterois pas une couronne offerte,
Pour le plaisir que j'ai de courir lui porter
Ce merveilleux succès qui la doit contenter.

SCÈNE VI.

ACANTHE, TYRÈNE, MYRTIL.

ACANTHE.

Ah, Myrtil! vous avez du ciel reçu des charmes
Qui nous ont préparé des matières de larmes;
Et leur naissant éclat, fatal à nos ardeurs,
De ce que nous aimons nous enlève les cœurs.

TYRÈNE.

Peut-on savoir, Myrtil, vers qui, de ces deux belles,
Vous tournerez ce choix dont courent les nouvelles,
Et sur qui doit de nous tomber ce coup affreux
Dont se voit foudroyé tout l'espoir de nos vœux?

ACANTHE.

Ne faites point languir deux amants davantage,
Et nous dites quel sort votre cœur nous partage [1].

TYRÈNE.

Il vaut mieux, quand on craint ces malheurs éclatants,
En mourir tout d'un coup, que traîner si long-temps.

MYRTIL.

Rendez, nobles bergers, le calme à votre flamme!
La belle Mélicerte a captivé mon ame.
Auprès de cet objet mon sort est assez doux,

---

[1] *Partage* signifie là *réserve, destine*.

Pour ne pas consentir à rien prendre sur vous ;
Et, si vos vœux enfin n'ont que les miens à craindre,
Vous n'aurez, l'un ni l'autre, aucun lieu de vous plain-[dre.

ACANTHE.

Ah, Myrtil ! se peut-il que deux tristes amants...

TYRÈNE.

Est-il vrai que le ciel, sensible à nos tourments...

MYRTIL.

Oui : content de mes fers comme d'une victoire,
Je me suis excusé de ce choix plein de gloire ;
J'ai de mon père encor changé les volontés,
Et l'ai fait consentir à mes félicités.

ACANTHE, *à Tyrène*.

Ah, que cette aventure est un charmant miracle !
Et qu'à notre poursuite elle ôte un grand obstacle !

TYRÈNE, *à Acanthe*.

Elle peut renvoyer ces nymphes à nos vœux,
Et nous donner moyen d'être contents tous deux.

SCÈNE VII.

NICANDRE, MYRTIL, ACANTHE, TYRÈNE.

NICANDRE.

Savez-vous en quel lieu Mélicerte est cachée ?

MYRTIL.

Comment ?

NICANDRE.

En diligence elle est partout cherchée.

MYRTIL.

Et pourquoi ?

NICANDRE.

Nous allons perdre cette beauté.
C'est pour elle qu'ici le roi s'est transporté ;
Avec un grand seigneur on dit qu'il la marie.

MYRTIL.

O ciel ! Expliquez-moi ce discours, je vous prie.

NICANDRE.

Ce sont des incidents grands et mystérieux.
Oui, le roi vient chercher Mélicerte en ces lieux ;
Et l'on dit qu'autrefois feu Bélise sa mère,
Dont tout Tempé croyoit que Mopse étoit le frère...
Mais je me suis chargé de la chercher partout :
Vous saurez tout cela tantôt de bout en bout.

MYRTIL.

Ah, dieux, quelle rigueur ! Hé, Nicandre, Nicandre !

ACANTHE.

Suivons aussi ses pas, afin de tout apprendre.

FIN DE MÉLICERTE.

PASTORALE
COMIQUE,

Représentée le 2 décembre 1666.

PERSONNAGES DE LA PASTORALE.

IRIS, bergère [1].
LYCAS, riche pasteur, amant d'Iris [2].
PHILÈNE, riche pasteur, amant d'Iris [3].
CORYDON, berger, confident de Lycas, amant d'Iris [4].
UN BERGER, ami de Philène [5].
UN PATRE [6].

PERSONNAGES DU BALLET.

MAGICIENS dansants [7].
MAGICIENS chantants [8].
DÉMONS dansants [9].
PAYSANS [10].
UNE ÉGYPTIENNE, chantante et dansante [11].
ÉGYPTIENS dansants [12].

ACTEURS.

[1] Mademoiselle DE BRIE. — [2] MOLIÈRE. — [3] ESTIVAL. — [4] LA GRANGE. — [5] BLONDEL. — [6] DE CHATEAUNEUF. — [7] LA PIERRE, FAVIER. — [8] LE GROS, DON, GAYE. — [9] CHICANNEAU, BONNARD, NOBLET le cadet, ARNALD, MAYEU, FOIGNARD. — [10] DOLIVET, DESONETS, DU PRON, LA PIERRE, MERCIER, PESAN, LE ROY. — [11] NOBLET. — [12] Quatre jouant de la guitare, LULLI, BEAUCHAMPS, CHICANNEAU, VAIGART; quatre jouant des castagnettes, FAVIER, BONARD., SAINT-ANDRÉ, ARNALD; quatre jouant des gnacares, LA MARRE, DES AIRS second, DU FEU, PESAN.

La scène est en Thessalie, dans un hameau de la vallée de Tempé.

PASTORALE COMIQUE[1].

SCÈNE I.

LYCAS, CORYDON.

SCÈNE II.

LYCAS; MAGICIENS *chantants et dansants;* DÉMONS.

PREMIÈRE ENTRÉE DE BALLET.

(Deux magiciens commencent, en dansant, un enchantement pour embellir Lycas : ils frappent la terre avec leurs baguettes, et en font sortir six démons, qui se joignent à eux. Trois magiciens sortent aussi de dessous terre.)

TROIS MAGICIENS CHANTANTS.
Déesse des appas,
Ne nous refuse pas
La grace qu'implorent nos bouches.

---

[1] Molière avant de mourir avoit brûlé cette pastorale, placée après *Mélicerte* : on n'en a conservé que les paroles chantées, recueillies dans la partition de Lulli. Il est impossible de juger, d'après des morceaux sans liaison, ce que pouvoit être cette pièce quand le dialogue existoit.

Nous t'en prions par tes rubans,
Par tes boucles de diamants,
Ton rouge, ta poudre, tes mouches,
Ton masque, ta coiffe et tes gants.

UN MAGICIEN, *seul.*

O toi qui peux rendre agréables
Les visages les plus mal faits,
Répands, Vénus, de tes attraits
Deux ou trois doses charitables
Sur ce museau tondu tout frais.

LES TROIS MAGICIENS CHANTANTS.

Déesse des appas,
Ne nous refuse pas
La grace qu'implorent nos bouches.
Nous t'en prions par tes rubans,
Par tes boucles de diamants,
Ton rouge, ta poudre, tes mouches,
Ton masque, ta coiffe et tes gants.

DEUXIÈME ENTRÉE DE BALLET.

(Les six démons dansants habillent Lycas d'une manière ridicule et bizarre.)

LES TROIS MAGICIENS CHANTANTS.

Ah, qu'il est beau
Le jouvenceau !
Ah, qu'il est beau ! ah, qu'il est beau !
Qu'il va faire mourir de belles !
Auprès de lui les plus cruelles
Ne pourront tenir dans leur peau.

SCÈNE III.

Ah, qu'il est beau
Le jouvenceau!
Ah, qu'il est beau! ah, qu'il est beau!
Ho, ho, ho, ho, ho, ho, ho, ho!

TROISIÈME ENTRÉE DE BALLET.

(Les magiciens et les démons continuent leurs danses, tandis que les trois magiciens chantants continuent à se moquer de Lycas.)

LES TROIS MAGICIENS CHANTANTS.

Qu'il est joli,
Gentil, poli!
Qu'il est joli, qu'il est joli!
Est-il des yeux qu'il ne ravisse?
Il passe en beauté feu Narcisse,
Qui fut un blondin accompli.
Qu'il est joli,
Gentil, poli!
Qu'il est joli, qu'il est joli!
Hi, hi, hi, hi, hi, hi, hi, hi!

(Les trois magiciens chantants s'enfoncent dans la terre, et les magiciens dansants disparoissent.)

SCÈNE III.

LYCAS, PHILÈNE.

PHILÈNE, *sans voir Lycas, chante.*
Paissez, chères brebis, les herbettes naissantes :
Ces prés et ces ruisseaux ont de quoi vous charmer;

Mais si vous désirez vivre toujours contentes,
>> Petites innocentes,
>> Gardez-vous bien d'aimer.

>> LYCAS, *sans voir Philène.*

(Ce pasteur, voulant faire des vers pour sa maitresse, prononce le nom d'Iris assez haut pour que Philène l'entende.)

>> PHILÈNE, *à Lycas.*

Est-ce toi que j'entends, téméraire? est-ce toi
Qui nommes la beauté qui me tient sous sa loi?

>> LYCAS.

>> Oui, c'est moi; oui, c'est moi.

>> PHILÈNE.

Oses-tu bien, en aucune façon,
>> Proférer ce beau nom?

>> LYCAS.

>> Hé, pourquoi non? hé, pourquoi non?

>> PHILÈNE.

>> Iris charme mon ame;
>> Et qui pour elle aura
>> Le moindre brin de flamme,
>> Il s'en repentira.

>> LYCAS.

>> Je me moque de cela,
>> Je me moque de cela.

>> PHILÈNE.

Je t'étranglerai, mangerai,
Si tu nommes jamais ma belle.
Ce que je dis, je le ferai :
Je t'étranglerai, mangerai;

SCÈNE VII.

Il suffit que j'en ai juré.
Quand les dieux prendroient ta querelle,
Je t'étranglerai, mangerai,
Si tu nommes jamais ma belle.

LYCAS.

Bagatelle, bagatelle.

SCÈNE IV.

IRIS, LYCAS.

SCÈNE V.

LYCAS, UN PATRE.

(Le pâtre apporte à Lycas un cartel de la part de Philène.)

SCÈNE VI.

LYCAS, CORYDON.

SCÈNE VII.

PHILÈNE, LYCAS.

PHILÈNE, *chante.*
Arrête, malheureux ;
Tourne, tourne visage,
Et voyons qui des deux
Obtiendra l'avantage.

LYCAS.

(Lycas hésite à se battre.)

PHILÈNE.
C'est par trop discourir;
Allons, il faut mourir.

SCÈNE VIII.

PHILÈNE, LYCAS, PAYSANS.

(Les paysans viennent pour séparer Philène et Lycas.)

QUATRIÈME ENTRÉE DE BALLET.

(Les paysans prennent querelle en voulant séparer les deux pasteurs, et dansent en se battant.)

SCÈNE IX.

CORYDON, LYCAS, PHILÈNE, PAYSANS.

(Corydon, par ses discours, trouve moyen d'apaiser la querelle des paysans.)

CINQUIÈME ENTRÉE DE BALLET.

(Les paysans, réconciliés, dansent ensemble.)

SCÈNE X.

CORYDON, LYCAS, PHILÈNE.

SCÈNE XI.

IRIS, CORYDON.

SCÈNE XII.

PHILÈNE, LYCAS, IRIS, CORYDON.

(Lycas et Philène, amants de la bergère, la pressent de décider lequel des deux aura la préférence.)

PHILÈNE, *à Iris*.
N'attendez pas qu'ici je me vante moi-même
Pour le choix que vous balancez;
Vous avez des yeux, je vous aime,
C'est vous en dire assez.

(La bergère décide en faveur de Corydon.)

SCÈNE XIII.

PHILÈNE, LYCAS.

PHILÈNE, *chante*.
Hélas! peut-on sentir de plus vive douleur?
Nous préférer un servile pasteur!
O ciel!

LYCAS, *chante*.
O sort!

PHILÈNE.

Quelle rigueur!

LYCAS.

Quel coup!

PHILÈNE.

Quoi! tant de pleurs...

LYCAS.

Tant de persévérance...

PHILÈNE.

Tant de langueur.

LYCAS.

Tant de souffrance...

PHILÈNE.

Tant de vœux...

LYCAS.

Tant de soins...

PHILÈNE.

Tant d'ardeur...

LYCAS.

Tant d'amour..

PHILÈNE.

Avec tant de mépris sont traités en ce jour!
Ah, cruelle!

LYCAS.

Cœur dur!

PHILÈNE.

Tigresse!

LYCAS.

Inexorable!

SCÈNE XIII.

PHILÈNE.

Inhumaine!

LYCAS.

Inflexible!

PHILÈNE.

Ingrate!

LYCAS.

Impitoyable!

PHILÈNE.

Tu veux donc nous faire mourir?
Il te faut contenter.

LYCAS.

Il te faut obéir.

PHILÈNE, *tirant son javelot.*

Mourons, Lycas.

LYCAS, *tirant son javelot.*

Mourons, Philène.

PHILÈNE.

Avec ce fer finissons notre peine.

LYCAS.

Pousse.

PHILÈNE.

Ferme.

LYCAS.

Courage.

PHILÈNE.

Allons, va le premier.

LYCAS.

Non, je veux marcher le dernier.

PHILÈNE.

Puisque même malheur aujourd'hui nous assemble,
Allons, partons ensemble.

SCÈNE XIV.

UN BERGER, LYCAS, PHILÈNE.

LE BERGER *chante.*

Ah, quelle folie !
De quitter la vie
Pour une beauté
Dont on est rebuté !
On peut, pour un objet aimable,
Dont le cœur nous est favorable,
Vouloir perdre la clarté ;
Mais quitter la vie
Pour une beauté
Dont on est rebuté,
Ah, quelle folie !

SCÈNE XV.

UNE ÉGYPTIENNE ; ÉGYPTIENS *dansants.*

L'ÉGYPTIENNE.

D'un pauvre cœur
Soulagez le martyre ;
D'un pauvre cœur
Soulagez la douleur.

SCÈNE XV.

J'ai beau vous dire
Ma vive ardeur,
Je vous vois rire
De ma langueur :
Ah, cruel ! j'expire
Sous tant de rigueur !
D'un pauvre cœur
Soulagez le martyre ;
D'un pauvre cœur
Soulagez la douleur.

SIXIÈME ET DERNIÈRE ENTRÉE DE BALLET.

(Douze Égyptiens, dont quatre jouent de la guitare, quatre des castagnettes, quatre des gnacares, dansent avec l'Égyptienne aux chansons qu'elle chante.)

L'ÉGYPTIENNE.

Croyez-moi, hâtons-nous, ma Sylvie,
Usons bien des moments précieux,
Contentons ici notre envie ;
De nos ans le feu nous y convie :
Nous ne saurions, vous et moi, faire mieux.

Quand l'hiver a glacé nos guérets,
Le printemps vient reprendre sa place,
Et ramène à nos champs leurs attraits ;
Mais, hélas ! quand l'âge nous glace,
Nos beaux jours ne reviennent jamais !

Ne cherchons tous les jours qu'à nous plaire ;
Soyons-y l'un et l'autre empressés ;

Du plaisir faisons notre affaire;
Des chagrins songeons à nous défaire;
Il vient un temps où l'on en prend assez.

Quand l'hiver a glacé nos guérets,
Le printemps vient reprendre sa place,
Et ramène à nos champs leurs attraits;
Mais, hélas! quand l'âge nous glace,
Nos beaux jours ne reviennent jamais!

FIN DE LA PASTORALE COMIQUE.

LE SICILIEN

ou

L'AMOUR PEINTRE,

COMÉDIE-BALLET EN UN ACTE ET EN PROSE,

Représentée à Saint-Germain-en-Laye au mois de janvier 1667, et à Paris, sur le théâtre du Palais-Royal, le 10 juin de la même année.

PERSONNAGES DE LA COMÉDIE.

DON PÈDRE, gentilhomme sicilien [1].
ADRASTE, gentilhomme françois, amant d'Isidore [2].
ISIDORE, Grecque, esclave de don Pèdre [3].
ZAIDE, esclave [4].
HALI, Turc, esclave d'Adraste [5].
UN SÉNATEUR [6].
DEUX LAQUAIS.

PERSONNAGES DU BALLET.

MUSICIENS [7].
ESCLAVE chantant [8].
ESCLAVES dansants [9].
MAURES et MAURESQUES dansants [10].

ACTEURS et DANSEURS.

[1] MOLIÈRE. — [2] LA GRANGE. — [3] Mademoiselle DE BRIE. — [4] Mademoiselle MOLIÈRE — [5] LA THORILLIÈRE. — [6] DU CROISY. — [7] BLONDEL, GAYE, NOBLET. — [8] GAYE. — [9] LE PRÊTRE, CHICANNEAU, MAYEU, PESAN. — [10] LE ROI, LE GRAND, les marquis DE VILLEROI et DE RASSAN, MADAME, mademoiselle DE LA VALLIÈRE, madame DE ROCHEFORT, mademoiselle DE BRANCAS, COCQUET, DE SOUVILLE, BEAUCHAMP, NOBLET, CHICANNEAU, LA PIERRE, FAVIER, et DES-AIRS GALAND, LA MARRE, DU FEU, ARNALD, VAGNARD, BONARD.

La scène est à Messine, dans une place publique.

LE SICILIEN

OU

L'AMOUR PEINTRE.

SCÈNE I.

HALI, MUSICIENS.

HALI, *aux musiciens.*

Chut! n'avancez pas davantage, et demeurez dans cet endroit jusqu'à ce que je vous appelle.

SCÈNE II.

HALI.

Il fait noir comme dans un four. Le ciel s'est habillé ce soir en Scaramouche, et je ne vois pas une étoile qui montre le bout de son nez. Sotte condition que celle d'un esclave, de ne vivre jamais pour soi, et d'être toujours tout entier aux passions d'un maître, de n'être réglé que par ses humeurs, et de se voir réduit à faire ses propres affaires de tous les soucis qu'il peut prendre! Le mien me fait ici épouser ses inquiétudes; et parce qu'il est amoureux, il faut que, nuit et jour, je n'aie aucun repos. Mais voici des flambeaux, et sans doute c'est lui.

SCÈNE III.

ADRASTE, DEUX LAQUAIS, *portant chacun un flambeau;* HALI.

ADRASTE.

Est-ce toi, Hali?

HALI.

Et qui pourroit-ce être que moi à ces heures de nuit? Hors vous et moi, monsieur, je ne crois pas que personne s'avise de courir maintenant les rues.

ADRASTE.

Aussi ne crois-je pas qu'on puisse voir personne qui sente dans son cœur la peine que je sens. Car enfin ce n'est rien d'avoir à combattre l'indifférence ou les rigueurs d'une beauté qu'on aime; on a toujours au moins le plaisir de la plainte et la liberté des soupirs : mais ne pouvoir trouver aucune occasion de parler à ce qu'on adore, ne pouvoir savoir d'une belle si l'amour qu'inspirent ses yeux est pour lui plaire ou lui déplaire, c'est la plus fâcheuse, à mon gré, de toutes les inquiétudes, et c'est où me réduit l'incommode jaloux qui veille avec tant de souci sur ma charmante Grecque, et ne fait pas un pas sans la traîner à ses côtés.

HALI.

Mais il est, en amour, plusieurs façons de se parler; et il me semble, à moi, que vos yeux et les siens, depuis près de deux mois, se sont dit bien des choses.

ADRASTE.

Il est vrai qu'elle et moi souvent nous nous sommes parlé des yeux; mais comment reconnoître que, chacun de notre côté, nous ayons comme il faut expliqué ce langage? et que sais-je, après tout, si elle entend bien tout ce que mes regards lui disent, et si les siens me disent ce que je crois parfois entendre?

HALI.

Il faut chercher quelque moyen de se parler d'autre manière.

ADRASTE.

As-tu là tes musiciens?

HALI.

Oui.

ADRASTE.

Fais-les approcher. (*seul.*) Je veux jusqu'au jour les faire ici chanter, et voir si leur musique n'obligera point cette belle à paroître à quelque fenêtre.

SCÈNE IV.

ADRASTE, HALI, MUSICIENS.

HALI.

Les voici. Que chanteront-ils?

ADRASTE.

Ce qu'ils jugeront de meilleur.

HALI.

Il faut qu'ils chantent un trio qu'ils me chantèrent l'autre jour.

ADRASTE.

Non. Ce n'est pas ce qu'il me faut.

HALI.

Ah, monsieur! c'est du beau bécarre.

ADRASTE.

Que diantre veux-tu dire avec ton beau bécarre?

HALI.

Monsieur, je tiens pour le bécarre: vous savez que je m'y connois. Le bécarre me charme; hors du bécarre, point de salut en harmonie. Écoutez un peu ce trio.

ADRASTE.

Non; je veux quelque chose de tendre et de passionné, quelque chose qui m'entretienne dans une douce rêverie.

HALI.

Je vois bien que vous êtes pour le bémol. Mais il y a moyen de nous contenter l'un et l'autre: il faut qu'ils vous chantent une certaine scène d'une petite comédie que je leur ai vu essayer. Ce sont deux bergers amoureux, tout remplis de langueur, qui, sur bémol, viennent séparément faire leurs plaintes dans un bois, puis se découvrent l'un à l'autre la cruauté de leurs maîtresses; et là dessus vient un berger joyeux avec un bécarre admirable, qui se moque de leur foiblesse.

ADRASTE.

J'y consens. Voyons ce que c'est.

HALI.

Voici tout juste un lieu propre à servir de scène; et voilà deux flambeaux pour éclairer la comédie.

SCÈNE IV.

ADRASTE.

Place-toi contre ce logis, afin qu'au moindre bruit que l'on fera dedans, je fasse cacher les lumières.

FRAGMENT DE COMÉDIE,

Chanté et accompagné par les musiciens qu'Hali a amenés.

SCÈNE PREMIÈRE.

PHILÈNE, TIRCIS.

PREMIER MUSICIEN, *représentant Philène.*
Si du triste récit de mon inquiétude
Je trouble le repos de votre solitude,
    Rochers, ne soyez pas fâchés :
Quand vous saurez l'excès de mes peines secrètes ;
    Tout rochers que vous êtes,
    Vous en serez touchés.

DEUXIÈME MUSICIEN, *représentant Tircis.*
Les oiseaux réjouis dès que le jour s'avance
Recommencent leurs chants dans ces vastes forêts ;
    Et moi j'y recommence
Mes soupirs languissants et mes tristes regrets.
    Ah, mon cher Philène !

PHILÈNE.
Ah, mon cher Tircis !

TIRCIS.
Que je sens de peine !

PHILÈNE.
Que j'ai de soucis !

TIRCIS.
Toujours sourde à mes vœux est l'ingrate Climène.
PHILÈNE.
Chloris n'a point pour moi de regards adoucis.
TOUS DEUX ENSEMBLE.
O loi trop inhumaine !
Amour, si tu ne peux les contraindre d'aimer,
Pourquoi leur laisses-tu le pouvoir de charmer ?

SCÈNE DEUXIÈME.

PHILÈNE, TIRCIS, UN PATRE.

TROISIÈME MUSICIEN, *représentant un pâtre.*
    Pauvres amants, quelle erreur
    D'adorer des inhumaines !
    Jamais des ames bien saines
    Ne se paient de rigueur ;
    Et les faveurs sont les chaînes
    Qui doivent lier un cœur.

    On voit cent belles ici
    Auprès de qui je m'empresse ;
    A leur vouer ma tendresse
    Je mets mon plus doux souci :
    Mais lorsque l'on est tigresse,
    Ma foi, je suis tigre aussi.

PHILÈNE ET TIRCIS ENSEMBLE.
Heureux, hélas, qui peut aimer ainsi !
HALI.
Monsieur, je viens d'ouïr quelque bruit au dedans.

ADRASTE.

Qu'on se retire vite, et qu'on éteigne les flambeaux.

SCÈNE V.

DON PÈDRE, ADRASTE, HALI.

DON PÈDRE, *sortant de sa maison, en bonnet de nuit et en robe de chambre, avec une épée sous son bras.*

Il y a quelque temps que j'entends chanter à ma porte ; et sans doute cela ne se fait pas pour rien. Il faut que, dans l'obscurité, je tâche à découvrir quelles gens ce peuvent être.

ADRASTE.

Hali !

HALI.

Quoi ?

ADRASTE.

N'entends-tu plus rien ?

HALI.

Non.

(*Don Pèdre est derrière eux, qui les écoute.*)

ADRASTE.

Quoi ! tous nos efforts ne pourront obtenir que je parle un moment à cette aimable Grecque ! et ce jaloux maudit, ce traître de Sicilien, me fermera toujours tout accès auprès d'elle !

HALI.

Je voudrois de bon cœur que le diable l'eût emporté, pour la fatigue qu'il nous donne, le fâcheux, le bourreau qu'il est! Ah! si nous le tenions ici, que je prendrois de joie à venger sur son dos tous les pas inutiles que sa jalousie nous fait faire!

ADRASTE.

Si faut-il bien pourtant trouver quelque moyen, quelque invention, quelque ruse, pour attraper notre brutal. J'y suis trop engagé pour en avoir le démenti; et quand j'y devrois employer...

HALI.

Monsieur, je ne sais pas ce que cela veut dire, mais la porte est ouverte; et, si vous le voulez, j'entrerai doucement pour découvrir d'où cela vient.

(*Don Pèdre se retire sur sa porte.*)

ADRASTE.

Oui, fais, mais sans faire de bruit. Je ne m'éloigne pas de toi. Plût au ciel que ce fût la charmante Isidore!

DON PÈDRE, *donnant un soufflet à Hali.*

Qui va là?

HALI, *rendant le soufflet à don Pèdre.*

Ami.

DON PÈDRE.

Holà! Francisque, Dominique, Simon, Martin, Pierre, Thomas, George, Charles, Barthélemi : allons, promptement, mon épée, ma rondache, ma hallebarde, mes pistolets, mes mousquetons, mes fusils; vite, dépêchez; allons, tue, point de quartier.

SCÈNE VI.

ADRASTE, HALI.

ADRASTE.

Je n'entends remuer personne. Hali, Hali!

HALI, *caché dans un coin.*

Monsieur!

ADRASTE.

Où donc te caches-tu?

HALI.

Ces gens sont-ils sortis?

ADRASTE.

Non. Personne ne bouge.

HALI, *sortant d'où il étoit caché.*

S'ils viennent, ils seront frottés.

ADRASTE.

Quoi, tous nos soins seront donc inutiles! et toujours ce fâcheux jaloux se moquera de nos desseins?

HALI.

Non; le courroux du point d'honneur me prend; il ne sera pas dit qu'on triomphe de mon adresse; ma qualité de fourbe s'indigne de tous ces obstacles, et je prétends faire éclater les talents que j'ai eus du ciel.

ADRASTE.

Je voudrois seulement que, par quelque moyen, par un billet, par quelque bouche, elle fût avertie des sentiments qu'on a pour elle, et savoir les siens là dessus. Après, on peut trouver facilement les moyens...

HALI.

Laissez-moi faire seulement. J'en essaierai tant, de toutes les manières, que quelque chose enfin nous pourra réussir. Allons, le jour paroît; je vais chercher mes gens, et venir attendre en ce lieu que notre jaloux sorte.

SCÈNE VII.

DON PÈDRE, ISIDORE.

ISIDORE.

Je ne sais pas quel plaisir vous prenez à me réveiller si matin. Cela s'ajuste assez mal, ce me semble, au dessein que vous avez pris de me faire peindre aujourd'hui; et ce n'est guère pour avoir le teint frais et les yeux brillants que se lever ainsi dès la pointe du jour.

DON PÈDRE.

J'ai une affaire qui m'oblige à sortir à l'heure qu'il est.

ISIDORE.

Mais l'affaire que vous avez eût bien pu se passer, je crois, de ma présence; et vous pouviez, sans vous incommoder, me laisser goûter les douceurs du sommeil du matin.

DON PÈDRE.

Oui. Mais je suis bien aise de vous voir toujours

avec moi. Il n'est pas mal de s'assurer un peu contre les soins des surveillants; et cette nuit encore on est venu chanter sous nos fenêtres.

ISIDORE.

Il est vrai; la musique en étoit admirable.

DON PÈDRE.

C'étoit pour vous que cela se faisoit?

ISIDORE.

Je le veux croire ainsi, puisque vous me le dites.

DON PÈDRE.

Vous savez qui étoit celui qui donnoit cette sérénade?

ISIDORE.

Non pas; mais, qui que ce puisse être, je lui suis obligée.

DON PÈDRE.

Obligée?

ISIDORE.

Sans doute, puisqu'il cherche à me divertir.

DON PÈDRE.

Vous trouvez donc bon qu'il vous aime?

ISIDORE.

Fort bon; cela n'est jamais qu'obligeant.

DON PÈDRE.

Et vous voulez du bien à tous ceux qui prennent ce soin?

ISIDORE.

Assurément.

DON PÈDRE.

C'est dire fort net ses pensées.

ISIDORE.

A quoi bon de dissimuler? Quelque mine qu'on fasse, on est toujours bien aise d'être aimée. Ces hommages à nos appas ne sont jamais pour nous déplaire. Quoi qu'on en puisse dire, la grande ambition des femmes est, croyez-moi, d'inspirer de l'amour. Tous les soins qu'elles prennent ne sont que pour cela, et l'on n'en voit point de si fière qui ne s'applaudisse en son cœur des conquêtes que font ses yeux.

DON PÈDRE.

Mais si vous prenez, vous, du plaisir à vous voir aimée, savez-vous bien, moi qui vous aime, que je n'y en prends nullement?

ISIDORE.

Je ne sais pas pourquoi cela; et si j'aimois quelqu'un, je n'aurois pas de plus grand plaisir que de le voir aimé de tout le monde. Y a-t-il rien qui marque davantage la beauté du choix que l'on fait? et n'est-ce pas pour s'applaudir que ce que nous aimons soit trouvé fort aimable?

DON PÈDRE.

Chacun aime à sa guise, et ce n'est pas là ma méthode. Je serai fort ravi qu'on ne vous trouve point si belle, et vous m'obligerez de n'affecter point tant de le paroître à d'autres yeux.

ISIDORE.

Quoi! jaloux de ces choses-là?

DON PÈDRE.

Oui, jaloux de ces choses-là; mais jaloux comme un tigre, et, si vous voulez, comme un diable. Mon amour vous veut toute à moi. Sa délicatesse s'offense d'un souris, d'un regard qu'on vous peut arracher ; et tous les soins qu'on me voit prendre ne sont que pour fermer tout accès aux galants, et m'assurer la possession d'un cœur dont je ne puis souffrir qu'on me vole la moindre chose.

ISIDORE.

Certes, voulez-vous que je dise? vous prenez un mauvais parti; et la possession d'un cœur est fort mal assurée lorsqu'on prétend le retenir par force. Pour moi, je vous l'avoue, si j'étois galant d'une femme qui fût au pouvoir de quelqu'un, je mettrois toute mon étude à rendre ce quelqu'un jaloux, et l'obliger à veiller nuit et jour celle que je voudrois gagner. C'est un admirable moyen d'avancer ses affaires, et l'on ne tarde guère à profiter du chagrin et de la colère que donne à l'esprit d'une femme la contrainte et la servitude.

DON PÈDRE.

Si bien donc que, si quelqu'un vous en contoit, il vous trouveroit disposée à recevoir ses vœux?

ISIDORE.

Je ne vous dis rien là dessus. Mais les femmes enfin n'aiment pas qu'on les gêne; et c'est beaucoup risquer que de leur montrer des soupçons, et de les tenir renfermées.

DON PÈDRE.

Vous reconnoissez peu ce que vous me devez; et il me semble qu'une esclave que l'on a affranchie, et dont on veut faire sa femme...

ISIDORE.

Quelle obligation vous ai-je, si vous changez mon esclavage en un autre beaucoup plus rude, si vous ne me laissez jouir d'aucune liberté, et me fatiguez, comme on voit, d'une garde continuelle?

DON PÈDRE.

Mais tout cela ne part que d'un excès d'amour.

ISIDORE.

Si c'est votre façon d'aimer, je vous prie de me haïr.

DON PÈDRE.

Vous êtes aujourd'hui dans une humeur désobligeante; et je pardonne ces paroles au chagrin où vous pouvez être de vous être levée matin.

SCÈNE VIII.

DON PÈDRE, ISIDORE; HALI, *habillé en Turc, faisant plusieurs révérences à don Pèdre.*

DON PÈDRE.

Trêve aux cérémonies. Que voulez-vous?

HALI, *se mettant entre don Pèdre et Isidore.*
(*Il se tourne vers Isidore à chaque parole qu'il dit à don Pèdre, et lui fait des signes pour lui faire connoître le dessein de son maître.*)
Signor (avec la permission de la signore), je vous dirai (avec la permission de la signore) que je viens vous trouver (avec la permission de la signore), pour vous prier (avec la permission de la signore) de vouloir bien (avec la permission de la signore)...

DON PÈDRE.

Avec la permission de la signore, passez un peu de ce côté.

(*Don Pèdre se met entre Hali et Isidore.*)

HALI.

Signor, je suis un virtuose.

DON PÈDRE.

Je n'ai rien à donner.

HALI.

Ce n'est pas ce que je demande. Mais, comme je me mêle un peu de musique et de danse, j'ai instruit quelques esclaves qui voudroient bien trouver un maître qui se plût à ces choses; et, comme je sais que vous êtes une personne considérable, je voudrois vous prier de les voir et de les entendre, pour les acheter, s'ils vous plaisent, ou pour leur enseigner quelqu'un de vos amis qui voulût s'en accommoder.

ISIDORE.

C'est une chose à voir, et cela nous divertira. Faites-les-nous venir.

HALI.

Chala bala... Voici une chanson nouvelle, qui est du temps. Écoutez bien. Chala bala.

SCÈNE IX.

DON PÈDRE, ISIDORE, HALI, ESCLAVES, TURCS.

UNE ESCLAVE, *chantant*, à Isidore.

D'un cœur ardent, en tous lieux,

Un amant suit une belle;
Mais d'un jaloux odieux
La vigilance éternelle
Fait qu'il ne peut que des yeux
S'entretenir avec elle.
Est-il peine plus cruelle
Pour un cœur bien amoureux?

(*à don Pèdre.*)

Chiribirida ouch alla,
   Star bon Turca,
   Non aver danara?
   Ti voler comprara?
    Mi servir à ti,
    Se pagar per mi;
   Far bona coucina,
   Mi levar matina,
   Far boller caldara.
   Parlara, parlara :
   Ti voler comprara.

PREMIÈRE ENTRÉE DE BALLET.

(Danse des esclaves.)

L'ESCLAVE, *à Isidore.*

C'est un supplice, à tous coups,
Sous qui cet amant expire;
Mais si, d'un œil un peu doux,
La belle voit son martyre,
Et consent qu'aux yeux de tous

SCÈNE IX.

Pour ses attraits il soupire,
Il pourroit bientôt se rire
De tous les soins du jaloux.

(*à don Pèdre.*)

Chiribirida ouch alla,
 Star bon Turca,
 Non aver danara :
 Ti voler comprara ?
 Mi servir à ti,
 Se pagar per mi ;
Far bona coucina,
Mi levar matina,
Far boller caldara.
Parlara, parlara :
Ti voler comprara ?

DEUXIÈME ENTRÉE DE BALLET.

(Les esclaves recommencent leur danse.)

DON PÈDRE, *chante.*
 Savez-vous, mes drôles,
 Que cette chanson
 Sent, pour vos épaules,
 Les coups de bâton ?
Chiribirida ouch alla,
 Mi ti non comprara,
 Ma ti bastonara
 Si ti non andara ;

Andara, andara,
O ti bastonara.
(*à Isidore.*)

Oh, oh, quels égrillards! Allons, rentrons ici : j'ai changé de pensée; et puis le temps se couvre un peu.

(*à Hali, qui paroît encore.*)

Ah, fourbe! que je vous y trouve...

HALI.

Hé bien, oui! mon maître l'adore. Il n'a point de plus grand désir que de lui montrer son amour; et, si elle y consent, il la prendra pour femme.

DON PÈDRE.

Oui, oui, je la lui garde.

HALI.

Nous l'aurons malgré vous.

DON PÈDRE.

Comment, coquin...

HALI.

Nous l'aurons, dis-je, en dépit de vos dents.

DON PÈDRE.

Si je prends...

HALI.

Vous avez beau faire la garde, j'en ai juré, elle sera à nous.

DON PÈDRE.

Laisse-moi faire, je t'attraperai sans courir.

HALI.

C'est nous qui vous attraperons. Elle sera notre femme : la chose est résolue.

(*seul.*)

Il faut que j'y périsse, ou que j'en vienne à bout.

SCÈNE X.

ADRASTE, HALI; deux laquais.

HALI.

Monsieur, j'ai déja fait quelque petite tentative ; mais je...

ADRASTE.

Ne te mets point en peine : j'ai trouvé par hasard tout ce que je voulois ; et je vais jouir du bonheur de voir chez elle cette belle. Je me suis rencontré chez le peintre Damon, qui m'a dit qu'aujourd'hui il venoit faire le portrait de cette adorable personne ; et comme il est, depuis long-temps, de mes plus intimes amis, il a voulu servir mes feux, et m'envoie à sa place, avec un petit mot de lettre pour me faire accepter. Tu sais que de tous temps je me suis plu à la peinture, et que parfois je manie le pinceau, contre la coutume de France, qui ne veut pas qu'un gentilhomme sache rien faire ; ainsi j'aurai la liberté de voir cette belle à mon aise. Mais je ne doute pas que mon jaloux fâcheux ne soit toujours présent, et n'empêche tous les propos que nous pourrions avoir ensemble ; et, pour te dire vrai, j'ai, par le moyen d'une jeune esclave, un stratagème pour tirer cette belle Grecque des mains de son jaloux, si je puis obtenir d'elle qu'elle y consente.

HALI.

Laissez-moi faire, je veux vous faire un peu de jour à la pouvoir entretenir. Il ne sera pas dit que je ne serve de rien dans cette affaire-là. Quand allez-vous?

ADRASTE.

Tout de ce pas, et j'ai déja préparé toutes choses.

HALI.

Je vais, de mon côté, me préparer aussi.

ADRASTE, *seul*.

Je ne veux point perdre de temps. Holà! Il me tarde que je ne goûte le plaisir de la voir!

SCÈNE XI.

DON PÈDRE, ADRASTE; DEUX LAQUAIS.

DON PÈDRE.

Que cherchez-vous, cavalier, dans cette maison?

ADRASTE.

J'y cherche le seigneur don Pèdre.

DON PÈDRE.

Vous l'avez devant vous.

ADRASTE.

Il prendra, s'il lui plaît, la peine de lire cette lettre.

DON PÈDRE *lit*.

« Je vous envoie, au lieu de moi, pour le portrait
« que vous savez, ce gentilhomme françois, qui,
« comme curieux d'obliger les honnêtes gens, a bien
« voulu prendre ce soin sur la proposition que je lui

« en ai faite. Il est, sans contredit, le premier homme
« du monde pour ces sortes d'ouvrages, et j'ai cru que
« je ne vous pouvois rendre un service plus agréable
« que de vous l'envoyer, dans le dessein que vous
« avez d'avoir un portrait achevé de la personne que
« vous aimez. Gardez-vous bien surtout de lui parler
« d'aucune récompense ; car c'est un homme qui s'en
« offenseroit, et qui ne fait les choses que pour la
« gloire et pour la réputation. »

Seigneur François, c'est une grande grace que vous
me voulez faire, et je vous suis fort obligé.

ADRASTE.

Toute mon ambition est de rendre service aux gens
de nom et de mérite.

DON PÈDRE.

Je vais faire venir la personne dont il s'agit.

SCÈNE XII.

ISIDORE, DON PÈDRE, ADRASTE;
DEUX LAQUAIS.

DON PÈDRE, *à Isidore.*

Voici un gentilhomme que Damon nous envoie,
qui se veut bien donner la peine de vous peindre.
(*à Adraste, qui embrasse Isidore en la saluant.*)
Hola, seigneur François! cette façon de saluer n'est
point d'usage en ce pays.

ADRASTE.

C'est la manière de France.

DON PÈDRE.

La manière de France est bonne pour vos femmes; mais, pour les nôtres, elle est un peu trop familière.

ISIDORE.

Je reçois cet honneur avec beaucoup de joie. L'aventure me surprend fort; et pour dire le vrai, je ne m'attendois pas d'avoir un peintre si illustre.

ADRASTE.

Il n'y a personne, sans doute, qui ne tînt à beaucoup de gloire de toucher à un tel ouvrage. Je n'ai pas grande habileté; mais le sujet ici ne fournit que trop de lui-même, et il y a moyen de faire quelque chose de beau sur un original fait comme celui-là.

ISIDORE.

L'original est peu de chose; mais l'adresse du peintre en saura couvrir les défauts.

ADRASTE.

Le peintre n'y en voit aucun; et tout ce qu'il souhaite est d'en pouvoir représenter les graces, aux yeux de tout le monde, aussi grandes qu'il les peut voir.

ISIDORE.

Si votre pinceau flatte autant que votre langue, vous allez me faire un portrait qui ne me ressemblera pas.

ADRASTE.

Le ciel, qui fit l'original, nous ôte le moyen d'en faire un portrait qui puisse flatter.

ISIDORE.

Le ciel, quoi que vous en disiez, ne...

SCÈNE XII.

DON PÈDRE.

Finissons cela, de grace. Laissons les compliments et songeons au portrait.

ADRASTE, *aux laquais.*

Allons, apportez tout.
(*On apporte tout ce qu'il faut pour peindre Isidore.*)

ISIDORE, *à Adraste.*

Où voulez-vous que je me place?

ADRASTE.

Ici. Voici le lieu le plus avantageux, et qui reçoit le mieux les vues favorables de la lumière que nous cherchons.

ISIDORE, *après s'être assise.*

Suis-je bien ainsi?

ADRASTE.

Oui. Levez-vous un peu, s'il vous plaît. Un peu plus de ce côté-là. Le corps tourné ainsi. La tête un peu levée, afin que la beauté du cou paroisse. Ceci un peu plus découvert. (*Il découvre un peu plus sa gorge.*) Bon là. Un peu davantage : encore tant soit peu.

DON PÈDRE, *à Isidore.*

Il y a bien de la peine à vous mettre : ne sauriez-vous vous tenir comme il faut?

ISIDORE.

Ce sont ici des choses toutes neuves pour moi; et c'est à monsieur à me mettre de la façon qu'il veut.

ADRASTE, *assis.*

Voilà qui va le mieux du monde, et vous vous tenez à merveille. (*La faisant tourner un peu devers lui.*)

Comme cela, s'il vous plaît. Le tout dépend de l'attitude qu'on donne aux personnes qu'on peint.

DON PÈDRE.

Fort bien.

ADRASTE.

Un peu plus de ce côté. Vos yeux toujours tournés vers moi, je vous en prie; vos regards attachés aux miens.

ISIDORE.

Je ne suis pas comme ces femmes qui veulent, en se faisant peindre, des portraits qui ne sont point elles, et ne sont point satisfaites du peintre s'il ne les fait toujours plus belles que le jour. Il faudroit, pour les contenter, ne faire qu'un portrait pour toutes; car toutes demandent les mêmes choses : un teint tout de lis et de roses, un nez bien fait, une petite bouche, et de grands yeux vifs, bien fendus, et surtout le visage pas plus gros que le poing, l'eussent-elles d'un pied de large. Pour moi, je vous demande un portrait qui soit moi, et qui n'oblige point à demander qui c'est.

ADRASTE.

Il seroit malaisé qu'on demandât cela du vôtre; et vous avez des traits à qui fort peu d'autres ressemblent. Qu'ils ont de douceur et de charmes! et qu'on court de risque à les peindre!

DON PÈDRE.

Le nez me semble un peu trop gros.

ADRASTE.

J'ai lu, je ne sais où, qu'Apelle peignit autrefois une

maîtresse d'Alexandre, d'une merveilleuse beauté, et qu'il en devint, la peignant, si éperdument amoureux, qu'il fut près d'en perdre la vie; de sorte qu'Alexandre, par générosité, lui céda l'objet de ses vœux. (*à don Pèdre.*) Je pourrois faire ici ce qu'Apelle fit autrefois; mais vous ne feriez pas peut-être ce que fit Alexandre.

(*Don Pèdre fait la grimace.*)

ISIDORE, *à don Pèdre*.

Tout cela sent la nation; et toujours messieurs les François ont un fonds de galanterie qui se répand partout.

ADRASTE.

On ne se trompe guère à ces sortes de choses; et vous avez l'esprit trop éclairé pour ne pas voir de quelle source partent les choses qu'on vous dit. Oui, quand Alexandre seroit ici, et que ce seroit votre amant, je ne pourrois m'empêcher de vous dire que je n'ai rien vu de si beau que ce que je vois maintenant, et que...

DON PÈDRE.

Seigneur François, vous ne devriez pas, ce me semble, parler; cela vous détourne de votre ouvrage.

ADRASTE.

Ah! point du tout. J'ai toujours de coutume de parler quand je peins; et il est besoin, dans ces choses, d'un peu de conversation pour réveiller l'esprit et tenir les visages dans la gaieté nécessaire aux personnes que l'on veut peindre.

SCÈNE XIII.

HALI, *vêtu en espagnol;* DON PÈDRE, ADRASTE, ISIDORE.

DON PÈDRE.

Que veut cet homme-là? Et qui laisse monter les gens sans nous en venir avertir?

HALI, *à don Pèdre.*

J'entre ici librement; mais, entre cavaliers, telle liberté est permise. Seigneur, suis-je connu de vous?

DON PÈDRE.

Non, seigneur.

HALI.

Je suis don Gilles d'Avalos; et l'histoire d'Espagne vous doit avoir instruit de mon mérite.

DON PÈDRE.

Souhaitez-vous quelque chose de moi?

HALI.

Oui, un conseil sur un fait d'honneur. Je sais qu'en ces matières il est malaisé de trouver un cavalier plus consommé que vous. Mais je vous demande pour grace que nous nous tirions à l'écart.

DON PÈDRE.

Nous voilà assez loin.

ADRASTE, *à don Pèdre, qui le surprend parlant bas à Isidore.*

Elle a les yeux bleus.

SCÈNE XIII.

HALI, *tirant don Pèdre, pour l'éloigner d'Adraste et d'Isidore.*

Seigneur, j'ai reçu un soufflet. Vous savez ce qu'est un soufflet, lorsqu'il se donne à main ouverte sur le beau milieu de la joue. J'ai ce soufflet fort sur le cœur; et je suis dans l'incertitude si, pour me venger de l'affront, je dois me battre avec mon homme, ou bien le faire assassiner.

DON PÈDRE.

Assassiner, c'est le plus court chemin. Quel est votre ennemi?

HALI.

Parlons bas, s'il vous plaît.
(*Hali tient don Pèdre, en lui parlant, de façon qu'il ne peut voir Adraste.*)

ADRASTE, *aux genoux d'Isidore, pendant que don Pèdre et Hali parlent bas ensemble.*

Oui, charmante Isidore, mes regards vous le disent depuis plus de deux mois, et vous les avez entendus : je vous aime plus que tout ce que l'on peut aimer; et je n'ai point d'autre pensée, d'autre but, d'autre passion que d'être à vous toute ma vie.

ISIDORE.

Je ne sais si vous dites vrai, mais vous persuadez.

ADRASTE.

Mais vous persuadé-je jusqu'à vous inspirer quelque peu de bonté pour moi?

ISIDORE.

Je ne crains que d'en trop avoir.

ADRASTE.

En aurez-vous assez pour consentir, belle Isidore, au dessein que je vous ai dit ?

ISIDORE.

Je ne puis encore vous le dire.

ADRASTE.

Qu'attendez-vous pour cela ?

ISIDORE.

A me résoudre.

ADRASTE.

Ah ! quand on aime bien, on se résout bientôt.

ISIDORE.

Hé bien, allez! oui, j'y consens.

ADRASTE.

Mais consentez-vous, dites-moi, que ce soit dès ce moment même ?

ISIDORE.

Lorsqu'on est une fois résolu sur la chose, s'arrête-t-on sur le temps ?

DON PÈDRE, *à Hali.*

Voilà mon sentiment, et je vous baise les mains.

HALI.

Seigneur, quand vous aurez reçu quelque soufflet, je suis homme aussi de conseil; et je pourrai vous rendre la pareille.

DON PÈDRE.

Je vous laisse aller sans vous reconduire; mais, entre cavaliers, cette liberté est permise.

SCÈNE XIV.

ADRASTE, *à Isidore.*

Non, il n'est rien qui puisse effacer de mon cœur les tendres témoignages...
(*A don Pèdre, apercevant Adraste qui parle de près à Isidore.*)
Je regardois ce petit trou qu'elle a au côté du menton, et je croyois d'abord que ce fût une tache. Mais c'est assez pour aujourd'hui; nous finirons une autre fois. (*à don Pèdre, qui veut voir le portrait.*) Non, ne regardez rien encore; faites serrer cela, je vous prie. (*à Isidore.*) Et vous, je vous conjure de ne vous relâcher point, et de garder un esprit gai, pour le dessein que j'ai d'achever notre ouvrage.

ISIDORE.

Je conserverai pour cela toute la gaieté qu'il faut.

SCÈNE XIV.

DON PÈDRE, ISIDORE.

ISIDORE.

Qu'en dites-vous? Ce gentilhomme me paroît le plus civil du monde; et l'on doit demeurer d'accord que les François ont quelque chose en eux de poli, de galant, que n'ont point les autres nations.

DON PÈDRE.

Oui; mais ils ont cela de mauvais, qu'ils s'émancipent un peu trop, et s'attachent en étourdis à conter des fleurettes à tout ce qu'ils rencontrent.

ISIDORE.

C'est qu'ils savent qu'on plaît aux dames par ces choses.

DON PÈDRE.

Oui : mais s'ils plaisent aux dames, ils déplaisent fort aux messieurs ; et l'on n'est point bien aise de voir sur sa moustache cajoler hardiment sa femme ou sa maîtresse.

ISIDORE.

Ce qu'ils en font n'est que par jeu.

SCÈNE XV.

ZAIDE, DON PÈDRE, ISIDORE.

ZAÏDE.

Ah, seigneur cavalier ! sauvez-moi, s'il vous plaît, des mains d'un mari furieux, dont je suis poursuivie. Sa jalousie est incroyable, et passe, dans ses mouvements, tout ce qu'on peut imaginer. Il va jusqu'à vouloir que je sois toujours voilée ; et, pour m'avoir trouvée le visage un peu découvert, il a mis l'épée à la main, et m'a réduite à me jeter chez vous, pour vous demander votre appui contre son injustice. Mais je le vois paroître. De grace, seigneur cavalier, sauvez-moi de sa fureur.

DON PÈDRE, *à Zaïde, lui montrant Isidore.*
Entrez là dedans avec elle, et n'appréhendez rien.

SCÈNE XVI.

ADRASTE, DON PÈDRE.

DON PÈDRE.

Hé quoi, seigneur, c'est vous ! tant de jalousie pour

un François! je pensois qu'il n'y eût que nous qui en fussions capables.

ADRASTE.

Les François excellent toujours dans toutes les choses qu'ils font; et, quand nous nous mêlons d'être jaloux, nous le sommes vingt fois plus qu'un Sicilien. L'infame croit avoir trouvé chez vous un assuré refuge; mais vous êtes trop raisonnable pour blâmer mon ressentiment. Laissez-moi, je vous prie, la traiter comme elle mérite.

DON PÈDRE.

Ah, de grace, arrêtez! L'offense est trop petite pour un courroux si grand.

ADRASTE.

La grandeur d'une telle offense n'est pas dans l'importance des choses que l'on fait : elle est à transgresser les ordres qu'on nous donne; et, sur de pareilles matières, ce qui n'est qu'une bagatelle devient fort criminel lorsqu'il est défendu.

DON PÈDRE.

De la façon qu'elle a parlé, tout ce qu'elle en a fait a été sans dessein; et je vous prie enfin de vous remettre bien ensemble.

ADRASTE.

Hé quoi! vous prenez son parti, vous qui êtes si délicat sur ces sortes de choses?

DON PÈDRE.

Oui, je prends son parti; et si vous voulez m'obliger, vous oublierez votre colère, et vous vous réconcilierez tous deux. C'est une grace que je vous demande; et je la recevrai comme un essai de l'amitié que je veux qui soit entre nous.

ADRASTE.

Il ne m'est pas permis, à ces conditions, de vous rien refuser. Je ferai ce que vous voudrez.

SCÈNE XVII.

ZAIDE, DON PÈDRE, ADRASTE, *dans un coin du théâtre.*

DON PÈDRE, *à Zaïde.*

Holà! venez. Vous n'avez qu'à me suivre, et j'ai fait votre paix. Vous ne pouviez jamais mieux tomber que chez moi.

ZAÏDE.

Je vous suis obligée plus qu'on ne sauroit croire. Mais je m'en vais prendre mon voile; je n'ai garde, sans lui, de paroître à ses yeux.

SCÈNE XVIII.

DON PÈDRE, ADRASTE.

DON PÈDRE.

La voici qui s'en va venir; et son ame, je vous assure, a paru toute réjouie lorsque je lui ai dit que j'avois raccommodé tout.

SCÈNE XIX.

ISIDORE, *sous le voile de Zaïde;* ADRASTE, DON PÈDRE.

DON PÈDRE, *à Adraste.*

Puisque vous m'avez bien voulu abandonner votre ressentiment, trouvez bon qu'en ce lieu je vous fasse toucher dans la main l'un de l'autre, et que tous deux je vous conjure de vivre, pour l'amour de moi, dans une parfaite union.

ADRASTE.

Oui, je vous le promets, que, pour l'amour de vous, je m'en vais avec elle vivre le mieux du monde.

DON PÈDRE.

Vous m'obligez sensiblement, et j'en garderai la mémoire.

ADRASTE.

Je vous donne ma parole, seigneur don Pèdre, qu'à votre considération je m'en vais la traiter du mieux qu'il me sera possible.

DON PÈDRE.

C'est trop de grace que vous me faites. (*seul.*) Il est bon de pacifier et d'adoucir toujours les choses. Holà! Isidore, venez.

SCÈNE XX.

ZAIDE, DON PÈDRE.

DON PÈDRE.

Comment ! Que veut dire cela ?

ZAÏDE, *sans voile*.

Ce que cela veut dire ? Qu'un jaloux est un monstre haï de tout le monde, et qu'il n'y a personne qui ne soit ravi de lui nuire, n'y eût-il point d'autre intérêt ; que toutes les serrures et les verroux du monde ne retiennent point les personnes, et que c'est le cœur qu'il faut arrêter par la douceur et par la complaisance ; qu'Isidore est entre les mains du cavalier qu'elle aime, et que vous êtes pris pour dupe.

DON PÈDRE.

Don Pèdre souffrira cette injure mortelle ! Non, non, j'ai trop de cœur, et je vais demander l'appui de la justice pour pousser le perfide à bout. C'est ici le logis d'un sénateur. Holà !

SCÈNE XXI.

UN SÉNATEUR, DON PÈDRE.

LE SÉNATEUR.

Serviteur, seigneur don Pèdre. Que vous venez à propos !

DON PÈDRE.

Je viens me plaindre à vous d'un affront qu'on m'a fait.

SCÈNE XXI.

LE SÉNATEUR.

J'ai fait une mascarade la plus belle du monde.

DON PÈDRE.

Un traître de François m'a joué une pièce...

LE SÉNATEUR.

Vous n'avez, dans votre vie, jamais rien vu de si beau.

DON PÈDRE.

Il m'a enlevé une fille que j'avois affranchie.

LE SÉNATEUR.

Ce sont gens vêtus en Maures qui dansent admirablement.

DON PÈDRE.

Vous voyez si c'est une injure qui se doive souffrir.

LE SÉNATEUR.

Les habits merveilleux, et qui sont faits exprès.

DON PÈDRE.

Je vous demande l'appui de la justice contre cette action.

LE SÉNATEUR.

Je veux que vous voyiez cela. On la va répéter pour en donner le divertissement au peuple.

DON PÈDRE.

Comment! De quoi parlez-vous là?

LE SÉNATEUR.

Je parle de ma mascarade.

DON PÈDRE.

Je vous parle de mon affaire.

LE SÉNATEUR.

Je ne veux point aujourd'hui d'autres affaires que

de plaisir. Allons, messieurs, venez. Voyons si cela ira bien.

DON PÈDRE.

La peste soit du fou, avec sa mascarade!

LE SÉNATEUR.

Diantre soit le fâcheux, avec son affaire!

SCÈNE XXII.

UN SÉNATEUR, TROUPE DE DANSEURS.

ENTRÉE DE BALLET.

(Plusieurs danseurs, vêtus en Maures, dansent devant le sénateur, et finissent la comédie.)

FIN DU SICILIEN.

LE TARTUFE

ou

L'IMPOSTEUR,

COMÉDIE EN CINQ ACTES ET EN VERS,

Représentée et défendue le 5 août 1667; reprise à Paris, sur le théâtre du Palais-Royal, le 5 février 1669.

NOTICE

SUR

LE TARTUFE.

La comédie du *Tartufe* est un des chefs-d'œuvre de notre littérature, et sa représentation un des grands événements de notre histoire : à aucune autre époque un poëte n'auroit eu assez de courage pour l'entreprendre, un roi assez de force pour la permettre ; c'étoit peut-être même la seule du règne de Louis XIV où ce prince pût s'en déclarer le protecteur.

Livré à toutes les séductions de la puissance et de l'amour, il se plaisoit à orner le trône des lauriers de la victoire et des palmes du génie ; un grand talent flattoit son orgueil, tous les succès étoient des fleurons de sa couronne ; il sembloit qu'ils fussent les siens ; et, se faisant une auréole de toutes les renommées, déja il disoit : *L'état, c'est moi.*

Un homme tel que Molière devoit lui appartenir : le prince jugea le poëte, et le poëte jugea le roi. Louis ouvrit l'entrée de sa cour à l'auteur comique, comme s'il eût voulu lui fournir ses modèles, et s'associer ainsi à ses plus beaux ouvrages. De son côté Molière, observateur profond, avoit jugé qu'il avoit besoin de flatter son maître pour avoir le droit de ne pas flatter son siècle : sous une minorité orageuse, il n'eût pas été libre d'exprimer une seule vérité, parce que chaque faction régnoit à son tour, et qu'elles étoient trop éphémères ou trop foibles pour supporter le ridicule. Obligées de soutenir les travers ou les vices du dernier valet qui porte leurs livrées, elles sont forcément intolérantes : aussi les temps des troubles civils sont-ils les plus funestes pour l'art de la comédie. Le despotisme d'un seul est encore préférable : hors ses propres foiblesses, il est possible qu'il livre toutes les autres aux libertés de la scène, et qu'ayant autour de lui les modèles, il aime à s'amuser de la ressemblance. Mais rien n'est funeste à la comédie comme ces époques où il existe mille tyrans subalternes, qui forment une espèce d'assurance mutuelle en faveur du ridicule. La critique d'un travers, quel qu'il soit, est toujours une personnalité contre quelqu'un d'important dans l'état, ou, ce qu'il y a de pire, contre quelqu'un qui veut se donner de l'importance.

Ainsi, sous la minorité de Louis XIV, la comédie de mœurs étoit impossible; les Frondeurs, malgré leur nom, n'auroient pas souffert le moindre trait qui pût les blesser, et ce mélange singulier du libertinage et de la révolte, du goût de tous les plaisirs et du déchaînement de toutes les passions, ces guerres à la fois sanglantes et frivoles, ces magistrats en épée, ces évêques en uniforme, ces héroïnes de cour suivant tour à tour le quartier-général et la procession, ces beaux-esprits factieux improvisant des épigrammes au milieu des séditions, et des madrigaux au milieu des champs de bataille; cette physionomie de la société variée à l'infini; ce jeu forcé de tous les caractères, ce déplacement de toutes les positions, ce contraste de toutes les habitudes, eussent été interdits au peintre comique qui y auroit trouvé des sujets si nombreux de tableaux pour en composer la galerie des mœurs de son temps.

Après la mort de Mazarin les factions tombèrent de lassitude et de mépris; tous les regards se tournèrent sur un jeune prince qui paroissoit avec éclat sur la scène du monde; mais les mœurs ne changent pas aussi promptement que les institutions. Le long règne de Mazarin avoit été celui de la fausseté et de la débauche; une cour dissolue, une noblesse intrigante, un clergé sans mœurs, une bourgeoisie sans lumières, un peuple fanatique, tel étoit l'état de la société.

L'hypocrisie, ce fléau des pays civilisés, devoit affliger une époque où il y avoit si peu de morale, et où le prince vouloit qu'on eût de la religion. On se fit dévot pour être plus aisément libertin; c'étoit une suite des mœurs de la Ligue et des désordres de la Fronde; ce vieux levain des troubles civils fermentoit encore dans l'intérieur des familles, et les intrigants ou les fripons, sous le masque religieux, exploitoient aisément la crédulité publique.

Molière avoit jeté un regard d'aigle sur les mœurs de son temps; il avoit vu l'esprit de coterie succédant à l'esprit de faction; le génie de la Fronde passoit de l'hôtel de Longueville à l'hôtel Rambouillet; les aventuriers de finances, les faiseurs de projets et les intrigants de tous genres, qui pullulent toujours à la suite des troubles civils et au commencement des nouveaux règnes, lui avoient tour à tour servi de modèle; mais l'hypocrisie étoit le vice qui avoit le plus exercé ses méditations, le plus enflammé sa verve. Le philosophe et l'auteur comique, l'honnête homme et le poëte, voilà ce qu'on trouve dans l'auteur du *Tartufe* : cet immortel ouvrage n'est pas seulement un monument pour les lettres, c'est un service rendu à l'humanité. Il falloit plus que du génie pour accomplir cette grande entreprise; il falloit un courage qui n'appartient qu'à ces ames fortes que la calomnie n'effraie point, que les persécutions même ne sauroient ébranler.

Ce n'étoit rien qu'attaquer les courtisans, les médecins, les précieuses, les charlatans et les libertins; mais les faux dévots! mais l'hypocrisie de religion! c'étoit déchaîner toutes les tempêtes, appeler tous les orages; c'étoit, dans une seule comédie, déclarer la guerre à toutes les passions et à tous les vices, déchirer le voile sous lequel ils se cachent, et les exposer dans leur odieuse nudité aux regards qu'ils fascinoient par les dehors d'une piété affectée et d'une austérité factice.

Molière ne se dissimula point les dangers qu'il alloit courir; il connoissoit ses ennemis, puisqu'il les avoit peints; il savoit mieux que personne de quoi étoient capables les héros de son *Tartufe* : il pensa bien que les fourbes, blessés au vif, alloient crier à l'esprit fort, à l'athéisme; il les vit d'avance allumer le bûcher. Aussi ne brusqua-t-il point l'attaque avant d'avoir pris position. Il sentit qu'il devoit se retrancher sous une puissante égide, et résolut de faire passer la vérité par la cour pour la faire arriver à la ville. C'étoit beaucoup d'avoir pu tenter cet essai hardi sous les yeux de Louis XIV; lui avoir fait entendre une première ébauche du *Tartufe* étoit déja un premier succès : l'auteur plaçoit en quelque sorte l'ouvrage sous la protection du roi; le fait seul de sa représentation à Versailles devenoit une sauvegarde. L'occasion étoit heureuse, et Molière l'avoit habilement choisie. Louis, brillant de jeunesse, commençoit à déployer cette royale magnificence au sein de laquelle il aimoit à se montrer; tous les arts et tous les plaisirs accouroient à sa voix, et Versailles éblouissoit la France de la magie de ses fêtes et de l'éclat de ses merveilles. Enivré de toutes les séductions de la gloire et de l'amour, le cœur du prince devoit être disposé à l'indulgence, et Molière avoit composé pour ces jours de délices la comédie de *la Princesse d'Élide*. Ce fut au milieu de toutes les scènes héroïques et galantes de *l'Ile enchantée*, où le jeune roi paroissoit lui-même sous l'armure de *Roger*, et s'abreuvoit à longs traits des doux poisons de la flatterie et de la volupté, que le poëte sollicita la permission de faire représenter les trois premiers actes d'une comédie qui n'étoit pas encore achevée, mais dont il désiroit soumettre l'essai au jugement et à l'approbation du prince. Cette comédie, c'étoit *le Tartufe;* l'apparition de ce chef-d'œuvre, à côté des froides allégories de Benserade et des insipides ballets du duc de Saint-Aignan, devoit former un étrange contraste : le roi parut sérieux, et le visage des courtisans se rembrunit; les scènes les plus passionnées, les tableaux les plus capables d'enflammer les sens n'avoient scandalisé personne : un ouvrage où la vraie piété est mise en honneur, et la scélératesse, dépouillée du manteau sacré dont elle s'affuble, parut le comble de l'audace. Plus il y a de dissolution dans les cours, plus on s'y montre délicat sur les matières religieuses : *le Tartufe* n'auroit jamais été permis sous le cardinal Dubois. Au premier bruit de son apparition, quoiqu'il se fût pour ainsi dire glissé au milieu du tumulte des fêtes, ce fut un déchaînement général parmi tous les dévots; c'étoit l'abomination de la désolation; il n'y avoit point de châtiment assez fort pour le téméraire qui avoit joué les grimaciers religieux, et porté préjudice à leur sainte industrie.

Qu'on suppose maintenant que Molière n'ait pas su se rendre agréable à Louis XIV; non seulement l'ouvrage, mais l'auteur lui-même étoient perdus pour la scène, et nous aurions plusieurs chefs-d'œuvre de moins. Toute la puissance d'un grand roi est à peine assez grande contre la colère des dévots; et Louis, qui avoit une volonté ferme et prompte, sentit que, pour protéger *le Tartufe*, il falloit des précautions et du temps; « il défendit dès lors cette comédie pour le public, « jusqu'à ce qu'elle fût achevée et examinée par des gens ca- « pables d'en faire un juste discernement, et ajouta que « personnellement il n'y trouvoit rien à dire [1]. »

Ainsi le roi faisoit d'abord pencher la balance par le poids de sa propre opinion, tout en ménageant la susceptibilité des gens d'église et des vrais dévots. Pendant ce temps Molière achevoit son ouvrage : prévoyant bien tous les orages qui alloient fondre sur lui, il cherchoit partout des protecteurs à son *Tartufe*, et le roi lui-même l'aidoit à en trouver, comme s'il eût senti que c'étoit dérober à son règne une belle part de gloire que de le priver de l'apparition d'un tel chef-d'œuvre.

Molière, qui savoit être courtisan pour avoir le droit de tout dire, avoit d'ailleurs flatté l'amour-propre du prince de la manière la plus habile, en lui empruntant une des meilleures scènes de son ouvrage. Il l'avoit presque associé à son succès; c'est à Louis XIV qu'appartient la première idée de la grande scène d'Orgon et de Dorine, et le poëte ne manqua pas de

---

[1] Fêtes de Versailles, sixième journée et premier placet sur *le Tartufe*.

le dire aux flatteurs empressés de le répéter. En 1662, le roi étoit en Lorraine à la tête de son armée; son ancien précepteur, l'évêque de Rhodès, assistoit au souper; Louis l'engagea à y prendre part : « Je ne ferai qu'une collation, « répondit le prélat, parce que c'est aujourd'hui vigile et « jeûne. » Quand l'évêque fut sorti, Louis XIV, voyant ses courtisans sourire, voulut savoir pourquoi; alors ils lui racontèrent comment se nourrissoit cet évêque, qui paroissoit si scrupuleux, et qui n'étoit rien moins que sobre. A chaque mets succulent qu'ils nommoient, le roi s'écrioit : *Le pauvre homme!* Molière étoit du voyage; il écouta et il écrivit.

Les trois premiers actes du *Tartufe*, représentés à Versailles le 16 mai 1664, le furent encore à Villers-Cotterets chez *Monsieur*, le 24 septembre suivant, en présence du roi et de toute la famille royale. Enfin, le 29 novembre de la même année, on joua la pièce entière chez *Monsieur le Prince*, qui s'en déclara toujours le partisan le plus zélé. Mais la rage des Tartufes et des Orgons ne se ralentissoit point; des prêtres fanatiques vouoient aux flammes de l'enfer et l'ouvrage et l'auteur; les Séides crioient de toutes parts au libertinage, à l'athéisme, et un curé de Paris lança sur la pièce et ses protecteurs tous les foudres de l'église. Ce fut alors que Molière présenta au roi un premier placet, où il sollicitoit la permission de faire représenter son ouvrage en public; il invoquoit cette faveur comme le seul moyen qu'il eût de répondre à ses ennemis; car il est à remarquer que sa comédie n'étoit pas connue de la plupart des gens qui la condamnoient au feu; les méchants y supposoient des abominations, sur lesquelles renchérissoit encore la crédulité publique, et qui, s'exagérant sans cesse en passant de bouche en bouche, avoient fini par alarmer les gens de bonne foi et jusqu'aux hommes vraiment pieux. Pour justifier *le Tartufe*, il falloit le produire. Le roi l'avoit jugé sans reproche, il étoit donc intéressé lui-même à ce qu'il parût; après trois ans d'épreuve il en permit la représentation.

Mais ce n'étoit pas seulement dans la protection du roi que le poëte comique avoit cherché des garanties; il avoit dans le public un autre maître qu'il falloit se rendre favorable; avec ce coup d'œil sûr qui embrassoit tout, il s'étoit convaincu que l'appui du prince ne suffisoit pas au succès d'une entreprise si hardie; il avoit fait de son temps une étude assez profonde pour juger qu'il est des obstacles dont ne peut triompher le pouvoir le plus absolu, et que dans de graves circonstances les affections ou les goûts du monarque doivent céder à sa politique, parce que le seul moyen de dominer l'opinion, c'est presque toujours d'en respecter les scrupules.

Molière, pour fermer la bouche à ses ennemis qui l'accusoient d'être un esprit fort, un impie, un athée, reconnut qu'il devoit faire une profession de foi solennelle de ses principes religieux; il voulut fermer la bouche à ses calomniateurs, et se préparer à la lutte terrible qu'il étoit sur le point de soutenir. Une heureuse occasion se présenta, et il la saisit avec une grande habileté: il n'appartient qu'aux hommes supérieurs de réunir le génie à l'esprit de conduite. Molière, destiné aux affaires du gouvernement, eût été aussi grand politique qu'il a été grand poëte.

Une comédie espagnole de Tirso de Molina, intitulée: *El Combidado de Piedra*, venoit d'être traduite en italien, et jouée à Paris avec beaucoup de succès. Presque tous les historiens de la vie de Molière et ses commentateurs prétendent que ce furent ses camarades qui, séduits par la vogue qu'avoit obtenue le nouvel ouvrage, l'engagèrent à s'emparer de ce sujet, et qu'il ne céda qu'avec une extrême répugnance à leurs sollicitations.

Il est plus naturel de penser qu'il s'y rendit sans peine, et qu'il n'eut l'air de s'en défendre que pour ne pas compromettre la délicatesse de son goût; et, si dans le fait il avoit peu de penchant pour un genre indigne de ses hautes conceptions comiques et de la pureté de son école, il n'étoit pas fâché de traduire sur la scène le libertin effronté qui se joue de toutes les lois divines et humaines, avant d'y exposer le libertin hypocrite qui invoque sans cesse le ciel pour satisfaire les plus honteuses passions.

Déclarer la guerre aux esprits forts, montrer l'athée comme un vil scélérat et faire tomber sur sa tête la vengeance céleste, c'étoit se prémunir contre toutes les accusations d'impiété dont l'accabloient les dévots depuis la première apparition du *Tartufe* sur la scène royale de Versailles; mais Molière, dans une profession solennelle de ses vrais sentiments, n'étoit pas homme à reculer devant ses ennemis; un acte de précaution ne fut point un acte de foiblesse; il attaqua les hypocrites dans l'ouvrage même où il sembloit vouloir se prémunir contre leurs saintes fureurs; il ne fit pas seulement de son athée un franc scélérat, il en fit un faux dévot; et, tout en se couvrant d'une égide sacrée pour repousser les traits de la calomnie, il préparoit l'attaque décisive et terrible qu'il devoit porter dans ce chef-d'œuvre qui, après tant d'obstacles, alloit enfin paroître au grand jour de la représentation.

Le cinquième acte du *Festin de Pierre* peut être à juste titre regardé comme un prologue du *Tartufe*. Don Juan, plus atroce peut-être, passe tout à coup de l'ostentation du blasphème à l'affectation de la piété la plus fervente. Qu'on médite bien les raisons qu'il donne à son valet Sganarelle de sa brusque conversion.

« La profession d'hypocrite a de merveilleux avantages;
« c'est un art de qui l'imposture est toujours respectée, et,
« quoiqu'on la découvre, on n'ose rien dire contre elle. Tous
« les autres vices des hommes sont exposés à la censure, et
« chacun a la liberté de les attaquer hautement; mais l'hypo-
« crisie est un vice privilégié qui de sa main ferme la bouche
« à tout le monde, et jouit en repos d'une impunité souve-
« raine. On lie à force de grimaces une société étroite avec
« les gens du parti. Qui en choque un se les attire tous sur
« les bras...

SUR LE TARTUFE.

« ..... C'est sous cet abri favorable que je veux mettre en
« sûreté mes affaires. Je ne quitterai point mes douces habi-
« tudes, mais j'aurai raison de me cacher, et me divertirai à
« petit bruit. Que, si je viens à être découvert, je verrai, sans
« me remuer, prendre mes intérêts à toute ma cabale, et je
« serai défendu par elle envers et contre tous. Enfin c'est là
« le vrai moyen de faire impunément tout ce que je voudrai.
« Je m'érigerai en censeur des actions d'autrui, jugerai mal
« de tout le monde, et n'aurai bonne opinion que de moi.
« Dès qu'une fois on m'aura choqué tant soit peu, je ne par-
« donnerai jamais et garderai tout doucement une haine
« irréconciliable. Je serai le vengeur de la vertu opprimée,
« et, sous ce prétexte commode, je pousserai mes ennemis,
« je les accuserai d'impiété, et saurai déchaîner contre eux
« de zélés indiscrets qui, sans connoissance de cause, crieront
« contre eux, qui les accableront d'injures et les damneront
« hautement de leur autorité privée. C'est ainsi qu'il faut
« profiter des foiblesses des hommes, et qu'un sage esprit s'ac-
« commode aux vices de son siècle. »

Certes une pareille scène a été moins faite pour peindre
Don Juan que pour préparer *le Tartufe*; on y voit percer le
chagrin d'un honnête homme indigné des lâches cabales de
ses ennemis, et l'on sent que, comme son Alceste, il a *pour
les méchants des haines vigoureuses*.

Ce fut enfin le 5 août 1667 que Molière, usant de la permission qu'il avoit obtenue du roi, donna la première représentation de cet ouvrage extraordinaire qui avoit déja fait
tant de bruit, et qui étoit destiné à exciter encore tant de
rumeur dans la république des lettres et dans le monde religieux et politique. La foule étoit grande, le succès surpassa
encore les espérances de l'auteur : mais la cabale des dévots
ne s'étoit pas endormie, elle mit en mouvement tous ses com-
pères et toutes ses dupes; elle trompa, elle calomnia si bien,
enfin elle suscita un tel orage, que la nouvelle comédie fut
défendue le lendemain au moment où une multitude immense

occupoit déja la salle. L'ordre étoit donné par le premier président Lamoignon. On a cité dans plusieurs vies de Molière, on a répété dans tous les recueils d'*ana* un mot de ce grand poëte qui paroît dénué de toute vraisemblance; c'est une boutade qui pouvoit échapper à son humeur dans un petit cercle d'amis ou dans l'intimité d'une conversation particulière. Mais comment supposer que Molière, homme grave et homme de cour, se soit permis de dire au public assemblé : « Nous nous proposions de vous donner ce soir la seconde « représentation de *Tartufe*, mais monsieur le premier prési- « dent ne veut pas qu'on le joue. »

Il connoissoit trop les convenances sociales, il entendoit trop ses intérêts pour hasarder un méchant jeu de mots qui eût été justement blâmé, et qui étoit aussi indigne de son génie que de son caractère. C'étoit bien assez d'avoir affaire à tous les gens d'église, sans se brouiller avec tous les gens de robe.

Lamoignon étoit d'ailleurs le modèle des magistrats, le protecteur des lettres; ami de Boileau, il avoit droit aux respects de Molière, et si le premier président défendit *le Tartufe*, il céda moins sans doute à sa conviction personnelle qu'à ces cris impérieux d'une cabale que les hommes publics sont trop souvent exposés à prendre pour l'expression de l'opinion générale.

Si l'on se reporte à un temps où les pratiques superstitieuses exerçoient tant d'empire sur les imaginations, à un temps où les traditions de la Ligue étoient si rapprochées, et où les saines idées philosophiques, concentrées dans les hautes capacités intellectuelles, n'étoient pas encore descendues jusqu'aux classes moyennes de la société, qui nous dit que Louis XIV lui-même, malgré l'éclatante protection qu'il accordoit à Molière, n'eût pas cédé comme le premier président aux clameurs des dévots? Qui nous dit que sa politique n'eût pas imposé silence à ses goûts, à sa raison même? Une comédie, quelque admirable qu'elle soit, un chef-d'œuvre, peuvent-ils être mis en balance avec ce qu'on ne manque pas de représenter au souverain comme la tranquillité et peut-être le salut de l'état.

On s'étonne que Molière ait attendu l'absence du roi pour faire jouer *le Tartufe;* ce qu'on regarde comme une imprudence n'est-il pas au contraire le résultat d'un calcul très sage? et n'achève-t-il pas de prouver que Molière profitoit, aussi bien dans la conduite de ses affaires que dans celle de ses ouvrages, de cette étude approfondie qu'il avoit faite des hommes et du monde?

Peut-être Louis XIV à Versailles se seroit cru forcé de défendre l'ouvrage; le roi ayant prononcé, il n'y avoit plus de recours possible; mais Molière pouvoit en appeler du premier président au monarque, et ce fut sa première pensée.

Deux acteurs, La Thorillière et La Grange, furent envoyés au camp devant Lille, où se trouvoit alors le roi, pour lui présenter le deuxième placet qui se trouve imprimé dans presque toutes les éditions des ouvrages de Molière. Le monarque ne leva pas la défense, mais il ne la confirma point; c'étoit déja un grand succès. On put espérer dès lors que *le Tartufe* ne seroit pas perdu pour la scène.

Molière n'épargna ni peines ni soins pour la conservation d'un ouvrage dont il sentoit tout le prix, et qui lui devenoit d'autant plus cher qu'il lui avoit causé plus de chagrins. L'intervention du monarque dans un dénouement impossible sans que son autorité fût mise en jeu amenoit son éloge presque sans effort : ainsi le poëte sut concilier ce qu'il devoit à l'art et ce qu'il devoit au roi; il plaçoit le génie sous l'égide du pouvoir, et, par un accord qui sembloit impossible, il lioit pour ainsi dire la circonstance à toute la durée de l'avenir. Les louanges de Louis XIV dans un chef-d'œuvre tel que *le Tartufe* étoient le plus bel hommage qu'il fût possible d'élever à son nom. Le dénouement du *Tartufe* restera debout à travers les vicissitudes des empires et les révolutions des âges. Une statue au milieu d'une place publique n'est qu'une louange froide et muette; elle attire à peine les regards d'une multitude inattentive; mais un ouvrage de théâtre captive un public qui se renouvelle de jour en jour; il excite au même moment sur vingt scènes diverses les transports de l'élite d'une nation; il échauffe, il électrise tous les cœurs : c'est une vivante apothéose. Un roi qui voyoit au delà des flatteries contemporaines, et qui, suivant la belle expression du poëte, aspiroit à un monument plus durable que l'airain, n'y trouvoit-il pas tout ce qui pouvoit satisfaire son orgueil, et populariser sa renommée en éternisant sa gloire? Quelle jouissance plus enivrante et plus pure pour un cœur jaloux des faveurs de la postérité que cet avenir d'applaudissements se perpétuant de génération en génération, que ce concert, que cet écho des louanges du même roi se répétant par tous les siècles et sous tous les règnes!

Le dénoucment du *Tartufe* consacre deux souvenirs glorieux pour Louis XIV; il rappelle que, s'il étoit l'ennemi de la fraude, il étoit le protecteur du génie; en battant des mains, le public le remercie d'avoir flétri l'hypocrisie, et d'avoir honoré le talent; dans le prince qui permit *le Tartufe*, il applaudit encore le roi qui vengea Molière. Louis devina juste en lui prêtant son appui : la reconnoissance du poëte a contribué à la grandeur du prince; leur gloire est à jamais confondue. Une politique élevée favorise toujours les Muses; les Muses ne sont pas ingrates, elles couvrent de splendeur et d'éclat les règnes de leurs protecteurs; elles entourent leur renommée d'une si brillante auréole qu'elle permet à peine aux regards éblouis d'apercevoir les fautes qui pourroient la ternir. Horace et Virgile, en célébrant les bienfaits de la vieillesse d'Auguste, ont jeté un voile de gloire sur les forfaits de la jeunesse d'Octave, de même que Molière et Despréaux ont élevé la renommée du jeune monarque, protecteur des lettres et vainqueur de l'étranger, au dessus des foiblesses du vieux roi ordonnant les dragonnades, et tournant, à la voix d'un prêtre, le fer de ses soldats contre la conscience de ses sujets.

Alors, n'en doutons pas, la comédie du *Tartufe* n'eût pas vu le jour; Le Tellier auroit défendu au roi de la permettre, et Molière, qui jugeoit si bien son temps, ne l'eût pas même essayée. Si le timide Racine fut disgracié pour d'insignifiantes représentations, quel sort n'eût pas été celui de Molière déclarant la guerre à l'hypocrisie religieuse quand elle cernoit toutes les avenues du trône! Il est donc heureux pour la scène françoise qu'il ait vécu dans les premières années de Louis XIV; c'est un bonheur non moins grand pour le monarque, car le siècle qui porte son nom eût perdu le plus beau fleuron de sa couronne littéraire.

Molière ne se contenta point de se réfugier sous l'égide royale pour résister à la cabale des dévots, il retrancha avec un soin minutieux tous les passages que pouvoit envenimer la malveillance jalouse de ses ennemis, il en modifia, il en adoucit quelques autres; enfin, il fit aux hommes vraiment pieux tous les sacrifices capables d'apaiser jusqu'à leurs moindres scrupules.

Mais toutes les passions déchaînées venoient de se soulever à la fois; l'envie verse de toute part son fiel; la calomnie aiguise ses poignards; et l'amour-propre offensé, le plus implacable des ennemis, fait un appel à tous les ressentiments, et rallie toutes les haines. Les médecins, les précieuses, les marquis, tous les charlatans que Molière avoit livrés à la risée publique, crient à la fois à l'impiété; les libertins, les athées sont devenus dévots, et la tourbe des auteurs jaloux s'est changée en une troupe de lévites armés pour les intérêts du ciel. Il en est ainsi dans tous les temps : les médiocrités, pour se venger du talent qui les accable, prennent toujours le masque de la passion dominante; plus tard elles eussent dénoncé Molière comme janséniste; aujourd'hui elles le traiteroient de séditieux ou de révolutionnaire.

C'est un recueil curieux que celui de tous les libelles qui furent alors publiés contre lui; on y trouve rassemblé tout ce que la haine peut enfanter de plus odieux, tout ce que la colère peut produire de plus cruel, et jamais on ne put s'écrier avec plus de raison :

Tantæ-ne animis cœlestibus iræ?

On ne se contenta point d'attaquer la religion ou la morale du poëte, on nia jusqu'à son talent; on le ravala au niveau des derniers bateleurs; enfin on l'abreuva de toutes les humiliations et de tous les dégoûts. Qui pourroit lire aujourd'hui une méchante pièce en un acte et en vers, intitulée *La Critique du Tartufe?* misérable parodie où le cynisme des expressions le dispute à l'indécence des personnages. L'auteur inconnu de cette diatribe met en scène *Laurent*, valet de Tartufe, qui n'est nommé qu'une fois dans la pièce de Molière, mais qui n'y paroît point; et dans un tête-à-tête avec Lise, suivante de la maison, il travestit grossièrement la fameuse scène où l'hypocrite ose avouer à Elmire sa criminelle passion.

Pour donner une idée de la sévérité des mœurs de cette indigne cabale qui accusoit le poëte comique d'insulter à la religion, il n'est peut-être pas hors de propos de citer quelques passages de cette scène; j'aurai soin de choisir je ne dis pas les plus décents, mais ceux qui sont le moins capables d'alarmer la pudeur. Laurent baise amoureusement la robe de la suivante, et dit comme Tartufe :

Ton étoffe est moelleuse.

LISE.
En un pareil dessein,
C'est mal suivre Tartufe, il n'y met qu'une main.

LAURENT.
Que ton collier est beau ! les perles en sont grosses.

LISE.
Je comprends ton projet.

LAURENT.
Pourtant je les crois fausses.

LISE.
Tant mieux : je ne veux point te les laisser toucher;

Tu peux les voir de loin et sans en approcher.
LAURENT, *la pressant vivement.*
Je ne puis voir de loin et suis court de visière.
LISE.
Ne t'émancipe pas, car ma main est légère.

La décence ne permet pas de pousser plus loin la citation ; mais d'après le commencement de la scène on peut juger de la fin. Le style et l'action vont toujours en s'échauffant : tel est le bon goût ; telle est la délicatesse de ces hommes qui reprochoient à Molière de prêcher l'impiété et le libertinage. Des plaisanteries ignobles, des équivoques grossières, voilà quelle fut et quelle est encore la manière d'écrire des cafards : ils ont l'esprit sec et la main pesante ; au lieu de répandre le sel d'une critique piquante et légère, ils exhalent le venin d'une méchanceté âcre et d'une haine cruelle ; inhabiles à lancer le trait de l'épigramme, ils soulèvent péniblement une lourde massue ; quand ils veulent badiner avec grace, ils assomment.

On n'imagineroit jamais comment le dévot parodiste amène les reproches de plagiat qu'il fait à Molière. La suivante, repoussant les ardeurs de Laurent, lui dit comme Dorine à Tartufe :

Je te verrois tout nu sans en être tentée.
LAURENT, *se déshabillant.*
Il le faut éprouver.
LISE, *le retenant.*
Il n'est pas besoin. Non.
Quoi ! tu serois sujet à la tentation !
Un valet tel que toi de l'amour se consomme [1] !
LAURENT.
Ah ! pour être valet, on n'en est pas moins homme.
LISE.
Ce vers est de *Tartufe*, et c'est piller l'auteur...

---

[1] Il faudroit *se consume.* Mais les tartufes, comme dit Molière dans *les Femmes savantes*, ne font pas seulement des *solécismes en conduite*. Ils lui reprochent cependant d'écrire d'une manière incorrecte.

LAURENT.
Bon, n'est-il pas permis de piller un voleur?
Ce vers étant sorti du cerveau de Corneille [1],
Le voler à mon tour n'est pas grande merveille.
LISE.
Il auroit pris ce vers!
LAURENT.
Ce n'est pas d'aujourd'hui
Qu'il se sait enrichir des dépouilles d'autrui.

Mais ce qui achèvera de peindre la secte, c'est cette autre scène où un des personnages examine l'action du *Tartufe* sous le rapport moral; il soutient que Molière, en faisant arrêter l'hypocrite, a outragé la vertu, et qu'en assurant le triomphe d'Orgon, il a donné gain de cause au vice. Les injures des faux dévots ne vont guère sans la délation; il ne falloit pas seulement, pour assouvir leur vengeance, signaler Molière comme un ennemi de l'autel; il falloit encore le dénoncer comme un ennemi du trône. Voici de quelle manière le dévot calomniateur essaie de le prouver:

..... Tartufe ici nous en fait foi.
En fidèle sujet, il va trouver son roi,
Et l'instruit d'un secret qui le tire de peine:
Mais, parce qu'il commence à nuire sur la scène,
Pour l'en faire sortir, cet auteur sans raison
Fait commander au roi qu'on le mène en prison;
Et, contre son devoir, quoi qu'Orgon ait pu faire,
Et sachant ce secret, quoiqu'il ait su s'en taire,
Qu'il ait blessé par là l'auguste majesté,
Il triomphe, bien loin d'en être inquiété.
Qu'importe à cet auteur d'élever l'injustice,
Pourvu qu'heureusement son poëme finisse?
Qu'une telle action est bien digne de toi,
Et que tu connois mal le cœur d'un si grand roi!

Ce n'est pas ici de la critique littéraire, c'est de la dénonciation bien caractérisée. Ainsi les tartufes, en accusant Mo-

[1] Et pour être Romain on n'en est pas moins homme.
(*Sertorius*.)

lière, prouvoient la vérité de ses portraits ; ils mettoient leurs noms au bas comme si on ne les eût pas suffisamment reconnus. Cette tactique des faux dévots n'a point changé; ils sanctifieroient aujourd'hui Tartufe dénonçant son bienfaiteur, et livreroient comme non révélateur à la vindicte publique Orgon, qui fut toujours royaliste, mais qui n'a pas assez de dévouement pour dénoncer un de ses amis attaché au parti contraire.

Cependant le critique ne veut pas avoir l'air trop partial ; il donne pour interlocuteur à l'ennemi de Molière un personnage qui embrasse sa défense, mais il la prend d'une singulière façon. On en jugera par les vers suivants :

> Je sais que c'est à tort qu'il a des envieux :
> Que diable, s'il pouvoit, ne feroit-il pas mieux ?
> Et, quoiqu'il plaise à faux, en est-il moins louable ?
> Je sais qu'il fait des vers qui le rendent pendable ;
> Que tous ses incidents, chez lui tant rebattus,
> Sont nés en Italie, et par lui revêtus ;
> Et, dans son cabinet, que sa muse en campagne
> Vole dans mille auteurs les sottises d'Espagne :
> Mais le siècle le souffre, et, malgré ma raison,
> Le pauvre homme ! pour moi, je signe son pardon.

Cette triste rapsodie, si pauvre de style et de raison, n'en fit pas moins pâmer de joie la tourbe des hypocrites ; elle étoit colportée dans tous les salons comme un petit chef-d'œuvre ; on s'extasioit sur chaque vers, on y découvroit sans cesse de nouvelles beautés. Son auteur reçut de publics hommages, on le proclama le vengeur de la religion et du goût, et un autre poëte de la même cabale lui adressa une épître de félicitations où l'on remarque ce passage :

> Molière plaît assez, son génie est folâtre ;
> Il a quelque talent pour le jeu du théâtre ;
> Et, pour en bien parler, c'est un bouffon plaisant
> Qui divertit le monde en le contrefaisant.
> Ses grimaces souvent causent quelques surprises,

> Toutes ses pièces sont d'agréables sottises;
> Il est mauvais poëte et bon comédien;
> Il fait rire, et, de vrai, c'est tout ce qu'il fait bien.
> Molière à son bonheur doit tous ses avantages;
> C'est son bonheur qui fait le prix de ses ouvrages.
> Je sais que *le Tartufe* a passé son espoir,
> Que tout Paris en foule a couru pour le voir;
> Mais, avec tout cela, quand on l'a vu paroître,
> On l'a tant applaudi, faute de le connoître:
> Un si fameux succès ne lui fut jamais dû;
> Et s'il a réussi, c'est qu'on l'a défendu.

Ce ne fut pas seulement en détestables vers que la cabale exhala sa fureur; on vit éclore une multitude d'ouvrages, ou plutôt de libelles en vile prose contre le beau génie qui répandoit un si vif éclat sur son siècle, et qui prenoit une place si élevée sur le Parnasse françois. Les hypocrites ne se trompèrent point sur l'intention qu'avoit eue le poëte en faisant représenter *le Festin de Pierre*. Cette pièce fut le signal d'un déchaînement universel de ses ennemis, et la guerre de Tartufe commença par l'attaque de Don Juan.

Un sieur *de Rochemont* se distingua surtout dans cette guerre déloyale par la violence et la perfidie de sa critique. Dans les observations qu'il publia sur cette dernière pièce, il débute avec le ton patelin et la fausse modération de ses pareils; mais il ne peut retenir long-temps la colère qui l'étouffe, et il se jette comme le tigre sur la proie qu'il veut dévorer.

« J'espère, dit-il, que Molière recevra ces observations
« d'autant plus volontiers que la passion et l'intérêt n'y ont
« point de part. Je n'ai pas le dessein de lui nuire, je veux
« au contraire le servir. On n'en veut point à sa personne,
« mais à son athée; l'on ne porte point envie à son gain ni à
« sa réputation; ce n'est pas un sentiment particulier, c'est
« celui de tous les gens de bien, et il ne doit pas trouver
« mauvais que l'on défende publiquement les intérêts de Dieu
« qu'il attaque ouvertement, et qu'un chrétien témoigne de la

« douleur en voyant le théâtre révolté contre l'autel, la farce
« aux prises avec l'évangile, un comédien qui se joue des
« mystères, et qui fait raillerie de ce qu'il y a de plus saint
« et de plus sacré dans la religion.

« Il est vrai qu'il y a quelque chose de galant dans les ou-
« vrages de Molière, et je serois bien fâché de lui ravir l'estime
« qu'il s'est acquise; il faut tomber d'accord que s'il réussit
« mal à la comédie, il a quelque talent pour la farce; et,
« quoiqu'il n'ait ni les rencontres de Gauthier-Garguille, ni
« les impromptus de Turlupin, ni la bravoure du Capitan,
« ni la naïveté de Jodelet, ni la panse de Gros-Guillaume,
« ni la science du docteur, il ne laisse pas de plaire quelque-
« fois et de divertir en son genre. Il parle passablement fran-
« çois; il traduit assez bien l'italien, et ne copie pas mal les
« auteurs, car il ne se pique pas d'avoir le don de l'invention,
« ni le beau génie de la poésie; ce qui fait rire en sa bouche
« fait souvent pitié sur le papier, et l'on peut dire que ses
« comédies ressemblent à ces femmes qui font peur en désha-
« billé, et qui ne laissent pas de plaire quand elles sont ajus-
« tées, ou à ces petites tailles qui, ayant quitté leurs patins,
« ne sont plus qu'une partie d'elles-mêmes. Toutefois on ne
« peut dénier que Molière n'ait bien de l'adresse ou du bon-
« heur, de débiter avec tant de succès sa fausse monnoie, et
« de duper tout Paris avec de mauvaises pièces.

« Voilà en peu de mots ce que l'on peut dire de plus obli-
« geant et de plus avantageux pour Molière. »

Auteurs qui vous plaignez de l'injustice de vos contem-
porains, qui vous récriez contre la partialité des critiques,
consolez-vous! Voyez de quelle manière fut traité l'homme
illustre que vous prenez pour modèle, et que, dans votre désespoir de le surpasser, vous seriez trop heureux d'atteindre:
accuserez-vous encore les rigueurs de votre siècle? Et vous
dont l'esprit de faction proscrit ou dénature les ouvrages,
vous qu'on repousse du sanctuaire des lettres au nom des
intérêts du trône, écrivains qui êtes chaque jour en butte à la

haine des libellistes ou à la colère des hypocrites de royalisme et de religion, écoutez ce qu'ils publioient contre le grand poëte auquel la postérité décerne d'unanimes couronnes.

« Si cet auteur n'eût joué que les précieuses, s'il n'en eût
« voulu qu'aux pourpoints et aux grands canons, il ne méri-
« teroit pas une censure publique et ne se seroit pas assuré
« l'indignation de toutes les personnes de piété; mais qui
« peut supporter la hardiesse d'un farceur qui fait plaisan-
« terie de la religion, qui tient école de libertinage, et qui
« rend la majesté de Dieu le jouet d'un maître et d'un valet
« de théâtre? Ce seroit trahir visiblement la cause du ciel
« dans une occasion où sa gloire est ouvertement attaquée,
« où la foi est exposée aux insultes d'un bouffon qui fait
« commerce de ses mystères et en profane la sainteté, qui
« foudroie et renverse tous les fondements de la religion à
« la face du Louvre, dans la maison d'un prince chrétien, à
« la vue de tant de sages magistrats et si zélés pour les in-
« térêts de Dieu, en dérision de tant de bons pasteurs que
« l'on fait passer pour des *tartufes!* Et c'est sous le règne du
« plus grand et du plus religieux monarque du monde! Ce-
« pendant que ce généreux prince occupe tous ses soins à
« maintenir la religion, Molière travaille à la détruire; le roi
« abat les tempêtes de l'hérésie, et Molière élève des autels à
« l'impiété; et autant que la vertu du prince s'efforce d'éta-
« blir dans le cœur de ses sujets le culte du vrai Dieu par
« l'exemple de ses actions, autant l'humeur libertine de Mo-
« lière tâche d'en ruiner la créance dans leurs esprits par la
« licence de ses ouvrages.

« Certes il faut avouer que Molière est lui-même un tartufe
« achevé et un véritable hypocrite. Si le véritable but de la
« comédie est de corriger les hommes en les divertissant, le
« dessein de Molière est de les perdre en les faisant rire, de
« même que ces serpents dont les piqûres mortelles répandent
« une fausse joie sur le visage de ceux qui en sont atteints.
« Organe du démon, il corrompt les mœurs, il tourne en

« ridicule le paradis et l'enfer, il décrie la dévotion sous le
« nom d'hypocrisie, il prend Dieu à partie et fait gloire de
« son impiété à la face de tout un peuple. Après avoir répandu
« dans les ames ces poisons funestes qui étouffent la pudeur
« et la honte, après avoir pris soin de former des coquettes
« et de donner aux filles des instructions dangereuses ; après
« des écoles fameuses d'impureté, il en a tenu d'autres pour
« le libertinage; et voyant qu'il choquoit toute la religion et
« que tous les gens de bien lui seroient contraires, il a com-
« posé son *Tartufe*, et a voulu rendre les dévots des ridi-
« cules ou des hypocrites. Certes, c'est bien affaire à Molière
« de parler de la dévotion avec laquelle il a si peu de com-
« merce, et qu'il n'a jamais connue ni par pratique ni par
« théorie !

« Son avarice ne contribue pas peu à échauffer sa verve
« contre la religion. Il sait que les choses défendues irritent
« le désir, et il sacrifie hautement à ses intérêts tous les de-
« voirs de la piété; c'est ce qui lui fait porter avec audace la
« main au sanctuaire, et il n'est point honteux de lasser tous
« les jours la patience d'une grande reine qui est continuelle-
« ment en peine de faire réformer ou supprimer ses ouvrages. »

Qui ne reconnoît à ces derniers mots la noirceur des tartufes de dévotion ? L'écrivain frénétique n'ose attaquer le
roi, il commence même par en faire un pompeux éloge.
Mais est-il possible de se tromper à ces louanges guindées
qui ne cachent que la mauvaise humeur du critique et ne
sont qu'une censure détournée du monarque ? Quelqu'un
pouvoit-il ignorer qu'il s'étoit montré constamment le protecteur de Molière; que non seulement il n'avoit pas défendu
Don Juan, mais qu'il avoit fait jouer à sa cour les trois premiers actes du *Tartufe*, qu'il avoit assisté depuis à la représentation de la pièce tout entière, et qu'il n'y avoit rien
trouvé de blâmable ?

Et cet appel à la piété de la reine-mère que la cabale représente comme indignée de l'audace sacrilége de Molière,

et comme souffrant en secret de l'appui que lui accorde le prince; ce calcul perfide qui montre le fils en opposition avec la mère, qui reproche à l'un une complaisance coupable aux yeux du ciel et des hommes, qui représente l'autre faisant vainement entendre une voix fervente et pieuse, et obligée d'étouffer les scrupules de sa conscience, n'achèvent-ils pas de dévoiler la méchanceté atroce et profonde de ces hypocrites qui enfoncent saintement le poignard dans les cœurs?

Écoutez leurs fastueuses protestations, ils se donnent comme les soutiens les plus fermes des pouvoirs de la terre; mais, dès qu'ils ne trouvent pas leurs passions sur le trône, ils l'environnent de soupçons et de haines; ils cherchent un appui dans les personnes royales qui l'entourent. S'ils ne dominent pas la vieillesse des monarques, ils soufflent le feu de l'ambition dans le cœur des jeunes princes impatients du sceptre; ou si un jeune roi s'affranchit de leur tutelle, ils lui opposent un frère dont ils font partout retentir les louanges, et qu'ils affectent de signaler à la piété des fidèles et à l'amour des peuples; enfin, pour fonder leur empire, leur politique implacable et jalouse jette la division dans la famille des rois comme dans la famille des plus obscurs citoyens.

Mais bientôt le critique furibond revient à la charge avec une nouvelle violence à propos de la représentation du *Festin de Pierre.* Veut-on connoître le secret de tant de haines, il va lui-même nous l'apprendre.

« Auguste fit mourir un bouffon qui avoit fait raillerie de
« Jupiter, et défendit aux femmes d'assister à ses comédies
« plus modestes que celles de Molière. Théodose condamna
« aux bêtes des farceurs qui tournoient en dérision les céré-
« monies, et néanmoins cela n'approche point de l'emporte-
« ment de Molière. Il devroit enfin rentrer en lui-même, et
« considérer qu'il est très dangereux de se jouer à Dieu, que
« l'impiété ne demeure jamais impunie, et que, si elle échappe
« quelquefois aux feux de la terre, elle ne peut éviter ceux
« du ciel. Il ne doit pas abuser de la bonté d'un grand prince,

« ni de la piété d'une reine si religieuse à qui il est à charge et
« dont il fait gloire de choquer le sentiment. L'on sait qu'il
« se vante hautement qu'il fera paroître son Tartufe, d'une
« façon ou d'autre, et que le déplaisir que cette grande reine
« en a témoigné n'a pu faire impression sur son esprit ni
« mettre des bornes à son insolence. Mais s'il lui restoit encore
« quelque ombre de pudeur, ne lui seroit-il pas fâcheux
« d'être en butte à tous les gens de bien, de passer pour
« un libertin dans l'esprit de tous les prédicateurs, et d'en-
« tendre toutes les langues que le saint Esprit anime con-
« damner publiquement son blasphème? Et enfin je ne crois
« pas faire un jugement téméraire d'avancer qu'il n'y a point
« d'homme si peu éclairé des lumières de la foi, qui, sachant
« ce que contient cette pièce, puisse soutenir que Molière,
« *dans le dessein de la jouer*, soit capable de la participation
« des sacrements, qu'il puisse être reçu à pénitence sans une
« réparation publique, ni même qu'il soit digne de l'en-
« trée de l'église, après les anathèmes que les conciles ont
« fulminés contre les auteurs de spectacles impudiques ou
« sacriléges. »

Certes jamais la rage n'a inspiré des phrases aussi atroces. Il ne suffit pas à l'implacable dévot d'appeler sur Molière la colère du pouvoir et la vengeance du ciel; il cite avec complaisance d'anciens supplices et semble les trouver encore trop doux; il parle de cet auteur comique que Théodose avoit condamné aux bêtes féroces. En lisant de pareils écrits, on voit que Molière y fut aussi livré; mais un dernier trait montrera à quelle impudeur, à quel emportement peuvent s'abandonner les hommes qui font métier de dévotion.

A la prière de Louis XIV, le légat avoit lu attentivement la comédie du *Tartufe*, et ce prélat avoit pensé qu'elle ne blessoit en rien ni les lois de Dieu, ni les lois de l'église; mais le sentiment qu'il en porta fut loin d'éteindre les fureurs de la cabale, elles se tournèrent contre lui-même; et, ainsi que nous avons vu quelquefois les hypocrites de royalisme se faire plus monarchistes que le monarque, les hypocrites de religion se montrèrent alors plus religieux que l'envoyé du pape. Ils auroient damné le saint-père lui-même s'il n'eût pas jugé *le Tartufe* digne des flammes de l'enfer, et auroient nié jusqu'à l'infaillibilité des saints conciles, s'ils n'y eussent rien trouvé que d'orthodoxe.

« Où en serions-nous, s'écrie l'auteur, si Molière vouloit
« faire des versions de tous les mauvais livres étrangers? De
« même qu'un homme qui se noie se prend à tout, il ne se
« soucie pas de mettre en compromis l'honneur de l'église
« pour se sauver, et il semble, à l'entendre, qu'il ait un bref
« particulier du pape pour jouer des pièces ridicules, et *que*
« *monsieur le légat ne soit venu en France que pour leur donner*
« *son approbation.* »

On pense bien que cette diatribe, tombée aujourd'hui dans un oubli profond, fut reçue avec de grands applaudissements de toute la cabale; il m'a paru utile, sous plus d'un rapport, d'en faire revivre les principaux passages. Les gens de lettres y trouveront plus d'une fois de quoi se consoler des dégoûts qu'ils éprouvent. Les observateurs qui aiment à comparer les époques ne liront pas sans profit, et peut-être les nouveaux tartufes ne me sauront pas eux-mêmes mauvais gré de leur avoir fait connoître ce petit chef-d'œuvre.

N'est-il pas extrêmement vraisemblable que le sieur de Rochemont, qui en est l'auteur, n'est autre que *le curé de....* dont parle Molière dans son premier placet au roi? Qu'on rapproche en effet les passages qu'on vient de lire des expressions mêmes du poëte comique : « Votre majesté a beau dire,
« et monsieur le légat et messieurs les prélats ont beau donner
« leur jugement, ma comédie, sans l'avoir vue, est diabolique
« en mon cerveau; je suis un démon vêtu de chair et habillé en
« homme, un libertin, un impie digne d'un supplice exem-
« plaire. Ce n'est point assez que le feu expie en public mon of-
« fense, j'en serois quitte à trop bon marché; le zèle charitable
« de ce galant homme de bien n'a garde de demeurer là; il ne

« veut point que j'aie de miséricorde auprès de Dieu, il veut
« absolument que je sois damné, c'est une affaire résolue. Ce
« livre, sire, a été présenté à votre majesté, etc. »

Si l'on compare maintenant les dates, elles offriront une preuve au moins aussi décisive. On ne trouve malheureusement pas celle du placet de Molière; mais il est certain qu'il fut présenté au roi dans l'intervalle qui s'écoula entre la représentation des trois premiers actes à Versailles, et le moment où il fut permis de jouer la pièce pour la première fois en public, c'est-à-dire de 1664 à 1667. Et précisément, le libelle signé *Rochemont* a paru en 1665, et il a été imprimé chez *Nicolas Pepingue,* marchand libraire, *par permission de M. le baillif du palais,* datée du 8 avril de la même année.

Telle est, à coup sûr, l'époque où Molière présenta son premier placet à Louis XIV; et il est évident, par la comparaison du texte de ce placet et des passages du livre dont il se plaint, et qui étoit en effet assez violent pour exciter son indignation, que *les observations sur une comédie intitulée Le Festin de Pierre,* sont le livre *du curé de....* qui, selon tous les commentateurs de Molière et les historiens de sa vie, n'avoit pu être retrouvé jusqu'à ce jour.

C'est donc pour les bibliographes et pour les moralistes une précieuse découverte; et j'ai cru ne pouvoir trop faire connoître une pièce extrêmement importante qui jusqu'à ce jour n'avoit paru dans aucune édition.

Les amis de Molière crurent devoir réfuter cette diatribe; elle n'étoit pas digne d'une réponse : l'envie porte avec elle son contre-poison; elle rehausse le mérite en s'efforçant de l'abaisser; plus elle le nie, plus elle le reconnoît. Ce scandaleux libelle fut bientôt suivi d'une lettre pleine de force et de modération; l'auteur en est resté inconnu.

Le début est remarquable; on en appréciera de nos jours la force et la justesse. « Je ne doute point que vous n'admiriez
« d'abord l'adresse du critique, lorsque vous verrez qu'il
« couvre du manteau de la religion tout ce qu'il dit à Molière.

« Ce prétexte est grand, il est spécieux, il impose beaucoup,
« il permet de tout dire impunément; et quand celui qui s'en
« sert n'auroit pas raison, il semble qu'il y auroit une espèce
« de crime à le combattre. Quelques injures qu'on puisse dire
« à un innocent, on craint de le défendre lorsque la religion
« y est mêlée; l'imposteur est toujours à couvert sous ce voile,
« l'innocent toujours opprimé, et la vérité toujours cachée.
« On craint de la mettre au jour, de peur d'être regardé
« comme le défenseur de ce que la religion condamne, encore
« qu'elle n'y prenne point de part et qu'il soit aisé de juger
« qu'elle parleroit autrement si elle pouvoit parler elle-
« même. »

L'auteur de la réponse s'élève aux considérations les plus élevées; et, après avoir suivi pied à pied son fanatique adversaire, il démontre jusqu'à l'évidence ce qui a été avancé dans cette notice; il prouve que la coterie des faux dévots n'attaquoit dans la comédie du *Festin de Pierre* que la comédie de l'*Imposteur.*

« A quoi, s'écrie-t-il, à quoi songiez-vous, Molière, quand
« vous fîtes dessein de jouer les tartufes? Si vous n'aviez
« jamais eu cette pensée, votre *Festin de Pierre* ne seroit pas
« si criminel. »

Mais le poëte comique fut encore mieux vengé par Louis XIV; c'est au moment même de ce déchaînement universel de tous les dévots sans religion et de tous les auteurs sans talents, qu'il combla Molière de ses bienfaits, et qu'il ajouta aux bontés qu'il avoit eues jusqu'alors pour lui une marque éclatante de sa munificence. Le roi doubla sa pension, et ses acteurs reçurent la permission de prendre le titre de *comédiens ordinaires de sa majesté.*

Quel plus noble encouragement pouvoit espérer Molière? Il étoit accordé à l'auteur du *Tartufe* bien plus qu'à l'auteur de *Don Juan.* Le roi, si imprudemment accusé, vengeoit sa propre cause: les ennemis du poëte lui avoient préparé un nouveau triomphe; ils avoient servi à sa fortune en travaillant à sa ruine, contribué à sa gloire en voulant lui ravir sa renommée : tel est le châtiment, tel est le véritable supplice de l'envie.

Mais ce ne fut pas sur le trône seul que l'auteur du *Tartufe* trouva un généreux appui. Il étoit fort du suffrage de la plus haute puissance littéraire de son temps. Le poëte de la raison et du goût, Despréaux, étoit l'admirateur du génie de Molière; il le proclamoit dans ses vers, il le répétoit à la cour. Interrogé par Louis XIV sur l'homme le plus étonnant de l'époque, il nommoit Molière; et, mettant dans ses éloges la même franchise que dans ses satires, il louoit Molière devant les tartufes comme il louoit Pascal devant les jésuites. Les arrêts de Boileau faisoient loi au Parnasse; et la seule autorité de sa raison suffisoit pour mettre au néant cette nuée de méchants rimeurs, véritables insectes qui bourdonnent autour du talent, et qui réussissent trop souvent à le décourager. Mais, il faut le dire à la gloire du grand siècle littéraire, tous les hommes supérieurs surent se connoître et s'apprécier : Corneille, Racine, Molière, Boileau, La Fontaine, se sont mutuellement jugés comme la postérité les juge, et les noires atteintes de l'envie n'ont jamais troublé cette noble et poétique union formée par l'estime et cimentée par l'amitié.

Quelques écrivains, et entre autres Grimarest, auteur d'une *Vie de Molière* que Voltaire traite avec raison de fabuleuse, ont prétendu que Molière avoit été presque entièrement découragé par les persécutions auxquelles l'avoit exposé *le Tartufe*; qu'il en avoit conçu un profond chagrin, et qu'on lui avoit entendu dire au sujet de cette pièce : « Je me suis repenti plusieurs fois de l'avoir faite. » Rien ne paroît moins vraisemblable, rien n'annonce que Molière ait songé un seul instant à abandonner le terrain à ses ennemis; on l'a vu au contraire ne perdant jamais de vue son œuvre de prédilection, faisant jouer tous les ressorts de son esprit, et traitant pour ainsi dire de la représentation du *Tartufe* avec tout l'art et toute la dextérité du négociateur le plus habile.

Étoit-il donc si abattu l'homme extraordinaire qui, au milieu de toutes les agitations, enfante chef-d'œuvre sur chef-d'œuvre; qui, après l'essai des trois premiers actes du *Tartufe* sur le théâtre de Versailles, essai qui fut le signal donné à la foule de ses détracteurs, étonne le public de la perfection du *Misanthrope*? Abandonnoit-il le champ de bataille le vigoureux athlète qui fait presque coup sur coup succéder au *Tartufe*, défendu par le premier président, *Amphitryon*, *l'Avare*, et *George Dandin*?

Le premier de ces trois ouvrages peut donner lieu à une remarque curieuse. Il ne brille certainement point par la chasteté du sujet; et le dialogue, s'il est un modèle de style, n'est pas toujours un modèle de décence : cependant les mêmes hommes qui traitoient Molière d'empoisonneur public, et qui demandoient des bûchers pour l'auteur de *Don Juan* et du *Tartufe*, applaudirent sans réserve à la comédie d'*Amphitryon*. Il ne s'y trouva pas une situation qui choquât leur dévotion, pas une équivoque qui alarmât leur pudeur. C'est ici le lieu de rappeler cette réponse si connue du prince de Condé à Louis XIV, que Molière nous a lui-même transmise dans sa préface du *Tartufe* : « Je voudrois bien savoir, « dit le roi, pourquoi les gens qui se scandalisent si fort de « la comédie du *Tartufe*, ne disent rien de celle de *Scara-*« *mouche*[1]. »

« La raison de cela, répondit le prince, c'est que la comédie « de *Scaramouche* joue le ciel et la religion, dont ces messieurs « ne se soucient point; mais celle de Molière les joue eux-« mêmes, et c'est ce qu'ils ne peuvent souffrir. »

Molière ne descendit point dans l'arène où vouloient l'attirer la haine des faux dévots et la jalousie des mauvais auteurs; il ne répondit à tous les libelles que par de nouveaux ouvrages, à toutes les diatribes que par de nouveaux succès.

---

[1] *Scaramouche ermite*, pièce jouée à la cour, dans laquelle on voyoit un moine monter par une échelle à la fenêtre d'une femme mariée, et y reparoître plusieurs fois en disant : *Questo per mortificar la carne.*

Ses placets au roi, sa préface du *Tartufe*, tels sont les seuls écrits par lesquels il ait cru devoir se défendre devant ses deux protecteurs, le public et le monarque. Quelques auteurs lui ont cependant attribué une *lettre sur la comédie de l'Imposteur*, qui parut sous la date du 20 août 1667, c'est-à-dire quinze jours après la défense de la pièce par le premier président.

C'est une analyse raisonnée et écrite de mémoire par un spectateur qui avoit assisté à l'unique représentation de l'ouvrage; la fidélité de l'extrait, l'enchaînement exact des scènes, les citations des passages les plus remarquables et même des vers les plus heureux, l'apologie fine et mesurée de la moralité de la pièce, la raison supérieure, le tact sûr, le goût exquis dont cette production est empreinte, tout, jusqu'à l'impartialité bienveillante qui la distingue, ont dû faire penser que Molière seul avoit pu si bien se connoître, se défendre et se juger. Cependant les hommes qui ont étudié tous les secrets du style n'ont pas trouvé dans celui de l'auteur la manière large et franche et la touche vigoureuse du poëte comique. Il est plus naturel de croire que cette défense du *Tartufe* est l'ouvrage d'un des amis de Molière, qui la revit avec soin, et sous les yeux duquel elle fut peut-être écrite : c'est une des pièces principales de ce grand procès; elle est digne, sous tous les rapports, de l'attention des critiques et des moralistes.

Lorsqu'en 1667 Molière, sur une permission verbale du roi, donna l'unique représentation de sa comédie, il y avoit fait quelques changements, soit qu'on les eût exigés de lui, soit qu'il eût cru devoir ces concessions à la haine des faux dévots et à la susceptibilité des vrais. Le nom du personnage principal fut changé; *Tartufe* devint *Panulphe*, et la pièce parut avec le titre de *l'Imposteur*. Ce nom de *Tartufe* a été un sujet de longues investigations pour les érudits, qui, en général, s'occupent beaucoup plus des mots que des choses.

Quand il s'agit d'un tel ouvrage, c'est une question à peu

près oiseuse que celle du titre; cependant tout ce qui se rapporte à la plus belle comédie de caractère et de mœurs qu existé au théâtre a une certaine importance, et mérite d'exciter la curiosité publique. Le nom d'un chef-d'œuvre mérite bien autant de recherches que le nom d'un homme, et nous vivons dans un temps où il n'est peut-être pas hors de propos de s'occuper de la généalogie du *Tartufe*.

« Bret, triste auteur comique, qui n'étoit pas de force à commenter Molière, prétend que, le poëte se trouvant un jour chez le légat avec plusieurs dévots, un marchand de truffes s'y présenta, et que le parfum qu'elles exhaloient suffit pour enflammer les physionomies béates et contrites des courtisans de son éminence : *Tartufoli, signor nunzio, tartufoli*, s'écrioient-ils en lui présentant les plus belles. Molière, qui écoutoit et qui profitoit partout, conçut, suivant cette version, le nom de son imposteur d'après le mot de *tartufoli*. Cette fable n'est pas heureusement imaginée; on croit avec beaucoup plus de raison que c'est à un vieux mot françois que Molière doit le nom de son hypocrite. On disoit de son temps, et on dit encore familièrement dans quelques contrées, *truffer* pour *tromper*, et c'est de truffer qu'on a fait, suivant quelques érudits, le mot de *truffe*, qui convenoit très-bien, disent-ils, à cette espèce de fruit, par la difficulté qu'on a de le découvrir. Ce qu'il y a de plus curieux, et ce dont nos modernes épicuriens ne se doutent probablement guère, c'est que jadis on disoit indifféremment *truffe* et *tartufe*, comme on peut le voir dans un traité de *Platina*, intitulé *De honesta voluptate*, dont la traduction françoise a été imprimée à Paris en 1505, et se trouve citée dans le *Dictionnaire étymologique* de Ménage. Les truffes viendroient donc de la tartuferie : peut-être n'est-ce point parce qu'elles sont difficiles à découvrir qu'on leur a donné ce nom, mais parce qu'elles sont un moyen puissant de séduction, et que la séduction n'a guère d'autre but que la tromperie. Ainsi, d'après une antique tradition, les grands dîners qui ont aujourd'hui une si haute influence dans les affaires de l'état, seroient des dîners de tartufes. Il y a des étymologies beaucoup moins raisonnables que celle-là. Mais ce qui sembleroit prouver qu'avant la pièce de Molière le nom de *tartufe* existoit déja, et qu'il se prenoit en très mauvaise part, c'est qu'il l'avoit d'abord changé en celui de *panulphe*, par égard pour des hypocrites puissants: on a pu voir, par la lettre en réponse au libelle sur *le Festin de Pierre*, que son auteur parle presqu'à chaque ligne des *tartufes*, comme si l'expression étoit dès long-temps consacrée par l'usage. Au reste, en supposant qu'elle ait été créée par Molière, les plus grands hommes du siècle de Louis XIV l'ont employée après lui; elle est devenue françoise de par le génie. Qui ne connoît ce début d'une fable de La Fontaine:

> Le Chat et le Renard, comme beaux petits saints,
>   S'en alloient en pèlerinage,
> C'étoient deux vrais *tartufs*, deux archipatelins.

Il paroît que le costume du personnage principal fut une grande affaire; il fallut pour ainsi dire capituler sur chacun de ses vêtements; Molière le fit paroître sous l'ajustement d'un homme du monde, avec un petit chapeau, de grands cheveux, un grand collet, une épée et des dentelles. On a vu que tant de concessions n'avoient pas désarmé la colère des dévots. Ce ne fut que le 5 février 1669, c'est-à-dire dix-huit mois après la défense du *Tartufe* par le premier président, que le roi en permit de nouveau la représentation. Depuis cette époque il n'a pas été un seul instant banni du théâtre; il y est demeuré même sous la vieillesse de Louis XIV, et si récemment la pièce a disparu quelques jours de la scène, elle a été plutôt suspendue qu'interdite; encore l'ordre de ne pas l'inscrire sur le répertoire est resté enseveli dans un profond mystère.

Molière fut bien dédommagé de ses longues tribulations; le succès du *Tartufe* fut complet, et l'auteur recueillit de toute part le prix du talent et de la persévérance. Ceux-là même qui avoient le plus crié au scandale lui accordèrent de magnifiques éloges. La pièce prit dès lors son rang parmi les chefs-d'œuvre de la scène, et la postérité l'a placée à la tête des productions les plus étonnantes de l'esprit humain. Elle fut jouée au mois de juin, et ne cessa d'attirer la ville et la cour; les camarades de Molière voulurent qu'il eût double part par chaque représentation, et cette décision honorable fut fidèlement exécutée durant toute la vie de l'auteur.

A cette solennelle reprise, Molière donna à son hypocrite le premier nom qu'il lui avoit donné; il reparut sous le nom de *Tartufe*, et c'est ainsi qu'il est appelé dans toutes les éditions de l'ouvrage. Ce n'est pas le seul changement qu'il ait fait à sa pièce dans l'intervalle des dix-huit mois où elle fut défendue, quoi qu'en disent les frères Parfait dans leur *Histoire du théâtre françois*, et plusieurs autres éditeurs des OEuvres de Molière. On peut s'en convaincre, en comparant la pièce telle qu'elle est imprimée avec l'analyse détaillée de chaque scène que donne de l'ouvrage joué une seule fois en 1667 l'auteur de la *Lettre sur la comédie de l'Imposteur*. Dans la scène d'exposition, la plus originale et la plus ingénieuse qui soit au théâtre, l'auteur a fait plusieurs retranchements; après ce vers de Dorine :

Et l'on sait qu'elle est prude à son corps défendant.

Cléante s'élevoit contre cette humeur chagrine des gens d'un certain âge qui blâment tout ce qu'ils ne peuvent plus faire. Ce petit trait de satire enflammoit encore plus le courroux de madame Pernelle; et Cléante, continuant comme s'il ne s'en fût pas aperçu, opposoit à l'éloge d'une bigote que venoit de faire la vieille les portraits de plusieurs personnes vraiment pieuses; il en citoit tour à tour *six* ou *sept* qu'il montroit comme réunissant tous les caractères d'une vertu solide. C'est alors que la bile de la bonne femme s'échauffant de plus en plus, elle terminoit la scène par cette sortie si plaisante et si originale qui couronne l'exposition.

Ce retranchement a sans doute paru nécessaire à l'auteur; il n'aura pas manqué de s'apercevoir qu'il nuisoit à la belle scène du premier acte entre Orgon et Cléante, où le même moyen se trouve employé :

> Regardez Ariston, regardez Périandre,
> Oronte, Alcidamas, Polydore, Clitandre, etc.

Peut-être aussi est-ce une transposition plutôt qu'une suppression, et Molière a-t-il reporté à la scène sixième cette partie du dialogue de la première. Ce changement est d'autant plus vraisemblable que l'auteur de la *Lettre sur l'Imposteur* qui analyse avec le plus grand soin, et presque mot à mot, la scène entre les deux beaux-frères, n'y fait aucune mention de ces portraits, et qu'il a parlé de *six* ou *sept* dans celle de l'exposition.

Il est certain qu'une si éloquente tirade se trouve beaucoup mieux placée dans cette admirable scène de raisonnement que dans la première, dont elle devoit d'ailleurs ralentir le mouvement. C'est donc plutôt une correction indiquée au goût de l'auteur qu'une concession faite à la susceptibilité des bigots.

Il n'en est pas de même de la seconde scène; Molière crut devoir en faire le sacrifice, ou peut-être l'exigea-t-on de lui; la seule Elmire accompagnoit sa belle-mère, et tous les autres personnages restoient sur le théâtre. Ils s'entretenoient de Tartufe, au portrait duquel ils donnoient le dernier coup de pinceau, et ils achevoient de prouver que les dévots, non contents de leurs pieuses grimaces, ne s'insinuoient dans les maisons que pour s'enquérir des affaires les plus secrètes, mettre la discorde entre le père et les enfants, et devenir peu à peu les tyrans des familles.

Cette scène ne s'est pas retrouvée; elle est d'autant plus regrettable qu'elle étoit une fidèle image des mœurs du temps. Les Médicis avoient introduit en France la superstition et le libertinage de l'Italie; et le long règne de Mazarin en avoit perpétué la tradition. On sait que dans ce pays le personnage obligé de toute grande maison est l'*abbé*, qui n'a des ministres de l'Évangile que le costume, et qui a tellement l'art de se rendre nécessaire qu'il est bientôt l'intendant du logis, le directeur de la femme et l'ami du maître de la maison. Cette coutume existe encore dans ce pays, dont l'exemple prouve que rien ne s'allie plus facilement que l'intolérance et la débauche; et que le vice ne se déguise jamais mieux que sous le manteau de la religion.

Molière a fait un autre changement à la fin du second acte; il en a supprimé la dernière scène; Dorine, restée seule après la réconciliation des jeunes amants, étoit abordée par Elmire, Cléante et Damis; ils concertoient les moyens de rompre le mariage entre Panulphe et Mariane, et décidoient que le seul moyen de l'empêcher étoit d'en faire parler à l'hypocrite par Elmire, parce qu'ils commençoient à soupçonner qu'il ne la haïssoit pas. Cette scène rattachoit mieux encore le deuxième acte à l'action principale, et faisoit vivement désirer aux spectateurs l'entrevue de Tartufe et de la femme d'Orgon. Il peut paroître étonnant que Molière se soit décidé à la supprimer; il n'a pu s'y résoudre que pour terminer son second acte d'une manière brillante; peut-être s'étoit-il aperçu, à la première représentation, qu'après la scène délicieuse de la brouillerie et du raccommodement, celle qui la suivoit avoit paru un peu terne, et la crainte de finir froidement un acte qui complète l'exposition de la pièce, ou plutôt ce désir si naturel à un auteur de viser à l'effet, et de ne pas voir languir les applaudissements, l'ont sans doute décidé à ce retranchement.

C'est dans la seconde scène du deuxième acte qu'Orgon prétend que Tartufe est gentilhomme, et que Dorine répond: *Oui, c'est lui qui le dit.* D'après la *Lettre sur l'Imposteur*, ce ne seroit que dans la troisième scène du quatrième acte que ces vers se trouvoient d'abord placés. Cléante remarquoit même à ce sujet « *qu'il sied mal à ces sortes de gens de se*

« *vanter des avantages du monde.* » Molière a donc transporté ce passage, et il l'a fait avec beaucoup de raison ; il est bien plus convenable qu'Orgon énumère toutes les qualités de Tartufe au moment où il le propose à sa fille, qu'à une époque où l'action est déja si avancée, et où Elmire va proposer cette terrible épreuve qui doit enfin détromper son trop crédule époux.

La scène deuxième du cinquième acte paroît avoir été composée par Molière après la représentation de l'*Imposteur* ; du moins l'écrivain qui en a donné une si fidèle analyse n'en fait aucune mention : c'est la scène où le bouillant Damis, apprenant la trahison du scélérat, veut absolument *lui couper les deux oreilles, et même l'assommer pour sortir d'affaire.* Quelques commentateurs ont pensé qu'en ajoutant cette scène, Molière avoit eu pour but de faire ressortir davantage celle qui suit, et qui est si comique par l'incrédulité de madame Pernelle. Il seroit possible que cette intention fût entrée pour quelque chose dans l'addition de cette scène ; mais il est plus vraisemblable que, soit pour s'assurer de plus en plus la protection du prince dont Molière connoissoit le foible pour la louange, soit pour préparer le dénouement où sa royale autorité devoit intervenir, il fut bien aise d'amener par la pétulance de Damis ces vers qu'il a placés dans la bouche du sage Cléante :

Modérez, s'il vous plaît, ces transports éclatants ;
Nous vivons sous un règne et sommes dans un temps
Où par la violence on fait mal ses affaires.

Le changement le plus remarquable de tous est à coup sûr celui que Molière a fait au dénouement, dans ce fameux passage :

Nous vivons sous un prince ennemi de la fraude.

L'exempt le terminoit en disant *que l'hypocrisie étoit autant en horreur dans l'esprit du roi qu'elle étoit accréditée parmi ses sujets*. L'auteur crut devoir adoucir ce trait, qui n'en es[t] pas moins précieux pour l'histoire des mœurs, et qui prouv[e] qu'en attaquant la fourberie des faux dévots, il a tout à [la] fois fait preuve de courage et d'esprit d'observation, et qu[i] a rendu un éclatant service à la religion et à l'humanité, e[n] imprimant une flétrissure publique à cette détestable hypo[-] crisie qui corrompt les peuples, et qui, confondant ce qu'il [y] a de plus vénérable et ce qu'il y a de plus odieux, auroi[t] pour triste résultat de désenchanter même de la vertu.

Quand la ferme volonté du roi et les applaudissements d[u] public eurent réduit au silence l'esprit de persécution, il s[e] replia sur la critique littéraire; il se mit à accuser de plagia[t] celui qu'il n'avoit pu convaincre d'athéisme; il accordoi[t] d'abord assez volontiers à Molière le talent et l'invention co[-] mique, pour le mieux damner comme impie; plus tard, n[e] pouvant le faire brûler comme mauvais chrétien, il se mit [à] le condamner comme mauvais auteur. Les uns lui reprochoien[t] d'avoir mis à contribution les vieux comiques italiens, ceux-l[à] recherchoient péniblement dans Bocace, dans Rabelais e[t] jusque dans Scarron, les traits les plus vigoureux et les scène[s] heureuses de son ouvrage. Le commun des hommes qui [a] toujours un peu d'envie, la médiocrité qui se console de s[a] foiblesse par l'abaissement du talent qui l'étonne, et auque[l] elle est incapable d'atteindre, saisirent avidement cette petit[e] occasion offerte à tous les amours-propres humiliés, et l[a] haine des sots fit cause commune avec la fureur impuissant[e] des tartufes.

Palissot a dit avec raison que *le Tartufe* n'avoit de modèl[e] dans aucune langue et dans aucun théâtre : on citera quelque[s] anecdotes, quelques traits épars dans les moralistes ou dan[s] les satiriques dont Molière s'est emparé; mais ils lui appar[-] tenoient, et quand il a dit : « Je prends mon bien où je l[e] trouve, » il a exprimé une pensée très juste; il a parfaite[-] ment défini les droits de l'auteur comique : s'il a conçu u[n] sujet, s'il veut tracer un caractère, il le compose de tous le[s] traits isolés qui s'y rattachent, soit dans le monde, soit dans les livres : il interroge Téophraste, Plutarque, La Bruyère, Lucien, de même qu'il écoute le courtisan, l'avare et l'hypocrite qu'il veut faire parler : il n'oublie rien de ce qu'il lit, rien de ce qu'il entend; il inscrit sur ses tablettes les mots qui échappent à l'amour-propre, et jusqu'aux saillies qui éclatent dans la conversation : il fait de la sorte son profit des ridicules et de l'esprit des autres; je dirois presque, si je ne craignois que la comparaison ne fût un peu précieuse, qu'il butine au milieu du monde comme l'abeille au milieu des fleurs. Il peut hardiment refaire les ouvrages ou essayer de nouveau les caractères tracés par une main inhabile. Si quelques traits heureux, quelques scènes même survivent à leur chute sans avoir pu l'empêcher, ils sont sa propriété légitime, parce qu'au théâtre le succès seul tient lieu de titre; l'auteur primitif n'a plus rien à y prétendre : ce sont des richesses mal employées que le public a confisquées au profit du génie.

Les étrangers, justement jaloux d'un chef-d'œuvre tel que *le Tartufe*, ont fait de vains efforts pour nous en disputer au moins l'invention. M. Signorelli, savant auteur d'une *Histoire générale des théâtres*, imprimée à Naples il y a une trentaine d'années, prétend que Molière a pris la première idée de son imposteur dans l'*Hypocrite* de l'Arétin, et dans *le Bernagasse*. Bayle avoit déja cité ce dernier ouvrage comme ayant beaucoup servi à Molière; mais il n'en rapporte aucune preuve, et il ne cite à l'appui de son assertion qu'un discours d'arlequin tiré d'un livre anonyme. Il semble qu'un aussi grand critique auroit dû prendre la peine de comparer l'ouvrage italien et la comédie françoise avant de hasarder un pareil jugement. Il se seroit convaincu que le fameux *Bernagasse*, joué à la comédie italienne en 1667, a été imité du *Tartufe*, et n'a paru qu'après lui; il auroit pu s'assurer que ce même sujet fut mis au théâtre françois en 1708, sous le titre de *Dom Basilique Bernagasse*, comédie anonyme en six actes et en prose, divisée en deux parties dont la première, selon l'auteur de la *Bibliothèque du théâtre françois*, représente la prompte élévation de ceux que la fortune favorise, et la seconde fait voir la chute précipitée de ceux qu'elle élève. Il n'y a certes dans une telle indication rien qui annonce le moindre rapport avec la comédie du *Tartufe*.

C'est avec autant de raison qu'on a reproché à Molière d'en avoir pris l'idée dans une autre comédie italienne intitulée *il Dottor Bacchetone*. L'auteur étranger fut au contraire l'imitateur de Molière, auquel il a survécu, et dont il a travesti *le Malade imaginaire* quelque temps après sa mort sous le titre de *Ammalato imaginario sotto la cura del dottor Purgon*.

Quant à l'*Hypocrite* de l'Arétin, voici de quelle manière en parle Ginguené dans son excellente *Histoire littéraire d'Italie* : on jugera par cette rapide analyse de la foi que mérite l'assertion de M. Signorelli.

« L'hypocrite est un homme très madré, mais d'assez bon
« conseil, qui dirige, pour son intérêt il est vrai, un père de
« famille simple et crédule. Ce père, nommé Lisée, a cinq
« filles. Le mariage des unes à faire, celui des autres à em-
« pêcher ou à rompre, le mettent dans les plus grands embar-
« ras. Lisée avoit un frère jumeau qu'il croit perdu, et qui
« lui ressembloit parfaitement. Ce frère revient à Milan, où
« se passe la scène, et la ressemblance des deux menechmes
« complique de plus en plus l'intrigue, et produit des inci-
« dents à ne point finir. Lisée, conduit par l'hypocrite, se
« tire de tous les pièges qui lui sont tendus et de toutes les
« querelles qu'on lui suscite. La débauche de ses filles, la
« persécution de ses gendres, ne le touchent plus ; toutes les
« intrigues se débrouillent, les ennemis se réconcilient, les
« deux jumeaux se reconnoissent, la paix et la joie rentrent
« dans le sein de la famille, le tout par les soins de l'hypo-
« crite, qui emploie toujours un langage mystique et quel-
« quefois des moyens peu délicats, mais qui au fond rend
« service à tout le monde, et ne travaille que secondairement

« pour lui-même. Ce n'est pas ainsi que fait le tartufe de
« Molière, et ce n'est pas non plus ainsi que font les tartufes
« et les hypocrites de tous les temps. »

Certes, il faut n'avoir pas lu l'ouvrage françois pour y trouver le rapport même le plus éloigné avec l'ouvrage italien. Si Molière a fait quelques emprunts, c'est à Bocace et à Scarron qu'il les doit. Dans la huitième nouvelle de la troisième journée du *Décaméron*, le premier introduit un abbé qui passe pour un saint dans toute la Toscane, et qui au fond n'est qu'un fieffé libertin. Il est épris d'une jeune villageoise dont le mari est très jaloux, et il parvient à devenir le confesseur de la belle. C'est au tribunal de la pénitence que l'abbé fait éclater sa passion criminelle; la jeune femme stupéfaite lui dit : « O mon père! que me demandez-vous? je vous re-
« garde comme un saint. — Ma chère enfant, répond l'hypo-
« crite, ne soyez point surprise; ceci n'empêche pas que ma
« sainteté ne soit toujours parfaite; elle réside dans l'ame, et
« ce que je vous demande n'est qu'un péché du corps. Mais
« vous êtes si belle que je ne puis résister à tant d'attraits:
« vous pouvez être fière de vos charmes, puisqu'ils ont su
« captiver un saint habitué à la contemplation des beautés
« spirituelles et célestes. *Pour être abbé je n'en suis pas moins
« homme*[1]; vous voyez que je suis jeune encore, vous ne devez
« point balancer à m'accorder les complaisances que je vous
« demande..... Personne ne pourra se douter de ce qui se
« passera entre nous, car on me croit plus saint que vous
« n'avez pu vous l'imaginer jusqu'à présent. Ne me refusez
« donc pas la faveur que je sollicite de vous : combien de
« femmes se trouveroient honorées de me l'accorder! »

L'admirable scène où Tartufe, accusé par Damis, se reconnoît coupable de tous les crimes, est imitée d'une nouvelle de Scarron intitulée *les Hypocrites*. Un aventurier espagnol nommé *Montufar* est lié avec deux filles suspectes, l'une jeune

---

[1] Ah! pour être dévot, je n'en suis pas moins homme.
Le Tartufe, acte III, scène III.

et l'autre vieille : après avoir joué successivement tous les rôles pour abuser de la crédulité publique, ils arrivent à Séville, où ils prennent le masque de la dévotion, dans l'espérance de faire de nouvelles dupes. Montufar s'affuble d'une soutane, et fait passer l'une de ses compagnes pour sa mère, et l'autre pour sa sœur. Ces trois personnages affectent la piété la plus fervente; ils assistent régulièrement à tous les offices, vont visiter les prisons, les hôpitaux; enfin, à force de grimaces, ils sont bientôt dans une véritable odeur de sainteté; les plus grandes familles s'estiment heureuses de les posséder un moment, et le peuple se précipite partout sur leurs pas : mais un gentilhomme, qui a été jadis l'amant d'une des deux pèlerines, et qui connoît Montufar pour un vrai chevalier d'industrie, arrive un beau jour à Séville, et il reconnoît à la porte d'une église ce misérable dont une multitude imbécille et fanatique baisoit dévotement les habits. Révolté de cette vile jonglerie, il va droit à l'aventurier, lui rappelle sa vie passée, et cherche à dissuader le peuple de sa stupide admiration. Montufar se permettant d'insulter le gentilhomme, celui-ci le frappe dans un mouvement de colère; et aussitôt le peuple se soulève en criant au sacrilége.

La foule, irritée de voir maltraiter son idole, se précipite sur l'agresseur; elle est sur le point de le mettre en pièces; mais l'hypocrite se jette au devant de lui comme s'il vouloit parer les coups; il le relève, il le console, il le couvre d'embrassemens; et, s'adressant au peuple : « Je suis le méchant, s'écrie-t-il, je « suis le pécheur, je suis celui qui n'a jamais rien fait d'a- « gréable aux yeux de Dieu. Pensez-vous, parce que vous me « voyez vêtu en homme de bien, que je n'aie pas été toute « ma vie un larron, le scandale des autres et la perdition de « moi-même? Vous vous êtes trompés, mes frères; faites-moi « le but de vos injures et de vos pierres, et tirez sur moi vos « épées. »

Cette conduite adroite de Montufar produit sur la multitude le même effet que la feinte humilité de Tartufe sur Orgon;

l'engouement d'un peuple hébété redouble pour l'imposteur, et le trop véridique gentilhomme est obligé de se soustraire par la fuite à la vindicte publique.

M. Petitot, dans l'édition qu'il a donnée de Molière, a justement remarqué que le poëte avoit encore emprunté à la Nouvelle de Scarron quelques uns des traits les plus heureux dont il a peint la sensualité des faux dévots. Voici comment le burlesque auteur de *Jodelet* a représenté le genre de vie de Montufar et des deux aventurières de Séville. « Leurs lits, « fort simples, n'étoient le jour couverts que de nattes, et « la nuit de tout ce qu'il falloit pour dormir délicieusement. « Leur porte en hiver se fermoit à cinq heures, en été à « sept, avec autant de ponctualité qu'en un couvent bien « réglé : alors les broches tournoient, la cassolette s'allumoit, « le gibier se rôtissoit, le couvert se mettoit bien propre, et « l'hypocrite triumvirat mangeoit de grande force, et buvoit « volumineusement à la santé de ses dupes. Montufar et Hé- « lène couchoient ensemble de peur des esprits, et leur valet « et leur servante, qui étoient de même complexion, les imi- « toient en leur façon de passer la nuit. Il ne faut pas deman- « der s'ils avoient de l'embonpoint, menant une si bonne vie. « Chacun en bénissoit le Seigneur, et ne pouvoit trop s'étonner « de ce que des gens qui vivoient austèrement avoient meilleur « visage que ceux qui vivoient dans le luxe et l'abondance. »

Telles sont, après bien des recherches, les seules sources où Molière ait puisé pour la composition de son chef-d'œuvre. Mais n'étoit-ce pas pour lui un devoir de mettre en œuvre ces parcelles d'or ? et Scarron méritoit-il plus d'égards que Cyrano de Bergerac ? n'est-il pas heureux qu'un homme de génie ait pris dans une nouvelle médiocre, et destinée à l'oubli, une des plus belles scènes du théâtre ? Il a enrichi l'auteur en le dérobant ; il l'a rendu immortel par le larcin qu'il lui a fait : Scarron est plus célèbre par la scène du *Tartufe* que par tous ses ouvrages ; on ne cite plus guère ce burlesque poëte que comme le premier mari de madame de

Maintenon, et comme l'heureux inventeur d'une scène qui est passée à Molière, comme s'il eût été dans sa destinée de ne s'élever que par ses alliances, et de ne traverser les âges qu'à la suite des grands hommes qui l'ont associé à leur souvenir.

Mais Molière ne doit qu'à lui seul la conception vigoureuse de son ouvrage; où a-t-il puisé cette exposition si comique et si originale, ces scènes tour à tour si gaies et si pathétiques, cette opposition si savante des caractères? Où a-t-il pris ces traits si heureux du dialogue, ces tirades où l'éloquence s'élève jusqu'au sublime? Où a-t-il trouvé cette peinture si énergique et si profonde de l'hypocrisie et du fanatisme, ce secret de forcer l'imposture jusque dans ses derniers retranchements, d'arracher la vérité au mensonge même, et de faire jaillir du choc des plus viles passions le triomphe de la vertu?

Presque tous les commentateurs de Molière semblent avoir eu la prétention de prouver qu'ils savoient mieux le françois que lui, comme s'ils avoient voulu se dédommager, par la critique de son style, de l'hommage qu'ils étoient forcés de rendre à son génie. Armés de la férule scolastique, ils ont cherché querelle aux mots, et n'ont pas même épargné les points et les virgules. Celui-ci relève une expression qui lui paroît impropre, celui-là découvre à la loupe un passage qui n'est pas rigoureusement conforme aux règles de la syntaxe; cet autre enfin refait un vers qu'il trouve sans harmonie, comme un maître qui corrigeroit le thème de son disciple. Il y a, selon moi, un peu d'irrévérence dans ces investigations minutieuses; elles pourroient tout au plus être utiles à un étranger qui voudroit apprendre notre langue, et ce n'est ni dans Molière, ni dans les auteurs comiques, qu'on en étudie les premiers principes. Ce qu'on blâme dans lui devroit être précisément un sujet de louange : il parle comme on parloit alors; son dialogue est celui des hommes qu'il voyoit tous les jours; il est absurde d'exiger de lui les phrases précieuses d'une société qui n'étoit pas la sienne, et la pruderie d'une langue raffinée qu'on use à force de la polir. Cette allure vive

et franche, cet heureux abandon, que nous prenons pour de
la négligence, sont l'empreinte du temps où il a écrit. Les
anciennes mœurs doivent être exprimées dans l'ancien langage : gardons-nous d'altérer la couleur de ces peintures d'une
autre époque, en leur substituant une triste et froide enluminure; on ne refait pas plus le style des vieilles comédies
qu'on ne corrige l'orthographe des antiques médailles. Il étoit
aussi impossible à Molière d'écrire *le Tartufe* avec le style
du *Méchant*, qu'à Gresset d'écrire *le Méchant* avec le style
du *Tartufe*. L'un a peint les mœurs du siècle de Louis XIV,
et l'autre les mœurs du siècle de Louis XV.

Qu'un commentateur explique des usages qui n'existent
plus, ou des expressions tombées en désuétude, qu'il éclaircisse des passages qui se rapportent à des anecdotes ou à des
événements du temps, et qui sont devenus obscurs pour le
vulgaire des lecteurs, il fait alors un travail utile [1], et peut
mériter quelque estime; mais il tombe dans un ridicule indélébile si, du haut de son petit tribunal, il fait subir au génie
une censure pointilleuse.

C'est surtout comme peintre de mœurs et comme philosophe qu'il faut juger Molière; les intérêts de la morale doivent
passer avant les scrupules de la grammaire. *Le Tartufe* est de
tous ses ouvrages celui où il a pénétré le plus avant dans les
replis du cœur; il a découvert une des plaies les plus tristes
de l'humanité, et il l'a sondée d'une main si ferme, qu'il a
arraché des cris douloureux.

L'hypocrisie est, dans une société vieillie, le pire de tous
les fléaux; c'est le voile de toutes les passions, le masque de
tous les vices, le manteau de tous les crimes; la justice elle-même hésite à frapper le criminel paré des couleurs du ciel;
on diroit que la fausse dévotion est pour les scélérats ce
qu'étoit jadis l'enceinte de certains temples du paganisme, un
asile sûr, un refuge inviolable. Molière en a forcé les portes;

---

[1] Je citerai avec plaisir M. Taschereau, qui a fait des notes très utiles
dans l'édition de Molière qu'il a récemment publiée.

il a saisi l'hypocrite jusque sur les marches sacrées, il l'a mis à nu au pied de ces mêmes autels qu'il profanoit par ses vices, et en présence de la foule qu'il trompoit par ses grimaces.

En ornant la scène françoise d'un immortel ouvrage, il a légué à tous les siècles le signalement de la plus cruelle et de la plus redoutable de toutes les impostures. Le chef-d'œuvre du *Tartufe* est un service rendu à l'humanité par le génie. Comment se fait-il que La Bruyère, ce peintre si ingénieux et si vrai des travers de son temps, n'ait pas vivement senti les beautés supérieures de cet immortel ouvrage ?

Il a aussi dessiné un hypocrite, et il semble moins avoir voulu le peindre que critiquer celui de Molière. « Le sien, « dit-il, ne cajole point la femme de l'homme opulent à qui « il a su imposer; il ne lui fait du moins ni avance, ni décla- « ration; il s'enfuira, il lui laissera son manteau s'il n'est « aussi sûr d'elle que de lui-même; il est encore plus éloigné « d'employer pour la séduire le jargon de la dévotion; ce n'est « point par habitude qu'il le parle, mais avec dessein et selon « qu'il lui est utile, et jamais quand il ne serviroit qu'à le « rendre très ridicule. »

L'Onuphre de La Bruyère est un pénitent exténué par le jeûne; il a peu de mérite à jouer l'abstinence et la chasteté: il est sans passion, sans désirs; mais le Tartufe de Molière est un homme ardent, plein de feu, de santé; sa convoitise est sans cesse excitée par l'aspect d'une femme jeune et belle, dont le mari est vieux et dévot, et qui paroît d'ailleurs un peu portée à la coquetterie. S'il emploie le jargon de la dévotion, c'est qu'il est devenu le sien, et qu'il n'en sauroit parler d'autre. Les imposteurs finissent eux-mêmes par croire aux mensonges qu'ils débitent, et sont presque de bonne foi dans la fraude. Tartufe se croit dévot; s'il déposoit tout à coup le masque devant Elmire, et qu'il lui tînt le langage d'un petit maître ou d'un libertin, cet aveu seul de son hypocrisie l'hu- milieroit aux yeux de celle qu'il veut séduire; mais c'est comme dévot qu'il veut plaire, c'est par sa profession même qu'il essaie de faire taire les scrupules d'une femme bien née qui hésite entre ses devoirs et ses passions ; il lui promet

De l'amour sans scandale et du plaisir sans peur.

S'il veut lui prouver que

Il est avec le ciel des accommodemens,

et que rien ne se concilie mieux que les plaisirs des sens et les béatitudes célestes, ne doit-il pas s'exprimer en langage pieux, à peine d'être inconséquent et de s'avouer lui-même le plus vil de tous les hommes ?

Ne sait-on pas d'ailleurs que le libertinage et la superstition vont fort bien ensemble, et que les pays qui, comme l'Italie et l'Espagne, paroissent les plus dévots, sont réellement les plus débauchés ; qu'ainsi le langage y est pieux et la conduite dissolue ? Encore une fois Onuphre est un vulgaire hypocrite, et Tartufe est un scélérat consommé.

La Bruyère a fait au *Tartufe* un reproche qui n'est guère plus fondé, mais qui est beaucoup plus spécieux. « Onuphre « ne pense point, dit-il, à profiter de toute la succession d'un « homme opulent, ni à s'assurer une donation générale de « tous ses biens, s'il s'agit surtout de les enlever à un fils, « le légitime héritier. Il ne se joue pas à la ligne directe, et « il ne s'insinue jamais dans une famille où se trouvent à la « fois une fille à établir et un fils à pourvoir ; il y a là des « droits trop forts et trop inviolables ; on ne les traverse « point sans faire d'éclat, et il l'appréhende, sans qu'une « pareille entreprise ne vienne aux oreilles du prince à qui « il dérobe sa marche, par la crainte qu'il a d'être découvert « et de paroître ce qu'il est. » Sans doute les faux dévots ont plus beau jeu chez un célibataire que chez un père de famille ; on calomnie, on dépouille plus facilement des collatéraux que des enfants ; mais le vrai tour de force de Tartufe est de faire déshériter le fils même de la maison ; et si l'auteur nous prouve que le fanatisme peut aveugler un père jusqu'à lui faire oublier son propre sang pour un misérable fardé d'une fausse dévotion, ne fait-il pas voir à plus forte raison l'empire que de pieux imposteurs peuvent exercer sur des hommes qui ne tiennent pas au lien puissant de la famille? N'atteint-il pas de la sorte au plus haut degré le but du moraliste? D'ailleurs Tartufe n'a pas de prime abord conçu le dessein de suborner la femme, d'épouser la fille et de dépouiller le fils de son bienfaiteur; il a commencé par bien choisir sa dupe : il a vu un homme riche, dévot, crédule, d'une imagination foible et exaltée; un mari d'un certain âge ayant de grands enfants d'un premier lit, et une jeune femme pour seconde épouse. Quel théâtre pourroit être plus heureux pour l'intrigue et la fourberie! Une belle-mère seule est déja un germe de division dans une famille.

Tartufe n'a pas d'ailleurs, comme le pâle hypocrite de La Bruyère, la force de maîtriser ses passions; elles sont ardentes, impérieuses; sa lubricité, son avarice, sont sans cesse excitées à l'aspect d'une maison riche et d'une femme séduisante. C'est un coup de maître d'avoir mis sa fausse dévotion aux prises avec son libertinage; et c'est de l'amour criminel de Tartufe, comme de l'amour brûlant du misanthrope, que jaillissent les scènes les plus admirables et les développements de passions les plus sublimes auxquels le génie se soit jamais élevé.

La Bruyere n'a pas remarqué qu'après avoir asservi l'époux à force de patelinage et d'adresse, le seul désir ardent qui pousse Tartufe, c'est la possession d'Elmire. Il en est tellement préoccupé qu'il ne semble pas très empressé d'accepter la main de Mariane, et qu'il se laisse plutôt solliciter par Orgon qu'il ne le sollicite lui-même. On croiroit que, satisfait de rompre le mariage de Valère avec elle, il se réserve seulement de l'épouser plus tard, afin de dominer un jour la maison comme gendre après y avoir joui d'abord de tous les droits du maître. Aussi, quand Elmire lui adresse cette question :

> On tient que mon mari veut dégager sa foi
> Et vous donner sa fille. Est-il vrai, dites-moi ?

il se hâte de répondre :

> Il m'en a dit deux mots ; mais, madame, à vrai dire,
> Ce n'est pas le bonheur après quoi je soupire.

Si plus tard il se montre plus empressé de devenir l'époux de Mariane, c'est que Damis a surpris sa passion criminelle ; c'est qu'il doit avoir hâte d'entrer dans une famille dont de nouvelles explications peuvent le faire sortir. Ce ne sont point ses insinuations qui décident Orgon à déshériter son fils ; il est bien plus habile : c'est en feignant de l'excuser, c'est en demandant grace pour lui qu'il enflamme de plus en plus le courroux de son père ; et quand celui-ci le chasse, l'accable de sa malédiction, Tartufe est au comble de ses vœux, parce qu'il espère être à jamais délivré d'un témoin qui a tout entendu, et qui peut toujours devenir un accusateur. La vengeance de l'infame est d'ailleurs satisfaite par l'exhérédation de Damis ; ce n'est plus comme étranger qu'il en profite, c'est comme gendre ; voilà pourquoi Tartufe est conçu d'une manière plus large, et tracé d'une touche bien plus vigoureuse que le triste Onuphre, qui, comme tous les fourbes du bas étage, va courir les successions à la porte des vieux célibataires, et extorquer quelques sommes à la terreur des mourants.

Il y a du reste entre Onuphre et Tartufe la même différence qu'entre l'auteur des caractères et le grand poëte comique. L'un dessine purement un portrait ; la ressemblance est exacte, les traits sont fidèles, les nuances même les plus fugitives sont habilement saisies ; mais ce n'est qu'une figure isolée, sans mouvement et sans vie : l'autre conçoit un vaste sujet ; il groupe autour de son personnage principal d'autres figures qui font ressortir la sienne ; il met en présence le vice et la vertu, l'hypocrisie et la bonne foi ; il presse, il anime, il enflamme son action : du jeu des contrastes les plus opposés il fait sortir la ressemblance ; du choc des passions les plus tristes il fait jaillir la gaieté ; enfin d'un divertissement il tire une haute leçon morale, et du portrait d'un homme il fait le tableau d'une époque.

La Bruyère est le seul philosophe du siècle de Louis XIV qui n'ait point su apprécier *le Tartufe*; quant aux auteurs sacrés, tous ne furent pas aussi tolérants que l'envoyé du saint-siége et les prélats auxquels le monarque déféra l'examen de ce chef-d'œuvre : plusieurs ont pu être de bonne foi dans leurs attaques, mais l'esprit de corps rend les hommes d'église injustes et passionnés comme tous les autres; et peut-être l'opinion généralement accréditée que l'évêque d'Autun, Roquette, avoit été le modèle de l'hypocrite de Molière, n'a pas peu contribué à les irriter contre son chef d'œuvre.

Il paroît qu'en effet l'abbé Roquette a fourni les principaux traits au peintre du *Tartufe* ; l'abbé de Choisi le dit formellement dans ses Mémoires, et madame de Sévigné, parlant de ce prélat, l'appelle malicieusement *le pauvre homme*. Si l'on en croit même une insinuation de J.-B. Rousseau, Molière auroit dû à l'évêque plus que le caractère de son personnage, et *l'aventure du Tartufe se seroit passée chez la duchesse de Longueville*, dont on sait que Roquette étoit un des courtisans les plus assidus.

On conçoit d'ailleurs que l'intolérance religieuse augmentoit à mesure que le roi avançoit en âge; l'on peut même s'étonner que les persécutions du *Tartufe* n'aient pas recommencé sous les Tellier et sous les Lachaise; il a fallu sans doute vingt ans de succès pour qu'une glorieuse prescription le mît à couvert de la fureur des faux dévots.

Parmi les orateurs sacrés qui condamnèrent *le Tartufe* il en est deux des plus illustres qui aient immortalisé la chaire chrétienne; Bourdaloue et Bossuet ont attaqué ce chef-d'œuvre, l'un avec une sorte de modération, mais par des arguments plus spécieux que solides, l'autre avec un fougueux emportement qui annonce plutôt la colère de l'orgueil que les alarmes de la piété.

Le premier, dans son sermon sur l'hypocrisie, dit que,

« comme la fausse dévotion tient en beaucoup de choses de
« la vraie, comme la fausse et la vraie ont beaucoup d'actions
« qui leur sont communes, comme les dehors de l'une et de
« l'autre sont presque tous semblables, il est non seulement
« aisé, mais d'une suite presque nécessaire, que la même
« raillerie qui attaque l'une, et que les traits dont on peint
« celle-ci défigurent celle-là, à moins qu'on n'y apporte toutes
« les précautions d'une charité prudente. »

Ces précautions, Molière les a prises avec un soin presque minutieux ; et si Bourdaloue a écrit de bonne foi, il n'a certes pas lu l'ouvrage dont il fait une si injuste censure. Le personnage de Cléante est là pour soutenir l'honneur de la vraie religion, et ce n'est pas seulement dans une poésie admirable qu'il en trace les devoirs et qu'il en fait ressortir les principes consolateurs, c'est par des actions qu'il montre la différence d'une superstition aveugle et cruelle à une piété douce et éclairée. Ainsi, quand Orgon, éclairé sur la scélératesse du misérable qu'il a recueilli, se jette, comme tous les fanatiques, dans un autre extrême, et s'écrie :

C'en est fait, je renonce à tous les gens de bien !

le sage Cléante lui répond :

Quoi ! parce qu'un fripon vous dupe avec audace
Sous le pompeux éclat d'une austère grimace,
Vous voulez que partout on soit fait comme lui,
Et qu'aucun vrai dévot ne se trouve aujourd'hui !
. . . .
Gardez-vous, s'il se peut, d'honorer l'imposture ;
Mais au vrai zèle aussi n'allez point faire injure.

Ces seuls vers répondent à tous les reproches de Bourdaloue, qui d'ailleurs portent sur une base absolument fausse.

La pièce de Molière est conçue de manière que le public ou le lecteur ne peut un seul instant se méprendre entre la vraie et la fausse dévotion. Ce grand poëte, avec tout son talent, ne seroit jamais venu à bout de mettre en scène un homme pieux, et de le peindre des couleurs qu'il a données à son Tartufe. On se fût alors écrié avec justice : Ce n'est point là un véritable dévot; c'est un hypocrite. Pour jouer les personnes, il faut les montrer telles qu'elles sont; si l'on ne met sur le théâtre que ce que fait un honnête homme qui a des sentiments religieux, on ne représentera que de bonnes actions, et alors la religion ne sera pas compromise. Elle le sera bien moins encore si le personnage n'en fait que de mauvaises, puisque alors ce n'est plus un honnête homme, c'est un imposteur.

Sans doute, si le vrai dévot et l'hypocrite paroissoient ensemble sur la scène, ayant le même extérieur, tenant le même langage, on pourroit s'y méprendre; mais ce n'est ni par les dehors, ni par les discours qu'on juge les hommes, c'est par leurs actions; et à peine les deux caractères seront mis en jeu qu'on dira : Voilà le vrai dévot! voilà l'hypocrite!

Dans le chef-d'œuvre de Molière toute méprise est impossible : avant de faire paroître son Tartufe il emploie deux actes entiers à le peindre; quand il entre, il est déja connu; quand il parle, on sait que c'est un misérable. Son maintien, son langage, ne peuvent tromper personne; plus il abuse des expressions pieuses, plus il inspire d'horreur; c'est le respect pour la religion qu'il profane qui excite l'indignation au plus haut degré.

Mais s'il falloit prendre à la lettre le sermon de Bourdaloue, il seroit impossible de démasquer l'hypocrisie, et ce vice odieux jouiroit de tous les priviléges de l'impunité. Si le faux dévot ne doit pas être livré au ridicule parce qu'il ressemble au vrai, l'hypocrite de bienfaisance peut, en toute sûreté, faire des dupes; le tartufe de mœurs porter le déshonneur dans les familles, car ils prennent aussi le langage de la philanthropie et du sentiment; ils ressemblent à l'homme désintéressé et à l'homme sensible. Mais que le poëte comique ou le moraliste mette en opposition leurs discours et leur conduite, qu'il fasse voir la différence du masque au visage, il ne compromet ni la probité, ni la bienséance; il excite la haine contre l'égoïste et le malhonnête homme; et en cela il rend un service éminent à l'humanité, car ce n'est pas le vice brutal qui est le plus dangereux, son aspect seul est repoussant et sa nudité dégoûtante : c'est le vice paré des couleurs de la vertu qu'il faut redouter dans une société qu'une extrême civilisation rend confiante et facile ; c'est lui qu'il faut signaler sous les faux dehors dont il se couvre.

Et plus le manteau est sacré, plus la fourberie qui s'en affuble est à craindre. De profonds scélérats ont cru y trouver un abri pour tous leurs crimes : l'empoisonneur Desrues osoit invoquer le nom de Dieu ; et l'assassin Maingrat, ce prêtre impie et féroce dont le crime a épouvanté notre époque, avoit fasciné tous les yeux par une sorte de dévotion sauvage qui se refusoit même aux plus innocentes distractions, qui interdisoit tous les plaisirs comme profanes, et qui condamnoit la jeunesse elle-même aux austérités de la vie des anachorètes. C'est donc le devoir des moralistes, et même des auteurs sacrés, de préserver les esprits crédules contre les charlatans de religion ; et Molière a bien mérité de son siècle et des siècles à venir lorsqu'il leur a dit : Ne vous fiez pas à un dévot sur l'emphase de ses paroles et sur le nombre de ses génuflexions ; gardez-vous de l'introduire dans votre intérieur, de lui livrer vos secrets, ou vous risquez de voir porter le trouble et le déshonneur dans votre famille, de prendre un maître qui vous opprime, un espion qui vous dénonce, et un fripon qui vous ruine. Ainsi les reproches de Bourdaloue tombent à faux ; comment un homme d'une raison si élevée les a-t-il faits si légèrement ? Ne seroit-ce point parce qu'il étoit jésuite, et que la morale relâchée de cette société semble avoir fourni à Molière quelques uns des traits les plus heureux de son imposteur. Ces vers du quatrième acte,

> Selon divers besoins il est une science
> D'étendre les liens de notre conscience,
> Et de rectifier le mal de l'action
> Avec la pureté de notre intention,

peignent au naturel ces casuistes si terribles pour les autres et si faciles pour eux-mêmes, que Pascal a flétris du sceau d'un immortel ridicule.

La scène du cinquième acte, où le crédule Orgon explique à Cléante la manière dont il a été amené à confier au fourbe la fatale cassette qu'un ami fugitif avoit déposée entre ses mains, est une espèce de théorie de la restriction mentale, l'une des armes les plus perfides de cette secte redoutable qui a rempli le monde de ses intrigues, et dont l'ambition inquiète et tracassière a semé le trouble dans toutes les familles, et porté la terreur jusque dans le conseil des rois.

> Ce fut par un motif de cas de conscience,
> J'allai droit à mon traître en faire confidence;
> Ce sot raisonnement me vint persuader
> De lui donner plutôt la cassette à garder,
> Afin que pour nier, en cas de quelque enquête,
> J'eusse d'un faux-fuyant la faveur toute prête,
> Par où ma conscience eût pleine sûreté
> A faire des serments contre la vérité.

Ces vers ne caractérisent-ils pas fortement le jésuitisme, et faut-il s'étonner que les membres de cette association rancuneuse et puissante, liés par les mêmes intérêts et par les mêmes doctrines, aient essayé de ravaler un chef-d'œuvre qui a si bien révélé les secrets de leur politique tortueuse?

L'implacable Bossuet a mis bien moins de réserve dans ses attaques contre Molière; ce n'est pas seulement un de ses ouvrages qu'il accuse, c'est tout son théâtre qu'il proscrit. Signalons ici ce passage qui fait tache dans les œuvres d'un grand homme, et qui est si odieux dans la bouche d'un prélat.

« Il faudra donc que nous passions pour honnêtes les im-
« piétés et les infamies dont sont pleines les comédies de
« Molière, ou qu'on ne veuille pas ranger parmi les pièces d'au-
« jourd'hui celles d'un auteur qui a expiré pour ainsi dire à nos
« yeux, et qui remplit encore à présent tous les théâtres des équi-
« voques les plus grossières dont on ait jamais infecté les oreilles

« des chrétiens!... Songez seulement si vous oserez soutenir à la
« face du ciel des pièces où la vertu et la piété sont toujours
« ridicules, la corruption excusée et toujours plaisante...

« La postérité saura peut-être la fin de ce poëte comédien,
« qui, en jouant son *Malade imaginaire*, reçut la dernière
« atteinte de la maladie dont il mourut peu d'heures après,
« et passa des plaisanteries du théâtre, parmi lesquelles il
« rendit presque le dernier soupir, au tribunal de celui qui
« dit : Malheur à vous qui riez, car vous pleurerez ! »

Hé quoi, Mathan ! d'un prêtre est-ce là le langage ?

« Quelle dureté fanatique ! s'écrie à ce sujet M. Lemercier
« dans son *Cours de Littérature;* quelle délectation cruelle à
« se retracer la mort d'un homme de génie, qui expira non
« sur la scène, mais dans les bras de deux religieuses, sœurs
« de la charité, dont il avoit toujours pris soin, qui furent
« inconsolables de sa perte, et qui se jetèrent en pleurant aux
« pieds des gens d'église pour en obtenir une sépulture re-
« fusée à leur bienfaiteur ! circonstance que Bénigne Bossuet
« omet insidieusement. Quel ton d'intolérance en cette doc-
« trine ! quel appareil de rigueur ! quelle emphatique sévérité !
« et, ce qui doit le plus étonner en lui, que d'assertions ca-
« lomnieuses à l'égard de la plus morale des comédies ! »

Mais le persécuteur de Fénelon pouvoit-il être juste envers
Molière ! Il lui reproche les impuretés de ses comédies; il dit
que ce sont les plus grossières dont on ait jamais *infecté les
oreilles des chrétiens !*

Comment des milliers de voix ne lui ont-elles pas répondu
que les pièces les plus obscènes furent composées par des
prélats; qu'elles faisoient les délices de la cour de Rome et la
joie des saints pontifes? Comment n'a-t-on pas dit au pro-
scripteur du *Tartufe*, où la vraie piété est mise en honneur,
que la *Calandra*, la comédie la plus licencieuse qui *ait jamais
souillé les oreilles des chrétiens*, a été composée par un cardinal et jouée devant un pape? Molière, dans son ouvrage,

nous offre une épouse fidèle à ses devoirs, et le prince de l'église se complaît à nous montrer le libertinage effronté d'une femme mariée. Et la *Mandragore!* cette débauche de Machiavel, où la religion n'est pas moins outragée que la pudeur, où un ministre des autels se fait un vil agent de prostitution, et déshonore jusqu'au tribunal de la pénitence, ne fut-elle pas plusieurs fois représentée devant Léon X? Non, ce n'est point Molière qui a introduit dans la comédie la licence et le libertinage; c'est au contraire lui qui, en peignant les ridicules ou les travers des hommes, les a forcés à rougir d'eux-mêmes; c'est lui qui a épuré à la fois l'art et les mœurs, qui a fait d'un divertissement une leçon, et du théâtre une école de morale.

La postérité a cassé la sentence de Bossuet. Molière est le poëte des philosophes, et ses ouvrages font les délices de tous les hommes raisonnables et de tous les hommes polis. *Le Tartufe*, qu'a vainement voulu foudroyer l'aigle de Meaux, s'est élevé au dessus de son tonnerre; il plane majestueusement dans les plus hautes régions du génie, et il traversera les siècles en les éclairant.

A une seule époque *le Tartufe* cessa d'être vrai. Sous le règne affreux de l'athéisme et de l'anarchie, au moment où les autels tomboient sous la hache des impies, et leurs ministres sous le fer des bourreaux, la peinture de l'hypocrisie religieuse étoit une cruauté froide et dérisoire : aussi la pièce étoit-elle moins jouée, et produisoit-elle moins d'effet. Dans ces jours de fièvre et de délire, le mot de *roi* étoit proscrit jusque sur la scène, et le dénouement du *Tartufe* fut mutilé par les nouveaux Vandales, comme tant d'autres monuments.

Voici de quelle manière Cailhava l'avoit refait : il est fâcheux qu'un auteur qui avoit passé sa vie à commenter Molière, et qui n'a guère de célébrité que par son admiration fastueuse pour ce grand homme, se soit vu contraint à porter la main sur son chef-d'œuvre.

Remettez-vous, monsieur, d'une alarme si chaude :
Ils sont passés ces jours d'injustice et de fraude,

Où, doublement perfide, un calomniateur
Ravissait à la fois et la vie et l'honneur;
Celui-ci, ne pouvant, au gré de son envie,
Prouver que votre ami trahissait la patrie,
Et vous traiter vous-même en criminel d'état,
S'est fait connaître à fond pour un franc scélérat:
Le monstre veut vous perdre; et sa coupable audace
Sous le glaive des lois l'enchaîne à votre place.

A cette cruelle époque l'hypocrisie religieuse étoit impossible, parce que la piété même étoit un crime, et qu'on se cachoit pour en remplir les devoirs; mais il existoit d'autres Tartufes et d'autres Orgons. Des misérables affectoient l'austérité des mœurs républicaines, et s'abandonnoient, sous le manteau du stoïcisme, aux vices les plus honteux et aux passions les plus criminelles. Faites du personnage principal un Caton ou un Brutus de circonstance, introduisez-le chez quelque bourgeois honnête homme, atteint de la fièvre des doctrines anarchiques, qui ait une jeune femme à séduire et une fille riche à doter, et qui, malgré la ferveur de ses opinions, garde le secret d'un ami fugitif; supposez qu'il se trouve dans cette maison un homme modéré qui blâme ces emportements et ces faux dehors d'un patriotisme affecté, qui distingue entre l'amour vrai et désintéressé du pays et l'intolérance brutale de l'esprit de persécution, vous retrouverez Tartufe, Orgon, Elmire, Mariane et Cléante; l'hypocrite démasqué dénoncera son bienfaiteur comme un mauvais citoyen; vous aurez pour un autre temps et pour d'autres mœurs toute la fable de Molière, parce que les mêmes passions produisent les mêmes effets, parce que les Tartufes changent de manteaux et ne changent pas de vices.

Mais le règne de la terreur n'a été qu'une éclipse sanglante; la religion est remise en honneur et l'hypocrisie est redevenue un bon métier. Depuis qu'on espère se pousser par la piété dans les emplois, nous avons une multitude de chrétiens improvisés qui s'agenouillent dévotement quand on les regarde; les gens qui veulent faire leur chemin ne manquent pas un office, et les athées qui ont de l'ambition ne passent pas un jour sans répéter leur *Credo*. Ces brusques changements de décoration sont communs en France. A peine Louis XIV avoit fermé les yeux que tous les dévots de la veille devinrent les roués du lendemain. Il en est de même de nos jours; presque tous les matérialistes de la révolution se sont sanctifiés en un tour de main. De toute part les Tartufes reparoissent; les Orgons sont encore rares, mais on fait ce qu'il faut pour les multiplier. Moins il y aura d'instruction, plus il y aura de fanatisme : aussi travaille-t-on de toutes ses forces à l'ignorance publique. Que deviendroient les charlatans s'il n'y avoit pas de dupes ?

En assistant aujourd'hui à la représentation du *Tartufe*, ne reconnoît-on pas les grimaciers religieux de notre époque, surtout lorsqu'on entend le misérable s'excuser d'avoir dénoncé son bienfaiteur, par cette froide réponse :

.... L'intérêt du prince est mon premier devoir :
De ce devoir sacré la juste violence
Étouffe dans mon cœur toute reconnoissance,
Et je sacrifierois à de si puissants nœuds
Amis, femme, parents, et moi-même avec eux.

Qui n'est involontairement frappé de cette conformité de langage avec celui de tant d'hypocrites de royalisme que nous avons entendus ériger l'ingratitude en devoir et la délation en vertu ?

Le Tartufe de Molière est donc rajeuni, et ses couleurs, loin de s'altérer par le temps, deviendront toujours plus vives et plus frappantes, parce qu'à mesure que le monde vieillit, la société se corrompt, et que l'hypocrisie des hommes sera toujours en raison de leur égoïsme et de leur perversité. Ce n'est ni la pièce d'une époque ni celle d'une nation, c'est celle de tous les siècles et de tous les pays avancés dans la civilisation; c'est le tableau le plus hardi et le plus vrai, le plus triste et le plus sublime; c'est l'étude la plus profonde qu'un homme ait jamais faite sur les misères de l'humanité.

ÉTIENNE.

PRÉFACE.

Voici une comédie dont on a fait beaucoup de bruit, qui a été long-temps persécutée; et les gens qu'elle joue ont bien fait voir qu'ils étoient plus puissants en France que tous ceux que j'ai joués jusqu'ici. Les marquis, les précieuses, les cocus et les médecins ont souffért doucement qu'on les ait représentés, et ils ont fait semblant de se divertir, avec tout le monde, des peintures que l'on a faites d'eux; mais les hypocrites n'ont point entendu raillerie : ils se sont effarouchés d'abord, et ont trouvé étrange que j'eusse la hardiesse de jouer leurs grimaces, et de vouloir décrier un métier dont tant d'honnêtes gens se mêlent. C'est un crime qu'ils ne sauroient me pardonner; et ils se sont tous armés contre ma comédie avec une fureur épouvantable. Ils n'ont eu garde de l'attaquer par le côté qui les a blessés; ils sont trop politiques pour cela, et savent trop bien vivre pour découvrir le fond de leur ame. Suivant leur louable coutume, ils ont couvert leurs intérêts de la cause de Dieu; et *le Tartufe*, dans leur bouche, est une pièce qui offense la piété; elle est, d'un bout à l'autre, pleine d'abominations, et l'on n'y trouve rien qui ne mérite le feu : toutes les syllabes en sont impies, les gestes même y sont criminels; et le moindre coup d'œil, le moindre branlement de tête, le moindre pas à droite ou à gauche y cache des mystères qu'ils trouvent moyen d'expliquer à mon désavantage. J'ai eu beau la soumettre aux lumières de mes amis et à la censure de tout le monde : les corrections que j'y ai pu faire, le jugement du roi et de la reine, qui l'ont vue; l'approbation des grands princes et de messieurs les ministres qui l'ont honorée publiquement de leur présence; le témoignage des gens de bien, qui l'ont trouvée profitable; tout cela n'a de rien servi. Ils n'en veulent point démordre, et tous les jours encore ils font crier en public des zélés indiscrets qui me disent des injures pieusement, et me damnent par charité.

Je me soucierois fort peu de tout ce qu'ils peuvent dire, n'étoit l'artifice qu'ils ont de me faire des ennemis que je respecte, et de jeter dans leur parti de véritables gens de bien, dont ils préviennent la bonne foi, et qui, par la chaleur qu'ils ont pour les intérêts du ciel, sont faciles à recevoir les impressions qu'on veut leur donner; voilà ce qui m'oblige à me défendre. C'est aux vrais dévots que je veux partout me justifier sur la conduite de ma comédie; et je les conjure de tout mon cœur de ne point condamner les choses avant que de les voir; de se défaire de toute prévention, et de ne point servir la passion de ceux dont les grimaces les déshonorent.

Si l'on prend la peine d'examiner de bonne foi ma comédie, on verra sans doute que mes intentions y sont partout innocentes, et qu'elle ne tend nullement à jouer les choses que l'on doit révérer; que je l'ai traitée avec toutes les précautions que me demandoit la délicatesse de la matière; et que j'ai mis tout l'art et tous les soins qu'il m'a été possible pour bien distinguer le personnage de l'hypocrite d'avec celui du vrai dévot. J'ai employé pour cela deux actes entiers à préparer la venue de mon scélérat. Il ne tient pas un seul moment l'auditeur en balance : on le connoît d'abord aux marques que je lui donne ; et, d'un bout à l'autre, il ne dit pas un mot, il ne fait pas une action qui ne peigne aux spectateurs le caractère d'un méchant homme, et ne fasse éclater celui du véritable homme de bien, que je lui oppose.

Je sais bien que, pour réponse, ces messieurs tâchent d'insinuer que ce n'est point au théâtre à parler de ces matières ; mais je leur demande, avec leur permission, sur quoi ils fondent cette belle maxime. C'est une proposition qu'ils ne font que supposer, et qu'ils ne prouvent en aucune façon. Et sans doute il ne seroit pas difficile de leur faire voir que la comédie, chez les anciens, a pris son origine de la religion, et faisoit partie de leurs mystères ; que les Espagnols, nos voisins, ne célèbrent guère de fête où la comédie ne soit mêlée ; et que, même parmi nous, elle doit sa naissance aux soins d'une confrérie à qui appartient encore aujourd'hui l'hôtel de Bourgogne ; que c'est un lieu qui fut donné pour y représenter les plus importants mystères de notre foi ; qu'on en voit encore des comédies imprimées en lettres gothiques, sous le nom d'un docteur de Sorbonne ; et, sans aller chercher si loin, que l'on a joué, de notre temps, des pièces saintes de M. de Corneille, qui ont été l'admiration de toute la France.

Si l'emploi de la comédie est de corriger les vices des hommes, je ne vois pas par quelle raison il y en aura de privilégiés. Celui-ci est, dans l'état, d'une conséquence bien plus dangereuse que tous les autres ; et nous avons vu que le théâtre a une grande vertu pour la correction Les plus beaux traits d'une sérieuse morale sont moins puissants, le plus souvent, que ceux de la satire ; et rien ne reprend mieux la plupart des hommes que la peinture de leurs défauts. C'est une grande atteinte aux vices que de les exposer à la risée de tout le monde. On souffre aisément des répréhensions, mais on ne souffre point la raillerie. On veut bien être méchant, mais on ne veut point être ridicule.

On me reproche d'avoir mis des termes de piété dans la bouche de mon imposteur. Hé ! pouvois-je m'en empêcher pour bien représenter le caractère d'un hypocrite ? Il suffit, ce me semble, que je fasse connoître les motifs criminels qui lui font dire les choses, et que j'en aie retranché les termes consacrés, dont on auroit eu peine à lui entendre faire un mauvais usage. — Mais il débite au quatrième acte une morale pernicieuse. — Mais cette morale est-elle quelque chose dont tout le monde n'eût les oreilles rebattues ? Dit-elle rien de nouveau dans ma comédie ? et peut-on craindre que des choses si généralement détestées fassent quelque impression dans les esprits ; que je les rende dangereuses en les faisant monter sur le théâtre ; qu'elles reçoivent quelque autorité de la bouche d'un scélérat ? Il n'y a nulle apparence à cela, et l'on doit approuver la comédie du *Tartufe*, ou condamner généralement toutes les comédies.

C'est à quoi l'on s'attache furieusement depuis un temps ; et jamais on ne s'étoit si fort déchaîné contre le théâtre. Je ne puis pas nier qu'il n'y ait eu des pères de l'église qui ont condamné la comédie ; mais on ne peut pas nier aussi qu'il n'y en ait eu quelques uns qui l'ont traitée un peu plus doucement. Ainsi l'autorité, dont on prétend appuyer la censure, est détruite par ce partage ; et toute la conséquence qu'on peut tirer de cette diversité d'opinions en des esprits éclairés des mêmes lumières, c'est qu'ils ont pris la comédie différemment, et que les uns l'ont considérée dans sa pureté, lorsque les autres l'ont regardée dans sa corruption, et confondue avec tous ces vilains spectacles qu'on a eu raison de nommer des *spectacles de turpitude*.

Et en effet, puisqu'on doit discourir des choses et non pas des mots, et que la plupart des contrariétés viennent de ne se pas entendre, et d'envelopper dans un même mot des choses opposées, il ne faut qu'ôter le voile de l'équivoque, et regarder ce qu'est la comédie en soi, pour voir si elle est condamnable. On connoîtra sans doute que, n'étant autre chose qu'un poëme ingénieux qui, par des leçons agréables, reprend les défauts des hommes, on ne sauroit la censurer sans injustice. Et, si nous voulons ouïr là dessus le témoignage de l'antiquité, elle nous dira que ses plus célèbres philosophes ont donné des louanges à la comédie, eux qui faisoient profession d'une sagesse si austère, et qui crioient sans cesse après les vices de leur siècle. Elle nous fera voir qu'Aristote a consacré des veilles au théâtre, et s'est donné le soin de réduire en préceptes l'art de faire des comédies. Elle nous apprendra que de ses plus grands hommes, et des premiers en dignité, ont fait gloire d'en composer eux-mêmes ; qu'il y en a eu d'autres qui n'ont pas dédaigné de réciter en public celles qu'ils avoient composées ; que la Grèce a fait pour cet art éclater son estime, par les prix glorieux et par les superbes théâtres dont elle a voulu l'honorer; et que dans Rome enfin, ce même art a reçu aussi des honneurs extraordinaires; je ne dis pas dans Rome débauchée, et sous la licence des empereurs, mais dans Rome disciplinée, sous la sagesse des consuls, et dans le temps de la vigueur de la vertu romaine.

J'avoue qu'il y a eu des temps où la comédie s'est corrompue. Et qu'est-ce que dans le monde on ne corrompt point tous les jours? Il n'y a chose si innocente où les hommes ne puissent porter du crime; point d'art si salutaire dont ils ne soient capables de renverser les intentions; rien de si bon en soi qu'ils ne puissent tourner à de mauvais usages. La médecine est un art profitable, et chacun la révère comme une des plus excellentes choses que nous ayons; et cependant il y a eu des temps où elle s'est rendue odieuse, et souvent on en a fait un art d'empoisonner les hommes. La philosophie est un présent du ciel; elles nous a été donnée pour porter nos esprits à la connoissance d'un Dieu par la contemplation des merveilles de la nature; et pourtant on n'ignore pas que souvent on l'a détournée de son emploi, et qu'on l'a occupée publiquement à soutenir l'impiété. Les choses même les plus saintes ne sont point à couvert de la corruption des hommes; et nous voyons des scélérats qui, tous les jours, abusent de la piété, et la font servir méchamment aux crimes les plus grands. Mais on ne laisse pas pour cela de faire les distinctions qu'ils est besoin de faire. On n'enveloppe point, dans une fausse conséquence, la bonté des choses que l'on corrompt, avec la malice des corrupteurs. On sépare toujours le mauvais usage d'avec l'intention de l'art; et, comme on ne s'avise point de défendre la médecine pour avoir été bannie de Rome, ni la philosophie pour avoir été condamnée publiquement dans Athènes, on ne doit point aussi vouloir interdire la comédie pour avoir été censurée en de certains temps. Cette censure a eu ses raisons, qui ne subsistent point ici. Elle s'est renfermée dans ce qu'elle a pu voir; et nous ne devons point la tirer des bornes qu'elle s'est données, l'étendre plus loin qu'il ne faut, et lui faire embrasser l'innocent avec le coupable. La comédie qu'elle a eu dessein d'attaquer n'est point du tout la comédie que nous voulons défendre; il se faut bien garder de confondre celle-là avec celle-ci. Ce sont deux personnes de qui les mœurs sont tout-à-fait opposées. Elles n'ont aucun rapport l'une avec l'autre, que la ressemblance du nom; et ce seroit une injustice épouvantable que de vouloir condamner Olympe, qui est femme de bien, parce qu'il y a une Olympe qui a été une débauchée. De semblables arrêts, sans doute, feroient un grand désordre dans le monde; il n'y aurait rien par là qui ne fût condamné; et puisque l'on ne garde point cette rigueur à tant de choses dont on abuse tous les jours, on doit bien faire la même grace à la comédie, et approuver les pièces de théâtre où l'on verra régner l'instruction et l'honnêteté.

Je sais qu'il y a des esprits dont la délicatesse ne peut souffrir aucune comédie; qui disent que les plus honnêtes sont les plus dangereuses; que les passions que l'on y dépeint sont d'autant plus touchantes, qu'elles sont pleines de vertu, et que les ames sont attendries par ces sortes de représentations. Je ne vois pas quel grand crime c'est que de s'attendrir à la vue d'une passion honnête; et c'est un haut étage de vertu que cette pleine insensibilité où ils veulent faire monter notre ame. Je doute qu'une si grande perfection soit dans les forces de la nature humaine; et je ne sais s'il n'est pas mieux de travailler à rectifier et à adoucir les passions des hommes, que de vouloir les retrancher entièrement. J'avoue qu'il y a des lieux qu'il vaut mieux fréquenter que le théâtre; et si l'on veut blâmer toutes les choses qui ne regardent pas directement Dieu et notre salut, il est certain que la comédie en doit être, et je ne trouve point mauvais qu'elle soit condamnée avec le reste; mais supposé, comme il est vrai, que les exercices de la piété souffrent des intervalles, et que les hommes aient besoin de divertissement, je soutiens qu'on ne leur en peut trouver un qui soit plus innocent que la comédie. Je me suis étendu trop loin. Finissons par un mot d'un grand prince [1] sur la comédie du *Tartufe*.

Huit jours après qu'elle eut été défendue, on représenta devant la cour une pièce intitulée *Scaramouche ermite* [2]; et le roi, en sortant, dit au grand prince que je veux dire: « Je voudrois bien savoir pourquoi les gens « qui se scandalisent si fort de la comédie de Molière ne « disent mot de celle de *Scaramouche ?* » A quoi le prince

---

[1] Le prince de Condé.

[2] *Scaramouche ermite*, comédie à canevas, où l'on voyoit, entre autres indécences, un moine escalader le balcon d'une femme, et y reparoître ensuite en disant que c'est ainsi qu'il faut mortifier la chair : *Questo è per mortificar la carne.*

répondit : « La raison de cela, c'est que la comédie de
« *Scaramouche* joue le ciel et la religion, dont ces mes-
« sieurs-là ne se soucient point; mais celle de Molière
« les joue eux-mêmes, c'est ce qu'ils ne peuvent souf-
« frir. »

PREMIER PLACET

PRÉSENTÉ AU ROI

Sur la comédie du *Tartufe*, qui n'avoit pas encore été représentée en public.

SIRE,

Le devoir de la comédie étant de corriger les hommes en les divertissant, j'ai cru que, dans l'emploi où je me trouve, je n'avois rien de mieux à faire que d'attaquer, par des peintures ridicules, les vices de mon siècle; et comme l'hypocrisie, sans doute, en est un des plus en usage, des plus incommodes et des plus dangereux, j'avois eu, Sire, la pensée que je ne rendrois pas un petit service à tous les honnêtes gens de votre royaume, si je faisois une comédie qui décriât les hypocrites, et mît en vue, comme il faut, toutes les grimaces étudiées de ces gens de bien à outrance, toutes les friponneries couvertes de ces faux-monnoyeurs en dévotion, qui veulent attraper les hommes avec un zèle contrefait et une charité sophistique.

Je l'ai faite, Sire, cette comédie, avec tout le soin, comme je crois, et toutes les circonspections que pouvoit demander la délicatesse de la matière; et pour mieux conserver l'estime et le respect qu'on doit aux vrais dévots, j'en ai distingué le plus que j'ai pu le caractère que j'avois à toucher. Je n'ai point laissé d'équivoque, j'ai ôté ce qui pouvoit confondre le bien avec le mal, et ne me suis servi dans cette peinture que des couleurs expresses et des traits essentiels qui font reconnoître d'abord un véritable et franc hypocrite.

Cependant toutes mes précautions ont été inutiles. On a profité, Sire, de la délicatesse de votre ame sur les matières de religion, et l'on a su vous prendre par l'endroit seul que vous êtes prenable, je veux dire par le respect des choses saintes. Les tartufes, sous main, ont eu l'adresse de trouver grace auprès de Votre Majesté; et les originaux enfin ont fait supprimer la copie, quelque innocente qu'elle fût, et quelque ressemblante qu'on la trouvât.

Bien que ce m'eût été un coup sensible que la suppression de cet ouvrage, mon malheur pourtant était adouci par la manière dont Votre Majesté s'étoit expliquée sur ce sujet; et j'ai cru, Sire, qu'elle m'ôtoit tout lieu de me plaindre, ayant eu la bonté de déclarer qu'elle ne trouvoit rien à dire dans cette comédie qu'elle me défen doit de produire en public.

Mais malgré cette glorieuse déclaration du plu grand roi du monde et du plus éclairé, malgr l'approbation encore de M. le légat, et de la plu grande partie de nos prélats, qui tous dans le lectures particulières que je leur ai faites de mo ouvrage, se sont trouvés d'accord avec les senti ments de Votre Majesté; malgré tout cela, dis-je on voit un livre composé par le curé de.... qu donne hautement un démenti à tous ces auguste témoignages. Votre Majesté a beau dire, et M. l légat et MM. les prélats ont beau donner leur ju gement, ma comédie, sans l'avoir vue, est diabo lique, et diabolique mon cerveau; je suis un démo vêtu de chair et habillé en homme, un libertin un impie digne d'un supplice exemplaire. Ce n'es pas assez que le feu expie en public mon offense j'en serois quitte à trop bon marché : le zèle cha ritable de ce galant homme de bien n'a garde d demeurer là; il ne veut point que j'aie de miséri corde auprès de Dieu, il veut absolument que j sois damné, c'est une affaire résolue.

Ce livre, Sire, a été présenté à Votre Majesté et, sans doute, elle juge bien elle-même combier il m'est fâcheux de me voir exposé tous les jour aux insultes de ces messieurs; quel tort me feron dans le monde de telles calomnies, s'il faut qu'elle soient tolérées; et quel intérêt j'ai enfin à me purger de son imposture, et à faire voir au public que ma comédie n'est rien moins que ce qu'on veut qu'elle soit. Je ne dirai point, Sire, ce que j'aurois à demander pour ma réputation, et pour justifier à tout le monde l'innocence de mon ouvrage : les rois éclairés, comme vous, n'ont pas besoin qu'on leur marque ce qu'on souhaite; ils voient, comme Dieu, ce qu'il nous faut, et savent mieux que nous ce qu'ils nous doivent accorder. Il me suffit de mettre mes intérêts entre les mains de Votre Majesté; et j'attends d'elle, avec respect, tout ce qu'il lui plaira d'ordonner là dessus.

SECOND PLACET

PRÉSENTÉ AU ROI,

Dans son camp, devant la ville de Lille en Flandres, par les sieur(s) La Thorillière et La Grange, comédiens de Sa Majesté, et com(pagnons) du sieur Molière, sur la défense qui fut faite le 6 aoû(t) 1667, de représenter le *Tartufe* jusques à nouvel ordre de S(a) Majesté.

SIRE,

C'est une chose bien téméraire à moi que de venir importuner un grand monarque au milieu de ses glorieuses conquêtes; mais, dans l'état où je me vois, où trouver, Sire, une protection qu'au lieu où je la viens chercher; et qui puis-je solliciter contre l'autorité de la puissance qui m'accable, que la source de la puissance et de l'autorité, que le juste dispensateur des ordres absolus, que le souverain juge et le maître de toute(s) choses ?

Ma comédie, Sire, n'a pu jouir ici des bonté(s) de Votre Majesté. En vain je l'ai produite sou(s) le nom de *l'Imposteur*, et déguisé le personnag(e) sous l'ajustement d'un homme du monde, j'ai eu beau lui donner un petit chapeau, de grands cheveux, un grand collet, une épée, et des dentelles sur tout l'habit, mettre en plusieurs endroits des adoucissements, et retrancher avec soin tout ce que j'ai jugé capable de fournir l'ombre d'un prétexte aux célèbres originaux du portrait que je voulois faire : tout cela n'a de rien servi. La cabale s'est réveillée aux simples conjectures qu'ils ont pu avoir de la chose. Ils ont trouvé moyen de surprendre des esprits qui, dans toute autre matière, font une haute profession de ne se point laisser surprendre. Ma comédie n'a pas plutôt paru, qu'elle s'est vue foudroyée par le coup d'un pouvoir qui doit imposer du respect ; et tout ce que j'ai pu faire en cette rencontre pour me sauver moi-même de l'éclat de cette tempête, c'est de dire que Votre Majesté avoit eu la bonté de m'en permettre la représentation, et que je n'avois pas cru qu'il fût besoin de demander cette permission à d'autres, puisqu'il n'y avoit qu'elle seule qui me l'eût défendue.

Je ne doute point, Sire, que les gens que je peins dans ma comédie ne remuent bien des ressorts auprès de Votre Majesté, et ne jettent dans leur parti, comme ils l'ont déja fait, de véritables gens de bien, qui sont d'autant plus prompts à se laisser tromper, qu'ils jugent d'autrui par eux-

mêmes. Ils ont l'art de donner de belles couleur[s]
à toutes leurs intentions. Quelque mine qu'i[ls]
fassent, ce n'est point du tout l'intérêt de Die[u]
qui les peut émouvoir, ils l'ont assez montré dan[s]
les comédies qu'ils ont souffert qu'on ait jouée[s]
tant de fois en public sans en dire le moindre mo[t.]
Celles-là n'attaquoient que la piété et la religion
dont ils se soucient fort peu : mais celle-ci les at[-]
taque et les joue eux-mêmes, et c'est ce qu'ils n[e]
peuvent souffrir. Ils ne sauroient me pardonne[r]
de dévoiler leurs impostures aux yeux de tout l[e]
monde, et sans doute on ne manquera pas de dir[e]
à Votre Majesté que chacun s'est scandalisé d[e]
ma comédie. Mais la vérité pure, Sire, c'est qu[e]
tout Paris ne s'est scandalisé que de la défens[e]
qu'on en a faite; que les plus scrupuleux en on[t]
trouvé la représentation profitable, et qu'on s'es[t]
étonné que des personnes d'une probité si con[-]
nue aient eu une si grande déférence pour de[s]
gens qui devroient être l'horreur de tout le monde[,]
et sont si opposés à la véritable piété dont elle[s]
font profession.

J'attends, avec respect, l'arrêt que Votre Ma[-]
jesté daignera prononcer sur cette matière : mai[s]
il est très assuré, Sire, qu'il ne faut plus que j[e]
songe à faire des comédies, si les tartufes ont
l'avantage; qu'ils prendront droit par là de me
persécuter plus que jamais, et voudront trouver

à redire aux choses les plus innocentes qui pourront sortir de ma plume.

Daignent vos bontés, Sire, me donner une protection contre leur rage envenimée; et puissé-je, au retour d'une campagne si glorieuse, délasser Votre Majesté des fatigues de ses conquêtes, lui donner d'innocents plaisirs après de si nobles travaux, et faire rire le monarque qui fait trembler toute l'Europe !

TROISIÈME PLACET

PRÉSENTÉ AU ROI LE 5 FÉVRIER 1669.

SIRE,

Un fort honnête médecin, dont j'ai l'honneur d'être le malade, me promet et veut s'obliger pardevant notaire de me faire vivre encore trente années, si je puis lui obtenir une grace de Votre Majesté. Je lui ai dit, sur sa promesse, que je ne lui demandois pas tant, et que je serois satisfait de lui pourvu qu'il s'obligeât de ne me point tuer. Cette grace, Sire, est un canonicat de votre chapelle royale de Vincennes, vacant par la mort de [1]....

Oserois-je demander encore cette grace à Votre Majesté, le propre jour de la grande résurrection

---

[1] M. de Mauvilain est le médecin pour lequel Molière a fait le troisième placet qui est à la tête de son *Tartufe*, lorsqu'il demanda au roi un canonicat de Vincennes pour le fils de ce médecin...

M. de Mauvilain et Molière étant à Versailles, au dîner du roi, sa majesté dit à Molière : « Voilà donc votre médecin ? Que vous « fait-il ? — Sire, répondit Molière, nous raisonnons ensemble ; il « m'ordonne des remèdes, je ne les fais point, et je guéris. »

de *Tartufe*, ressuscité par vos bontés? Je suis par cette première faveur réconcilié avec les dévots; et je le serois par cette seconde avec les médecins. C'est pour moi, sans doute, trop de graces à la fois; mais peut-être n'en est-ce pas trop pour Votre Majesté : et j'attends avec un peu d'espérance respectueuse la réponse de mon placet[1].

[1] M. de Mauvilain obtint la grace demandée.

PERSONNAGES.

Madame PERNELLE, mère d'Orgon [1].
ORGON, mari d'Elmire [2].
ELMIRE, femme d'Orgon [3].
DAMIS, fils d'Orgon [4].
MARIANE, fille d'Orgon [5].
VALÈRE, amant de Mariane [6].
CLÉANTE, beau-frère d'Orgon [7].
TARTUFE, faux dévot [8].
DORINE, suivante de Mariane [9].
Monsieur LOYAL, sergent [10].
UN EXEMPT.
FLIPOTE, servante de madame Pernelle.

ACTEURS.

[1] Béjart. — [2] Molière. — [3] Mademoiselle Molière (Armande Béjart). — [4] Hubert. — [5] Mademoiselle De Brie. — [6] La Grange. — [7] La Thorillière. — [8] Du Croisy. — [9] Magdeleine Béjart. — [10] De Brie.

La scène est à Paris, dans la maison d'Orgon.

LE TARTUFE.

ACTE PREMIER.

SCÈNE I.

MADAME PERNELLE, ELMIRE, MARIANE,
CLÉANTE, DAMIS, DORINE, FLIPOTE.

MADAME PERNELLE.
Allons, Flipote, allons; que d'eux je me délivre.
ELMIRE.
Vous marchez d'un tel pas, qu'on a peine à vous suivre.
MADAME PERNELLE.
Laissez, ma bru, laissez; ne venez pas plus loin :
Ce sont toutes façons dont je n'ai pas besoin.
ELMIRE.
De ce que l'on vous doit envers vous on s'acquitte.
Mais, ma mère, d'où vient que vous sortez si vite?
MADAME PERNELLE.
C'est que je ne puis voir tout ce ménage-ci,
Et que de me complaire on ne prend nul souci.
Oui, je sors de chez vous fort mal édifiée;
Dans toutes mes leçons j'y suis contrariée;
On n'y respecte rien, chacun y parle haut,
Et c'est tout justement la cour du roi Pétaud.

DORINE.

Si...

MADAME PERNELLE.

Vous êtes, m'amie, une fille suivante
Un peu trop forte en gueule, et fort impertinente;
Vous vous mêlez sur tout de dire votre avis.

DAMIS.

Mais...

MADAME PERNELLE.

Vous êtes un sot, en trois lettres, mon fils;
C'est moi qui vous le dis, qui suis votre grand'mère;
Et j'ai prédit cent fois à mon fils, votre père,
Que vous preniez tout l'air d'un méchant garnement,
Et ne lui donneriez jamais que du tourment.

MARIANE.

Je crois...

MADAME PERNELLE.

Mon dieu! sa sœur, vous faites la discrète,
Et vous n'y touchez pas, tant vous semblez doucette!
Mais il n'est, comme on dit, pire eau que l'eau qui dort;
Et vous menez, sous chape, un train que je hais fort.

ELMIRE.

Mais, ma mère...

MADAME PERNELLE.

Ma bru, qu'il ne vous en déplaise,
Votre conduite, en tout, est tout-à-fait mauvaise;
Vous devriez leur mettre un bon exemple aux yeux;
Et leur défunte mère en usoit beaucoup mieux.
Vous êtes dépensière; et cet état me blesse,
Que vous alliez vêtue ainsi qu'une princesse.

Quiconque à son mari veut plaire seulement,
Ma bru, n'a pas besoin de tant d'ajustement.

CLÉANTE.

Mais, madame, après tout...

MADAME PERNELLE.

Pour vous, monsieur son frère,
Je vous estime fort, vous aime et vous révère;
Mais enfin si j'étois de mon fils, son époux,
Je vous prierois bien fort de n'entrer point chez nous.
Sans cesse vous prêchez des maximes de vivre
Qui par d'honnêtes gens ne se doivent point suivre.
Je vous parle un peu franc; mais c'est là mon humeur,
Et je ne mâche point ce que j'ai sur le cœur.

DAMIS.

Votre monsieur Tartufe est bien heureux, sans doute...

MADAME PERNELLE.

C'est un homme de bien, qu'il faut que l'on écoute;
Et je ne puis souffrir, sans me mettre en courroux,
De le voir querellé par un fou comme vous.

DAMIS.

Quoi! je souffrirai, moi, qu'un cagot de critique
Vienne usurper céans un pouvoir tyrannique,
Et que nous ne puissions à rien nous divertir,
Si ce beau monsieur-là n'y daigne consentir!

DORINE.

S'il le faut écouter et croire à ses maximes,
On ne peut faire rien qu'on ne fasse des crimes;
Car il contrôle tout, ce critique zélé.

MADAME PERNELLE.

Et tout ce qu'il contrôle est fort bien contrôlé.

C'est au chemin du ciel qu'il prétend vous conduire ;
Et mon fils à l'aimer vous devroit tous induire.

DAMIS.

Non, voyez-vous, ma mère, il n'est père, ni rien,
Qui me puisse obliger à lui vouloir du bien :
Je trahirois mon cœur de parler d'autre sorte.
Sur ses façons de faire à tous coups je m'emporte :
J'en prévois une suite, et qu'avec ce pied-plat
Il faudra que j'en vienne à quelque grand éclat.

DORINE.

Certes, c'est une chose aussi qui scandalise,
De voir qu'un inconnu céans s'impatronise ;
Qu'un gueux, qui, quand il vint, n'avoit pas de souliers,
Et dont l'habit entier valoit bien six deniers,
En vienne jusque là que de se méconnoître,
De contrarier tout, et de faire le maître.

MADAME PERNELLE.

Hé, merci de ma vie ! il en iroit bien mieux,
Si tout se gouvernoit par ses ordres pieux.

DORINE.

Il passe pour un saint dans votre fantaisie :
Tout son fait, croyez-moi, n'est rien qu'hypocrisie.

MADAME PERNELLE.

Voyez la langue !

DORINE.

A lui, non plus qu'à son Laurent,
Je ne me fierois, moi, que sur un bon garant.

MADAME PERNELLE.

J'ignore ce qu'au fond le serviteur peut être ;
Mais pour homme de bien je garantis le maître.

Vous ne lui voulez mal et ne le rebutez
Qu'à cause qu'il vous dit à tous vos vérités.
C'est contre le péché que son cœur se courrouce,
Et l'intérêt du ciel est tout ce qui le pousse.

DORINE.

Oui; mais pourquoi, surtout depuis un certain temps,
Ne sauroit-il souffrir qu'aucun hante céans?
En quoi blesse le ciel une visite honnête,
Pour en faire un vacarme à nous rompre la tête?
Veut-on que là dessus je m'explique entre nous...
    (montrant Elmire.)
Je crois que de madame il est, ma foi, jaloux.

MADAME PERNELLE.

Taisez-vous, et songez aux choses que vous dites.
Ce n'est pas lui tout seul qui blâme ces visites:
Tout ce tracas qui suit les gens que vous hantez,
Ces carrosses sans cesse à la porte plantés,
Et de tant de laquais le bruyant assemblage,
Font un éclat fâcheux dans tout le voisinage.
Je veux croire qu'au fond il ne se passe rien;
Mais enfin on en parle, et cela n'est pas bien.

CLÉANTE.

Hé! voulez-vous, madame, empêcher qu'on ne cause?
Ce seroit dans la vie une fâcheuse chose,
Si, pour les sots discours où l'on peut être mis,
Il falloit renoncer à ses meilleurs amis.
Et quand même on pourroit se résoudre à le faire,
Croiriez-vous obliger tout le monde à se taire?
Contre la médisance il n'est point de rempart.
A tous les sots caquets n'ayons donc nul égard;

Efforçons-nous de vivre avec toute innocence,
Et laissons aux causeurs une pleine licence.

DORINE.

Daphné, notre voisine, et son petit époux,
Ne seroient-ils point ceux qui parlent mal de nous?
Ceux de qui la conduite offre le plus à rire
Sont toujours sur autrui les premiers à médire;
Ils ne manquent jamais de saisir promptement
L'apparente lueur du moindre attachement,
D'en semer la nouvelle avec beaucoup de joie,
Et d'y donner le tour qu'ils veulent qu'on y croie.
Des actions d'autrui, teintes de leurs couleurs,
Ils pensent dans le monde autoriser les leurs,
Et, sous le faux espoir de quelque ressemblance,
Aux intrigues qu'ils ont donner de l'innocence,
Ou faire ailleurs tomber quelques traits partagés
De ce blâme public, dont ils sont trop chargés.

MADAME PERNELLE.

Tous ces raisonnements ne font rien à l'affaire.
On sait qu'Orante mène une vie exemplaire;
Tous ses soins vont au ciel; et j'ai su par des gens
Qu'elle condamne fort le train qui vient céans.

DORINE.

L'exemple est admirable, et cette dame est bonne!
Il est vrai qu'elle vit en austère personne;
Mais l'âge dans son ame a mis ce zèle ardent,
Et l'on sait qu'elle est prude à son corps défendant.
Tant qu'elle a pu des cœurs attirer les hommages,
Elle a fort bien joui de tous ses avantages;
Mais voyant de ses yeux tous les brillants baisser,

Au monde qui la quitte elle veut renoncer,
Et du voile pompeux d'une haute sagesse
De ses attraits usés déguiser la foiblesse.
Ce sont là les retours des coquettes du temps :
Il leur est dur de voir déserter les galants.
Dans un tel abandon, leur sombre inquiétude
Ne voit d'autre recours que le métier de prude ;
Et la sévérité de ces femmes de bien
Censure toute chose, et ne pardonne à rien :
Hautement d'un chacun elles blâment la vie,
Non point par charité, mais par un trait d'envie,
Qui ne sauroit souffrir qu'un autre ait les plaisirs
Dont le penchant de l'âge a sevré leurs désirs.

MADAME PERNELLE, *à Elmire.*

Voilà les contes bleus qu'il vous faut pour vous plaire,
Ma bru. L'on est chez vous contrainte de se taire ;
Car madame à jaser tient le dé tout le jour.
Mais enfin je prétends discourir à mon tour.
Je vous dis que mon fils n'a rien fait de plus sage
Qu'en recueillant chez soi ce dévot personnage ;
Que le ciel, au besoin, l'a céans envoyé
Pour redresser à tous votre esprit fourvoyé ;
Que, pour votre salut, vous le devez entendre ;
Et qu'il ne reprend rien qui ne soit à reprendre.
Ces visites, ces bals, ces conversations,
Sont du malin esprit toutes inventions.
Là jamais on n'entend de pieuses paroles ;
Ce sont propos oisifs, chansons et fariboles.
Bien souvent le prochain en a sa bonne part,
Et l'on y sait médire et du tiers et du quart.

Enfin les gens sensés ont leurs têtes troublées
De la confusion de telles assemblées :
Mille caquets divers s'y font en moins de rien ;
Et comme, l'autre jour, un docteur dit fort bien,
C'est véritablement la tour de Babylone,
Car chacun y babille, et tout du long de l'aune ;
Et, pour conter l'histoire où ce point l'engagea...
  (*montrant Cléante.*)
Voilà-t-il pas monsieur qui ricane déja !
Allez chercher vos fous qui vous donnent à rire,
  (*à Elmire.*)
Et sans... Adieu, ma bru ; je ne veux plus rien dire.
Sachez que pour céans j'en rabats de moitié,
Et qu'il fera beau temps quand j'y mettrai le pied.
  (*donnant un soufflet à Flipote.*)
Allons, vous ; vous rêvez, et bayez aux corneilles.
Jour de dieu ! je saurai vous frotter les oreilles.
Marchons, gaupe, marchons.

SCÈNE II.

CLÉANTE, DORINE.

CLÉANTE.

    Je n'y veux point aller,
De peur qu'elle ne vînt encor me quereller ;
Que cette bonne femme...

DORINE.

    Ah ! certes, c'est dommage
Qu'elle ne vous ouït tenir un tel langage :

Elle vous diroit bien qu'elle vous trouve bon,
Et qu'elle n'est point d'âge à lui donner ce nom.

CLÉANTE.

Comme elle s'est pour rien contre nous échauffée !
Et que de son Tartufe elle paroît coiffée !

DORINE.

Oh ! vraiment, tout cela n'est rien au prix du fils ;
Et, si vous l'aviez vu, vous diriez : C'est bien pis !
Nos troubles l'avoient mis sur le pied d'homme sage,
Et pour servir son prince il montra du courage ;
Mais il est devenu comme un homme hébêté
Depuis que de Tartufe on le voit entêté :
Il l'appelle son frère, et l'aime, dans son ame,
Cent fois plus qu'il ne fait mère, fils, fille et femme.
C'est de tous ses secrets l'unique confident,
Et de ses actions le directeur prudent.
Il le choie, il l'embrasse ; et pour une maîtresse
On ne sauroit, je pense, avoir plus de tendresse :
A table, au plus haut bout il veut qu'il soit assis ;
Avec joie il l'y voit manger autant que six ;
Les bons morceaux de tout, il fait qu'on les lui cède ;
Et s'il vient à roter, il lui dit : Dieu vous aide !
Enfin, il en est fou ; c'est son tout, son héros ;
Il l'admire à tous coups, le cite à tous propos ;
Ses moindres actions lui semblent des miracles,
Et tous les mots qu'il dit sont pour lui des oracles.
Lui qui connoît sa dupe, et qui veut en jouir,
Par cent dehors fardés a l'art de l'éblouir ;
Son cagotisme en tire, à toute heure, des sommes,
Et prend droit de gloser sur tous tant que nous sommes.

Il n'est pas jusqu'au fat qui lui sert de garçon
Qui ne se mêle aussi de nous faire leçon ;
Il vient nous sermoner avec des yeux farouches,
Et jeter nos rubans, notre rouge et nos mouches.
Le traître, l'autre jour, nous rompit, de ses mains,
Un mouchoir qu'il trouva dans une Fleur-des-Saints,
Disant que nous mêlions, par un crime effroyable,
Avec la sainteté les parures du diable.

SCÈNE III.

ELMIRE, MARIANE, DAMIS, CLÉANTE, DORINE.

ELMIRE, *à Cléante.*

Vous êtes bien heureux de n'être point venu
Au discours qu'à la porte elle nous a tenu.
Mais j'ai vu mon mari ; comme il ne m'a point vue,
Je veux aller là haut attendre sa venue.

CLÉANTE.

Moi, je l'attends ici, pour moins d'amusement ;
Et je vais lui donner le bonjour seulement.

SCÈNE IV.

CLÉANTE, DAMIS, DORINE.

DAMIS.

De l'hymen de ma sœur touchez-lui quelque chose.
J'ai soupçon que Tartufe à son effet s'oppose,

Qu'il oblige mon père à des détours si grands ;
Et vous n'ignorez pas quel intérêt j'y prends.
Si même ardeur enflamme et ma sœur et Valère,
La sœur de cet ami, vous le savez, m'est chère ;
Et s'il falloit...

DORINE.

Il entre.

SCÈNE V.

ORGON, CLÉANTE, DORINE.

ORGON.

Ah, mon frère ! bonjour.

CLÉANTE.

Je sortois, et j'ai joie à vous voir de retour.
La campagne à présent n'est pas beaucoup fleurie.

ORGON.

(*à Cléante.*)

Dorine... Mon beau-frère, attendez, je vous prie.
Vous voulez bien souffrir, pour m'ôter de souci,
Que je m'informe un peu des nouvelles d'ici.
(*à Dorine.*)
Tout s'est-il, ces deux jours, passé de bonne sorte ?
Qu'est-ce qu'on fait céans ? comme est-ce qu'on s'y porte ?

DORINE.

Madame eut avant-hier la fièvre jusqu'au soir,
Avec un mal de tête étrange à concevoir.

ORGON.

Et Tartufe ?

DORINE.

Tartufe! il se porte à merveille,
Gros et gras, le teint frais, et la bouche vermeille.

ORGON.

Le pauvre homme!

DORINE.

Le soir, elle eut un grand dégoût,
Et ne put, au souper, toucher à rien du tout:
Tant sa douleur de tête étoit encor cruelle!

ORGON.

Et Tartufe?

DORINE.

Il soupa, lui tout seul, devant elle;
Et fort dévotement il mangea deux perdrix,
Avec une moitié de gigot en hachis.

ORGON.

Le pauvre homme!

DORINE.

La nuit se passa tout entière
Sans qu'elle pût fermer un moment la paupière;
Des chaleurs l'empêchoient de pouvoir sommeiller,
Et jusqu'au jour près d'elle il nous fallut veiller.

ORGON.

Et Tartufe?

DORINE.

Pressé d'un sommeil agréable,
Il passa dans sa chambre au sortir de la table;
Et dans son lit bien chaud il se mit tout soudain,
Où sans trouble il dormit jusques au lendemain.

ORGON.

Le pauvre homme !

DORINE.

A la fin, par nos raisons gagnée,
Elle se résolut à souffrir la saignée ;
Et le soulagement suivit tout aussitôt.

ORGON.

Et Tartufe ?

DORINE.

Il reprit courage comme il faut ;
Et, contre tous les maux fortifiant son ame,
Pour réparer le sang qu'avoit perdu madame,
But, à son déjeuner, quatre grands coups de vin.

ORGON.

Le pauvre homme !

DORINE.

Tous deux se portent bien enfin ;
Et je vais à madame annoncer, par avance,
La part que vous prenez à sa convalescence.

SCÈNE VI.

ORGON, CLÉANTE.

CLÉANTE.

A votre nez, mon frère, elle se rit de vous ;
Et, sans avoir dessein de vous mettre en courroux,
Je vous dirai, tout franc, que c'est avec justice.
A-t-on jamais parlé d'un semblable caprice ?
Et se peut-il qu'un homme ait un charme aujourd'hui

A vous faire oublier toutes choses pour lui ?
Qu'après avoir chez vous réparé sa misère
Vous en veniez au point...

ORGON.

Halte là, mon beau-frère ;
Vous ne connoissez pas celui dont vous parlez.

CLÉANTE.

Je ne le connois pas, puisque vous le voulez ;
Mais enfin, pour savoir quel homme ce peut être...

ORGON.

Mon frère, vous seriez charmé de le connoître,
Et vos ravissements ne prendroient point de fin. [enfin
C'est un homme... qui... ah... un homme... un homme
Qui suit bien ses leçons goûte une paix profonde,
Et comme du fumier regarde tout le monde.
Oui, je deviens tout autre avec son entretien :
Il m'enseigne à n'avoir affection pour rien ;
De toutes amitiés il détache mon ame ;
Et je verrois mourir frère, enfants, mère et femme,
Que je m'en soucierois autant que de cela.

CLÉANTE.

Les sentiments humains, mon frère, que voilà !

ORGON.

Ah ! si vous aviez vu comme j'en fis rencontre,
Vous auriez pris pour lui l'amitié que je montre.
Chaque jour à l'église il venoit, d'un air doux,
Tout vis-à-vis de moi se mettre à deux genoux ;
Il attiroit les yeux de l'assemblée entière,
Par l'ardeur dont au ciel il poussoit sa prière ;
Il faisoit des soupirs, de grands élancements,

Et baisoit humblement la terre à tous moments ;
Et lorsque je sortois, il me devançoit vite
Pour m'aller, à la porte, offrir de l'eau bénite.
Instruit par son garçon, qui dans tout l'imitoit,
Et de son indigence, et de ce qu'il étoit,
Je lui faisois des dons : mais avec modestie,
Il me vouloit toujours en rendre une partie :
« C'est trop, me disoit-il, c'est trop de la moitié ;
« Je ne mérite pas de vous faire pitié. »
Et, quand je refusois de le vouloir reprendre,
Aux pauvres, à mes yeux, il alloit le répandre.
Enfin le ciel chez moi me le fit retirer,
Et, depuis ce temps-là, tout semble y prospérer.
Je vois qu'il reprend tout, et qu'à ma femme même
Il prend, pour mon honneur, un intérêt extrême ;
Il m'avertit des gens qui lui font les yeux doux,
Et plus que moi six fois il s'en montre jaloux.
Mais vous ne croiriez point jusqu'où monte son zèle :
Il s'impute à péché la moindre bagatelle ;
Un rien presque suffit pour le scandaliser,
Jusque-là qu'il se vint l'autre jour accuser
D'avoir pris une puce en faisant sa prière,
Et de l'avoir tuée avec trop de colère.

CLÉANTE.

Parbleu ! vous êtes fou, mon frère, que je croi.
Avec de tels discours, vous moquez-vous de moi?
Et que prétendez-vous que tout ce badinage...

ORGON.

Mon frère, ce discours sent le libertinage :
Vous en êtes un peu dans votre ame entiché ;

Et comme je vous l'ai plus de dix fois prêché,
Vous vous attirerez quelque méchante affaire.

CLÉANTE.

Voilà de vos pareils le discours ordinaire :
Ils veulent que chacun soit aveugle comme eux.
C'est être libertin que d'avoir de bons yeux ;
Et qui n'adore pas de vaines simagrées
N'a ni respect ni foi pour les choses sacrées.
Allez, tous vos discours ne me font point de peur ;
Je sais comme je parle, et le ciel voit mon cœur.
De tous vos façonniers on n'est point les esclaves.
Il est de faux dévots ainsi que de faux braves ;
Et comme on ne voit pas qu'où l'honneur les conduit
Les vrais braves soient ceux qui font beaucoup de bruit,
Les bons et vrais dévots, qu'on doit suivre à la trace,
Ne sont pas ceux aussi qui font tant de grimace.
Hé quoi ! vous ne ferez nulle distinction
Entre l'hypocrisie et la dévotion ?
Vous les voulez traiter d'un semblable langage,
Et rendre même honneur au masque qu'au visage,
Égaler l'artifice à la sincérité,
Confondre l'apparence avec la vérité,
Estimer le fantôme autant que la personne,
Et la fausse monnoie à l'égal de la bonne ?
Les hommes, la plupart, sont étrangement faits !
Dans la juste nature on ne les voit jamais :
La raison a pour eux des bornes trop petites,
En chaque caractère ils passent ses limites ;
Et la plus noble chose, ils la gâtent souvent
Pour la vouloir outrer et pousser trop avant.

Que cela vous soit dit en passant, mon beau-frère.
ORGON.
Oui, vous êtes sans doute un docteur qu'on révère ;
Tout le savoir du monde est chez vous retiré ;
Vous êtes le seul sage et le seul éclairé,
Un oracle, un Caton dans le siècle où nous sommes,
Et près de vous ce sont des sots que tous les hommes.
CLÉANTE.
Je ne suis point, mon frère, un docteur révéré,
Et le savoir chez moi n'est pas tout retiré ;
Mais, en un mot, je sais, pour toute ma science,
Du faux avec le vrai faire la différence.
Et comme je ne vois nul genre de héros
Qui soient plus à priser que les parfaits dévots,
Aucune chose au monde et plus noble et plus belle
Que la sainte ferveur d'un véritable zèle,
Aussi ne vois-je rien qui soit plus odieux
Que le dehors plâtré d'un zèle spécieux,
Que ces francs charlatans, que ces dévots de place,
De qui la sacrilége et trompeuse grimace
Abuse impunément, et se joue, à leur gré,
De ce qu'ont les mortels de plus saint et sacré ;
Ces gens qui, par une ame à l'intérêt soumise,
Font de dévotion métier et marchandise,
Et veulent acheter crédit et dignités
A prix de faux clins d'yeux et d'élans affectés ;
Ces gens, dis-je, qu'on voit, d'une ardeur non com-
Par le chemin du ciel, courir à leur fortune ; [mune,
Qui, brûlants et priants, demandent chaque jour,

Et prêchent la retraite au milieu de la cour;
Qui savent ajuster leur zèle avec leurs vices,
Sont prompts, vindicatifs, sans foi, pleins d'artifices,
Et, pour perdre quelqu'un, couvrent insolemment
De l'intérêt du ciel leur fier ressentiment,
D'autant plus dangereux dans leur âpre colère,
Qu'ils prennent contre nous des armes qu'on révère,
Et que leur passion, dont on leur sait bon gré,
Veut nous assassiner avec un fer sacré.
De ce faux caractère on en voit trop paroître.
Mais les dévots de cœur sont aisés à connoître.
Notre siècle, mon frère, en expose à nos yeux
Qui peuvent nous servir d'exemples glorieux.
Regardez Ariston, regardez Périandre,
Oronte, Alcidamas, Polydore, Clitandre :
Ce titre par aucun ne leur est débattu;
Ce ne sont point du tout fanfarons de vertu.
On ne voit point en eux ce faste insupportable;
Et leur dévotion est humaine, est traitable.
Ils ne censurent point toutes nos actions,
Ils trouvent trop d'orgueil dans ces corrections;
Et, laissant la fierté des paroles aux autres,
C'est par leurs actions qu'ils reprennent les nôtres.
L'apparence du mal a chez eux peu d'appui,
Et leur ame est portée à juger bien d'autrui.
Point de cabale en eux, point d'intrigues à suivre;
On les voit, pour tous soins, se mêler de bien vivre.
Jamais contre un pécheur ils n'ont d'acharnement;
Ils attachent leur haine au péché seulement,

Et ne veulent point prendre, avec un zèle extrême,
Les intérêts du ciel plus qu'il ne veut lui-même.
Voilà mes gens; voilà comme il en faut user,
Voilà l'exemple enfin qu'il se faut proposer.
Votre homme, à dire vrai, n'est pas de ce modèle :
C'est de fort bonne foi que vous vantez son zèle;
Mais par un faux éclat je vous crois ébloui.

ORGON.

Monsieur mon cher beau-frère, avez-vous tout dit?

CLÉANTE.

Oui.

ORGON, *s'en allant.*

Je suis votre valet.

CLÉANTE.

De grace, un mot, mon frère.
Laissons là ce discours. Vous savez que Valère,
Pour être votre gendre, a parole de vous.

ORGON.

Oui.

CLÉANTE.

Vous aviez pris jour pour un lien si doux.

ORGON.

Il est vrai.

CLÉANTE.

Pourquoi donc en différer la fête ?

ORGON.

Je ne sais.

CLÉANTE.

Auriez-vous autre pensée en tête?

ORGON.

Peut-être.

CLÉANTE.

Vous voulez manquer à votre foi ?

ORGON.

Je ne dis pas cela.

CLÉANTE.

Nul obstacle, je croi,
Ne vous peut empêcher d'accomplir vos promesses.

ORGON.

Selon.

CLÉANTE.

Pour dire un mot faut-il tant de finesses ?
Valère, sur ce point, me fait vous visiter.

ORGON.

Le ciel en soit loué !

CLÉANTE.

Mais que lui reporter ?

ORGON.

Tout ce qu'il vous plaira.

CLÉANTE.

Mais il est nécessaire
De savoir vos desseins. Quels sont-ils donc ?

ORGON.

De faire
Ce que le ciel voudra.

CLÉANTE.

Mais parlons tout de bon.

Valère a votre foi; la tiendrez-vous, ou non?

ORGON.

Adieu.

CLÉANTE, *seul.*

Pour son amour je crains une disgrace,
Et je dois l'avertir de tout ce qui se passe.

FIN DU PREMIER ACTE.

ACTE SECOND.

SCÈNE I.

ORGON, MARIANE.

ORGON.

Mariane.

MARIANE.

Mon père ?

ORGON.

Approchez, j'ai de quoi
Vous parler en secret.

MARIANE, *à Orgon, qui regarde dans un cabinet.*

Que cherchez-vous ?

ORGON.

Je voi
Si quelqu'un n'est point là qui pourroit nous entendre :
Car ce petit endroit est propre pour surprendre.
Or sus, nous voilà bien. J'ai, Mariane, en vous
Reconnu de tout temps un esprit assez doux,
Et de tout temps aussi vous m'avez été chère.

MARIANE.

Je suis fort redevable à cet amour de père.

ORGON.

C'est fort bien dit, ma fille, et, pour le mériter,
Vous devez n'avoir soin que de me contenter.

ACTE II, SCENE II.

MARIANE.

C'est où je mets aussi ma gloire la plus haute.

ORGON.

Fort bien. Que dites-vous de Tartufe notre hôte?

MARIANE.

Qui, moi?

ORGON.

Vous. Voyez bien comme vous répondrez.

MARIANE.

Hélas! j'en dirai, moi, tout ce que vous voudrez.

SCÈNE II.

ORGON, MARIANE, DORINE, *entrant doucement, et se tenant derrière Orgon sans être vue.*

ORGON.

C'est parler sagement... Dites-moi donc, ma fille,
Qu'en toute sa personne un haut mérite brille,
Qu'il touche votre cœur, et qu'il vous seroit doux
De le voir, par mon choix, devenir votre époux.
Hé!

MARIANE.

Hé!

ORGON.

Qu'est-ce?

MARIANE.

Plaît-il?

ORGON.

Quoi?

MARIANE.

> Me suis-je méprise?

ORGON.

Comment?

MARIANE.

> Qui voulez-vous, mon père, que je dise
> Qui me touche le cœur, et qu'il me seroit doux
> De voir, par votre choix, devenir mon époux?

ORGON.

Tartufe.

MARIANE.

> Il n'en est rien, mon père, je vous jure.
> Pourquoi me faire dire une telle imposture?

ORGON.

Mais je veux que cela soit une vérité;
Et c'est assez pour vous que je l'aie arrêté.

MARIANE.

Quoi! vous voulez, mon père...

ORGON.

> Oui, je prétends, ma fille,
> Unir, par votre hymen, Tartufe à ma famille.
> Il sera votre époux, j'ai résolu cela.

(apercevant Dorine.)

Et, comme sur vos vœux je... Que faites-vous là?
La curiosité qui vous presse est bien forte,
Ma mie, à nous venir écouter de la sorte.

DORINE.

Vraiment, je ne sais pas si c'est un bruit qui part
De quelque conjecture, ou d'un coup de hasard;
Mais de ce mariage on m'a dit la nouvelle,

ACTE II, SCÈNE II.

Et j'ai traité cela de pure bagatelle.

ORGON.

Quoi donc! la chose est-elle incroyable?

DORINE.

A tel point,
Que vous-même, monsieur, je ne vous en crois point.

ORGON.

Je sais bien le moyen de vous le faire croire.

DORINE.

Oui, oui, vous nous contez une plaisante histoire!

ORGON.

Je conte justement ce qu'on verra dans peu.

DORINE.

Chansons!

ORGON.

Ce que je dis, ma fille, n'est point jeu.

DORINE.

Allez, ne croyez point à monsieur votre père;
Il raille.

ORGON.

Je vous dis...

DORINE.

Non, vous avez beau faire,
On ne vous croira point.

ORGON.

A la fin mon courroux...

DORINE.

Hé bien, on vous croit donc! et c'est tant pis pour vous.
Quoi! se peut-il, monsieur, qu'avec l'air d'homme sage,
Et cette large barbe au milieu du visage,

Vous soyez assez fou pour vouloir...
ORGON.
Écoutez:
Vous avez pris céans certaines privautés
Qui ne me plaisent point; je vous le dis, ma mie.
DORINE.
Parlons sans nous fâcher, monsieur, je vous supplie.
Vous moquez-vous des gens d'avoir fait ce complot?
Votre fille n'est point l'affaire d'un bigot:
Il a d'autres emplois auxquels il faut qu'il pense.
Et puis, que vous apporte une telle alliance?
A quel sujet aller, avec tout votre bien,
Choisir un gendre gueux...
ORGON.
Taisez-vous. S'il n'a rien
Sachez que c'est par là qu'il faut qu'on le révère.
Sa misère est sans doute une honnête misère;
Au dessus des grandeurs elle doit l'élever,
Puisque enfin de son bien il s'est laissé priver
Par son trop peu de soin des choses temporelles,
Et sa puissante attache aux choses éternelles.
Mais mon secours pourra lui donner les moyens
De sortir d'embarras, et rentrer dans ses biens:
Ce sont fiefs qu'à bon titre au pays on renomme;
Et, tel que l'on le voit, il est bien gentilhomme.
DORINE.
Oui, c'est lui qui le dit; et cette vanité,
Monsieur, ne sied pas bien avec la piété.
Qui d'une sainte vie embrasse l'innocence
Ne doit point tant prôner son nom et sa naissance;

ACTE II, SCÈNE II.

Et l'humble procédé de la dévotion
Souffre mal les éclats de cette ambition.
A quoi bon cet orgueil... Mais ce discours vous blesse :
Parlons de sa personne, et laissons sa noblesse.
Ferez-vous possesseur, sans quelque peu d'ennui,
D'une fille comme elle un homme comme lui?
Et ne devez-vous pas songer aux bienséances,
Et de cette union prévoir les conséquences?
Sachez que d'une fille on risque la vertu,
Lorsque, dans son hymen, son goût est combattu;
Que le dessein d'y vivre en honnête personne
Dépend des qualités du mari qu'on lui donne;
Et que ceux dont partout on montre au doigt le front
Font leurs femmes souvent ce qu'on voit qu'elles sont.
Il est bien difficile enfin d'être fidèle
A de certains maris faits d'un certain modèle;
Et qui donne à sa fille un homme qu'elle hait
Est responsable au ciel des fautes qu'elle fait.
Songez à quels périls votre dessein vous livre.

ORGON.

Je vous dis qu'il me faut apprendre d'elle à vivre !

DORINE.

Vous n'en feriez que mieux de suivre mes leçons.

ORGON.

Ne nous amusons point, ma fille, à ces chansons :
Je sais ce qu'il vous faut, et je suis votre père.
J'avois donné pour vous ma parole à Valère;
Mais, outre qu'à jouer on dit qu'il est enclin,
Je le soupçonne encor d'être un peu libertin :
Je ne remarque point qu'il hante les églises.

DORINE.

Voulez-vous qu'il y coure à vos heures précises,
Comme ceux qui n'y vont que pour être aperçus?

ORGON.

Je ne demande pas votre avis là dessus.
Enfin avec le ciel l'autre est le mieux du monde,
Et c'est une richesse à nulle autre seconde.
Cet hymen de tous biens comblera vos désirs,
Il sera tout confit en douceurs et plaisirs.
Ensemble vous vivrez, dans vos ardeurs fidèles,
Comme deux vrais enfants, comme deux tourterelles
A nul fâcheux débat jamais vous n'en viendrez;
Et vous ferez de lui tout ce que vous voudrez.

DORINE.

Elle? elle n'en fera qu'un sot, je vous assure.

ORGON.

Ouais! quel discours!

DORINE.

Je dis qu'il en a l'encolure,
Et que son ascendant, monsieur, l'emportera
Sur toute la vertu que votre fille aura.

ORGON.

Cessez de m'interrompre, et songez à vous taire,
Sans mettre votre nez où vous n'avez que faire.

DORINE.

Je n'en parle, monsieur, que pour votre intérêt.

ORGON.

C'est prendre trop de soin; taisez-vous, s'il vous plaît.

DORINE.

Si l'on ne vous aimoit...

ACTE II, SCÈNE II.

ORGON.

Je ne veux pas qu'on m'aime.

DORINE.

Et je veux vous aimer, monsieur, malgré vous-même.

ORGON.

Ah!

DORINE.

Votre honneur m'est cher, et je ne puis souffrir
Qu'aux brocards d'un chacun vous alliez vous offrir.

ORGON.

Vous ne vous tairez point!

DORINE.

C'est une conscience
Que de vous laisser faire une telle alliance.

ORGON.

Te tairas-tu, serpent, dont les traits effrontés...

DORINE.

Ah, vous êtes dévot, et vous vous emportez!

ORGON.

Oui : ma bile s'échauffe à toutes ces fadaises;
Et, tout résolument, je veux que tu te taises.

DORINE.

Soit; mais, ne disant mot, je n'en pense pas moins.

ORGON.

Pense, si tu le veux; mais applique tes soins

(à sa fille.)

A ne m'en point parler, ou... Suffit... Comme sage,
J'ai pesé mûrement toutes choses.

DORINE, *à part.*

J'enrage

De ne pouvoir parler.

ORGON.

Sans être damoiseau,
Tartufe est fait de sorte...

DORINE, *à part.*

Oui, c'est un beau museau.

ORGON.

Que, quand tu n'aurois même aucune sympathie
Pour tous les autres dons...

DORINE, *à part.*

La voilà bien lotie!
(*Orgon se tourne du côté de Dorine, et les bras
croisés l'écoute, et la regarde en face.*)
Si j'étois en sa place, un homme assurément
Ne m'épouseroit pas de force impunément.
Et je lui ferois voir, bientôt après la fête,
Qu'une femme a toujours une vengeance prête.

ORGON, *à Dorine.*

Donc de ce que je dis on ne fera nul cas?

DORINE.

De quoi vous plaignez-vous? je ne vous parle pas.

ORGON.

Qu'est-ce que tu fais donc?

DORINE.

Je me parle à moi-même.

ORGON, *à part.*

Fort bien. Pour châtier son insolence extrême,
Il faut que je lui donne un revers de ma main.
(*Il se met en posture de donner un soufflet à Dorine,
et à chaque mot qu'il dit à sa fille, il se tourne pour*

regarder Dorine, *qui se tient droite sans parler.*)
Ma fille, vous devez approuver mon dessein...
Croire que le mari... que j'ai su vous élire...
(*à Dorine.*)
Que ne te parles-tu?

DORINE.

Je n'ai rien à me dire.

ORGON.

Encore un petit mot.

DORINE.

Il ne me plaît pas, moi.

ORGON.

Certes, je t'y guettois.

DORINE.

Quelque sotte, ma foi...

ORGON.

Enfin, ma fille, il faut payer d'obéissance,
Et montrer pour mon choix entière déférence.

DORINE, *en s'enfuyant.*

Je me moquerois fort de prendre un tel époux.

ORGON, *après avoir manqué de donner un soufflet à Dorine.*

Vous avez là, ma fille, une peste avec vous,
Avec qui, sans péché, je ne saurois plus vivre.
Je me sens hors d'état maintenant de poursuivre;
Ses discours insolents m'ont mis l'esprit en feu,
Et je vais prendre l'air pour me rasseoir un peu.

SCÈNE III.

MARIANE, DORINE.

DORINE.

Avez-vous donc perdu, dites-moi, la parole?
Et faut-il qu'en ceci je fasse votre rôle?
Souffrir qu'on vous propose un projet insensé,
Sans que du moindre mot vous l'ayez repoussé!

MARIANE.

Contre un père absolu que veux-tu que je fasse?

DORINE.

Ce qu'il faut pour parer une telle menace.

MARIANE.

Quoi?

DORINE.

Lui dire qu'un cœur n'aime point par autrui;
Que vous vous mariez pour vous, non pas pour lui,
Qu'étant celle pour qui se fait toute l'affaire,
C'est à vous, non à lui, que le mari doit plaire;
Et que, si son Tartufe est pour lui si charmant,
Il le peut épouser sans nul empêchement.

MARIANE.

Un père, je l'avoue, a sur nous tant d'empire,
Que je n'ai jamais eu la force de rien dire.

DORINE.

Mais raisonnons. Valère a fait pour vous des pas :
L'aimez-vous, je vous prie, ou ne l'aimez-vous pas?

MARIANE.

Ah! qu'envers mon amour ton injustice est grande!

ACTE II, SCÈNE III.

Dorine! Me dois-tu faire cette demande?
T'ai-je pas là dessus ouvert cent fois mon cœur?
Et sais-tu pas pour lui jusqu'où va mon ardeur?

DORINE.

Que sais-je si le cœur a parlé par la bouche,
Et si c'est tout de bon que cet amant vous touche?

MARIANE.

Tu me fais un grand tort, Dorine, d'en douter;
Et mes vrais sentiments ont su trop éclater.

DORINE.

Enfin vous l'aimez donc?

MARIANE.

Oui, d'une ardeur extrême.

DORINE.

Et, selon l'apparence, il vous aime de même?

MARIANE.

Je le crois.

DORINE.

Et tous deux brûlez également
De vous voir mariés ensemble?

MARIANE.

Assurément.

DORINE.

Sur cette autre union quelle est donc votre attente?

MARIANE.

De me donner la mort si l'on me violente.

DORINE.

Fort bien. C'est un recours où je ne songeois pas :
Vous n'avez qu'à mourir pour sortir d'embarras.
Le remède sans doute est merveilleux. J'enrage,

Lorsque j'entends tenir ces sortes de langage.

MARIANE.

Mon dieu, de quelle humeur, Dorine, tu te rends !
Tu ne compatis point aux déplaisirs des gens.

DORINE.

Je ne compatis point à qui dit des sornettes,
Et, dans l'occasion, mollit comme vous faites.

MARIANE.

Mais, que veux-tu? si j'ai de la timidité...

DORINE.

Mais l'amour dans un cœur veut de la fermeté.

MARIANE.

Mais n'en gardé-je point pour les feux de Valère?
Et n'est-ce pas à lui de m'obtenir d'un père?

DORINE.

Mais quoi ! si votre père est un bourru fieffé,
Qui s'est de son Tartufe entièrement coiffé,
Et manque à l'union qu'il avoit arrêtée,
La faute à votre amant doit-elle être imputée?

MARIANE.

Mais, par un haut refus et d'éclatants mépris,
Ferai-je, dans mon choix, voir un cœur trop épris?
Sortirai-je pour lui, quelque éclat dont il brille,
De la pudeur du sexe et du devoir de fille?
Et veux-tu que mes feux par le monde étalés...

DORINE.

Non, non, je ne veux rien. Je vois que vous voulez
Être à monsieur Tartufe; et j'aurois, quand j'y pense,
Tort de vous détourner d'une telle alliance.
Quelle raison aurois-je à combattre vos vœux?

Le parti de soi-même est fort avantageux.
Monsieur Tartufe! oh, oh! n'est-ce rien qu'on propose?
Certes, monsieur Tartufe, à bien prendre la chose,
N'est pas un homme, non, qui se mouche du pied;
Et ce n'est pas peu d'heur que d'être sa moitié.
Tout le monde déja de gloire le couronne;
Il est noble chez lui, bien fait de sa personne;
Il a l'oreille rouge et le teint bien fleuri:
Vous vivrez trop contente avec un tel mari.

MARIANE.

Mon dieu...

DORINE.

  Quelle allégresse aurez-vous dans votre ame,
Quand d'un époux si beau vous vous verrez la femme!

MARIANE.

Ah! cesse, je te prie, un semblable discours;
Et contre cet hymen ouvre-moi du secours.
C'en est fait, je me rends, et suis prête à tout faire.

DORINE.

Non, il faut qu'une fille obéisse à son père,
Voulût-il lui donner un singe pour époux.
Votre sort est fort beau: de quoi vous plaignez-vous?
Vous irez par le coche en sa petite ville,
Qu'en oncles et cousins vous trouverez fertile,
Et vous vous plairez fort à les entretenir.
D'abord, chez le beau monde on vous fera venir.
Vous irez visiter, pour votre bien-venue,
Madame la baillive et madame l'élue,
Qui d'un siége pliant vous feront honorer.
Là, dans le carnaval, vous pourrez espérer

Le bal et la grand'bande, à savoir, deux musettes,
Et parfois Fagotin et les Marionnettes.
Si pourtant votre époux...

MARIANE.

Ah, tu me fais mourir.
De tes conseils plutôt songe à me secourir.

DORINE.

Je suis votre servante.

MARIANE.

Hé, Dorine! de grace...

DORINE.

Il faut, pour vous punir, que cette affaire passe.

MARIANE.

Ma pauvre fille!

DORINE.

Non.

MARIANE.

Si mes vœux déclarés...

DORINE.

Point. Tartufe est votre homme, et vous en tâterez.

MARIANE.

Tu sais qu'à toi toujours je me suis confiée:
Fais-moi...

DORINE.

Non, vous serez, ma foi, tartufiée.

MARIANE.

Hé bien, puisque mon sort ne sauroit t'émouvoir,
Laisse-moi désormais toute à mon désespoir:
C'est de lui que mon cœur empruntera de l'aide;

Et je sais de mes maux l'infaillible remède.
(*Mariane veut s'en aller.*)

DORINE.

Hé, la! la, revenez. Je quitte mon courroux.
Il faut, nonobstant tout avoir pitié de vous.

MARIANE.

Vois-tu, si l'on m'expose à ce cruel martyre,
Je te le dis, Dorine, il faudra que j'expire.

DORINE.

Ne vous tourmentez point. On peut adroitement
Empêcher... Mais voici Valère, votre amant.

SCÈNE IV.

VALÈRE, MARIANE, DORINE.

VALÈRE.

On vient de débiter, madame, une nouvelle
Que je ne savois pas, et qui sans doute est belle.

MARIANE.

Quoi?

VALÈRE.

Que vous épousez Tartufe.

MARIANE.

Il est certain
Que mon père s'est mis en tête ce dessein.

VALÈRE.

Votre père, madame...

MARIANE.

A changé de visée:
La chose vient par lui de m'être proposée.

VALÈRE.

Quoi! sérieusement?

MARIANE.

Oui, sérieusement.

Il s'est, pour cet hymen, déclaré hautement.

VALÈRE.

Et quel est le dessein où votre ame s'arrête, Madame?

MARIANE.

Je ne sais.

VALÈRE.

La réponse est honnête.

Vous ne savez?

MARIANE.

Non.

VALÈRE.

Non?

MARIANE.

Que me conseillez-vous?

VALÈRE.

Je vous conseille, moi, de prendre cet époux.

MARIANE.

Vous me le conseillez?

VALÈRE.

Oui.

MARIANE.

Tout de bon?

VALÈRE.

Sans doute.

Le choix est glorieux, et vaut bien qu'on l'écoute.

MARIANE.
Hé bien ! c'est un conseil, monsieur, que je reçois.
VALÈRE.
Vous n'aurez pas grand'peine à le suivre, je crois.
MARIANE.
Pas plus qu'à le donner en a souffert votre ame.
VALÈRE.
Moi, je vous l'ai donné pour vous plaire, madame.
MARIANE.
Et moi, je le suivrai pour vous faire plaisir.
DORINE, *se retirant dans le fond du théâtre.*
Voyons ce qui pourra de ceci réussir.
VALÈRE.
C'est donc ainsi qu'on aime ? et c'etoit tromperie
Quand vous...
MARIANE.
Ne parlons point de cela, je vous prie.
Vous m'avez dit tout franc que je dois accepter
Celui que pour époux on me veut présenter ;
Et je déclare, moi, que je prétends le faire,
Puisque vous m'en donnez le conseil salutaire.
VALÈRE.
Ne vous excusez point sur mes intentions :
Vous aviez pris déja vos résolutions ;
Et vous vous saisissez d'un prétexte frivole
Pour vous autoriser à manquer de parole.
MARIANE.
Il est vrai ; c'est bien dit.
VALÈRE.
Sans doute ; et votre cœur

N'a jamais eu pour moi de véritable ardeur.

MARIANE.

Hélas! permis à vous d'avoir cette pensée.

VALÈRE.

Oui, oui, permis à moi; mais mon ame offensée
Vous préviendra peut-être en un pareil dessein;
Et je sais où porter et mes vœux et ma main.

MARIANE.

Ah, je n'en doute point! et les ardeurs qu'excite
Le mérite...

VALÈRE.

Mon dieu! laissons là le mérite :
J'en ai fort peu, sans doute, et vous en faites foi.
Mais j'espère aux bontés qu'une autre aura pour moi;
Et j'en sais de qui l'ame, à ma retraite ouverte,
Consentira, sans honte, à réparer ma perte.

MARIANE.

La perte n'est pas grande; et de ce changement
Vous vous consolerez assez facilement.

VALÈRE.

J'y ferai mon possible; et vous le pouvez croire.
Un cœur qui nous oublie engage notre gloire;
Il faut à l'oublier mettre aussi tous nos soins :
Si l'on n'en vient à bout, on le doit feindre au moins;
Et cette lâcheté jamais ne se pardonne,
De montrer de l'amour pour qui nous abandonne.

MARIANE.

Ce sentiment, sans doute, est noble et relevé.

VALÈRE.

Fort bien; et d'un chacun il doit être approuvé.

Hé quoi! vous voudriez qu'à jamais, dans mon ame,
Je gardasse pour vous les ardeurs de ma flamme,
Et vous visse, à mes yeux, passer en d'autres bras,
Sans mettre ailleurs un cœur dont vous ne voulez pas?

MARIANE.

Au contraire : pour moi, c'est ce que je souhaite;
Et je voudrois déja que la chose fût faite.

VALÈRE.

Vous le voudriez?

MARIANE.

Oui.

VALÈRE.

C'est assez m'insulter,
Madame; et, de ce pas, je vais vous contenter.
(*Il fait un pas pour s'en aller.*)

MARIANE.

Fort bien.

VALÈRE, *revenant.*

Souvenez-vous au moins que c'est vous-même
Qui contraignez mon cœur à cet effort extrême.

MARIANE.

Oui.

VALÈRE, *revenant encore.*

Et que le dessein que mon ame conçoit
N'est rien qu'à votre exemple.

MARIANE.

A mon exemple, soit.

VALÈRE, *en sortant.*

Suffit : vous allez être à point nommé servie.

MARIANE.

Tant mieux!

VALÈRE, *revenant encore.*

Vous me voyez; c'est pour toute ma vie.

MARIANE.

A la bonne heure.

VALÈRE, *se retournant lorsqu'il est prêt à sortir.*

Hé?

MARIANE.

Quoi?

VALÈRE.

Ne m'appelez-vous pas?

MARIANE.

Moi? vous rêvez.

VALÈRE.

Hé bien, je poursuis donc mes pas.
Adieu, madame.

(*Il s'en va lentement.*)

MARIANE.

Adieu, monsieur.

DORINE, *à Mariane.*

Pour moi, je pense
Que vous perdez l'esprit par cette extravagance;
Et je vous ai laissés tout du long quereller,
Pour voir où tout cela pourroit enfin aller.
Holà, seigneur Valère?

(*Elle arrête Valère par le bras.*)

VALÈRE, *feignant de résister.*

Hé! que veux-tu, Dorine?

DORINE.

Venez ici.

VALÈRE.

Non, non; le dépit me domine.
Ne me détourne point de ce qu'elle a voulu.

DORINE.

Arrêtez.

VALÈRE.

Non; vois-tu, c'est un point résolu.

DORINE.

Ah!

MARIANE, *à part.*

Il souffre à me voir, ma présence le chasse;
Et je ferai bien mieux de lui quitter la place.

DORINE, *quittant Valère, et courant après Mariane.*
A l'autre! Où courez-vous?

MARIANE.

Laisse.

DORINE.

Il faut revenir.

MARIANE.

Non, non, Dorine; en vain tu veux me retenir.

VALÈRE, *à part.*

Je vois bien que ma vue est pour elle un supplice;
Et sans doute il vaut mieux que je l'en affranchisse.

DORINE, *quittant Mariane, et courant après Valère.*
Encor! Diantre soit fait de vous, si je le veux.
Cessez ce badinage, et venez çà tous deux.
(*Elle prend Valère et Mariane par la main, et les ramène.*)

VALÈRE, *à Dorine.*

Mais quel est ton dessein?

MARIANE, *à Dorine.*

Qu'est-ce que tu veux faire

DORINE.

Vous bien remettre ensemble, et vous tirer d'affair
(*à Valère.*)
Êtes-vous fou d'avoir un pareil démêlé?

VALÈRE.

N'as-tu pas entendu comme elle m'a parlé?

DORINE, *à Mariane.*

Êtes-vous folle, vous, de vous être emportée?

MARIANE.

N'as-tu pas vu la chose, et comme il m'a traitée?

DORINE.

(*à Valère.*)
Sottise des deux parts. Elle n'a d'autre soin
Que de se conserver à vous; j'en suis témoin.
(*à Mariane.*)
Il n'aime que vous seule, et n'a point d'autre envie
Que d'être votre époux; j'en réponds sur ma vie.

MARIANE, *à Valère.*

Pourquoi donc me donner un semblable conseil?

VALÈRE, *à Mariane.*

Pourquoi m'en demander sur un sujet pareil?

DORINE.

Vous êtes fous tous deux. Çà, la main l'un et l'autre
(*à Valère.*)
Allons, vous.

ACTE II, SCÈNE IV.

VALÈRE, *en donnant sa main à Dorine.*
A quoi bon ma main ?
DORINE, *à Mariane.*
Ah çà ! la vôtre.
MARIANE, *en donnant aussi sa main.*
De quoi sert tout cela ?

DORINE.

Mon Dieu, vite, avancez !
Vous vous aimez tous deux plus que vous ne pensez.
(*Valère et Mariane se tiennent quelque temps par la main sans se regarder.*)
VALÈRE, *se tournant vers Mariane.*
Mais ne faites donc point les choses avec peine,
Et regardez un peu les gens sans nulle haine.
(*Mariane se tourne du côté de Valère en lui souriant.*)

DORINE.

A vous dire le vrai, les amants sont bien fous !
VALÈRE, *à Mariane.*
Oh çà ! n'ai-je pas lieu de me plaindre de vous ?
Et, pour n'en point mentir, n'êtes-vous pas méchante
De vous plaire à me dire une chose affligeante ?

MARIANE.

Mais, vous, n'êtes-vous pas l'homme le plus ingrat...

DORINE.

Pour une autre saison laissons tout ce débat,
Et songeons à parer ce fâcheux mariage.

MARIANE.

Dis-nous donc quels ressorts il faut mettre en usage.

DORINE.

Nous en ferons agir de toutes les façons.

(à Mariane.) (à Valère.)
Votre père se moque; et ce sont des chansons.
(à Mariane.)
Mais, pour vous, il vaut mieux qu'à son extravaganc
D'un doux consentement vous prêtiez l'apparence,
Afin qu'en cas d'alarme il vous soit plus aisé
De tirer en longueur cet hymen proposé.
En attrapant du temps, à tout on remédie.
Tantôt vous payerez de quelque maladie,
Qui viendra tout à coup, et voudra des délais;
Tantôt vous payerez de présages mauvais;
Vous aurez fait d'un mort la rencontre fâcheuse,
Cassé quelque miroir, ou songé d'eau bourbeuse:
Enfin, le bon de tout, c'est qu'à d'autres qu'à lui
On ne vous peut lier, que vous ne disiez oui.
Mais, pour mieux réussir, il est bon, ce me semble,
Qu'on ne vous trouve point tous deux parlant ensemble
(à Valère.)
Sortez, et, sans tarder, employez vos amis
Pour vous faire tenir ce qu'on vous a promis.
(à Mariane.)
Nous allons réveiller les efforts de son frère,
Et dans notre parti jeter la belle-mère.
Adieu.

VALÈRE, *à Mariane.*
Quelques efforts que nous préparions tous,
Ma plus grande espérance, à vrai dire, est en vous.

MARIANE, *à Valère.*
Je ne vous réponds pas des volontés d'un père;
Mais je ne serai point à d'autre qu'à Valère.

VALÈRE.
Que vous me comblez d'aise ! Et quoi que puisse oser...
DORINE.
Ah ! jamais les amants ne sont las de jaser.
Sortez, vous dis-je.
VALÈRE, *revenant sur ses pas.*
Enfin...
DORINE.
Quel caquet est le vôtre !
Tirez de cette part ; et, vous, tirez de l'autre.
(*Dorine les pousse chacun par l'épaule, et les oblige de se séparer.*)

FIN DU SECOND ACTE.

ACTE TROISIÈME.

SCÈNE I.

DAMIS, DORINE.

DAMIS.

Que la foudre, sur l'heure, achève mes destins,
Qu'on me traite partout du plus grand des faquins,
S'il est aucun respect, ni pouvoir qui m'arrête,
Et si je ne fais pas quelque coup de ma tête!

DORINE.

De grace, modérez un tel emportement :
Votre père n'a fait qu'en parler simplement.
On n'exécute pas tout ce qui se propose ;
Et le chemin est long du projet à la chose.

DAMIS.

Il faut que de ce fat j'arrête les complots,
Et qu'à l'oreille un peu je lui dise deux mots.

DORINE.

Ah, tout doux! Envers lui, comme envers votre père,
Laissez agir les soins de votre belle-mère.
Sur l'esprit de Tartufe elle a quelque crédit ;
Il se rend complaisant à tout ce qu'elle dit,
Et pourroit bien avoir douceur de cœur pour elle :
Plût à Dieu qu'il fût vrai! la chose seroit belle!

ACTE III, SCÈNE I.

Enfin votre intérêt l'oblige à le mander :
Sur l'hymen qui vous trouble elle veut le sonder,
Savoir ses sentiments, et lui faire connoître
Quels fâcheux démêlés il pourra faire naître
S'il faut qu'à ce dessein il prête quelque espoir.
Son valet dit qu'il prie, et je n'ai pu le voir;
Mais ce valet m'a dit qu'il s'en alloit descendre.
Sortez donc, je vous prie, et me laissez l'attendre.

DAMIS.

Je puis être présent à tout cet entretien.

DORINE.

Point. Il faut qu'ils soient seuls.

DAMIS.

      Je ne lui dirai rien.

DORINE.

Vous vous moquez : on sait vos transports ordinaires;
Et c'est le vrai moyen de gâter les affaires.
Sortez.

DAMIS.

  Non; je veux voir, sans me mettre en courroux.

DORINE.

Que vous êtes fâcheux ! Il vient : retirez-vous.
(Damis va se cacher dans un cabinet qui est au fond du théâtre.)

SCÈNE II.

TARTUFE, DORINE.

TARTUFE, *parlant haut à son valet, qui est dans la maison, dès qu'il aperçoit Dorine.*
Laurent, serrez ma haire avec ma discipline,
Et priez que toujours le ciel vous illumine.
Si l'on vient pour me voir, je vais aux prisonniers
Des aumônes que j'ai partager les deniers.

DORINE, *à part.*
Que d'affectation et de forfanterie!

TARTUFE.
Que voulez-vous?

DORINE.
Vous dire...

TARTUFE, *tirant un mouchoir de sa poche.*
Ah, mon dieu! je vous prie,
Avant que de parler, prenez-moi ce mouchoir.

DORINE.
Comment!

TARTUFE.
Couvrez ce sein, que je ne saurois voir.
Par de pareils objets les ames sont blessées,
Et cela fait venir de coupables pensées.

DORINE.
Vous êtes donc bien tendre à la tentation;
Et la chair sur vos sens fait grande impression!
Certes, je ne sais pas quelle chaleur vous monte:

Mais à convoiter, moi, je ne suis pas si prompte;
Et je vous verrois nu du haut jusques en bas,
Que toute votre peau ne me tenteroit pas.

TARTUFE.

Mettez dans vos discours un peu de modestie,
Ou je vais sur-le-champ vous quitter la partie.

DORINE.

Non, non, c'est moi qui vais vous laisser en repos,
Et je n'ai seulement qu'à vous dire deux mots.
Madame va venir dans cette salle basse,
Et d'un mot d'entretien vous demande la grace.

TARTUFE.

Hélas, très volontiers!

DORINE, *à part.*

Comme il se radoucit!
Ma foi, je suis toujours pour ce que j'en ai dit.

TARTUFE.

Viendra-t-elle bientôt?

DORINE.

Je l'entends, ce me semble.
Oui, c'est elle en personne, et je vous laisse ensemble.

SCÈNE III.

ELMIRE, TARTUFE.

TARTUFE.

Que le ciel à jamais, par sa toute bonté,
Et de l'ame et du corps vous donne la santé,
Et bénisse vos jours autant que le désire

Le plus humble de ceux que son amour inspire!

ELMIRE.

Je suis fort obligée à ce souhait pieux.
Mais prenons une chaise, afin d'être un peu mieux.

TARTUFE, *assis*.

Comment de votre mal vous sentez-vous remise?

ELMIRE, *assise*.

Fort bien; et cette fièvre a bientôt quitté prise.

TARTUFE.

Mes prières n'ont pas le mérite qu'il faut
Pour avoir attiré cette grâce d'en haut;
Mais je n'ai fait au ciel nulle dévote instance
Qui n'ait eu pour objet votre convalescence.

ELMIRE.

Votre zèle pour moi s'est trop inquiété.

TARTUFE.

On ne peut trop chérir votre chère santé;
Et pour la rétablir, j'aurois donné la mienne.

ELMIRE.

C'est pousser bien avant la charité chrétienne;
Et je vous dois beaucoup pour toutes ces bontés.

TARTUFE.

Je fais bien moins pour vous que vous ne méritez.

ELMIRE.

J'ai voulu vous parler en secret d'une affaire,
Et suis bien aise ici qu'aucun ne nous éclaire [1].

TARTUFE.

J'en suis ravi de même; et sans doute il m'est doux,

---

[1] *Éclaire* est mis ici pour *découvre*.

Madame, de me voir seul à seul avec vous :
C'est une occasion qu'au ciel j'ai demandée,
Sans que, jusqu'à cette heure, il me l'ait accordée.

ELMIRE.

Pour moi ce que je veux, c'est un mot d'entretien,
Où tout votre cœur s'ouvre, et ne me cache rien.
(*Damis, sans se montrer, entr'ouvre la porte du cabinet dans lequel il s'étoit retiré, pour entendre la conversation.*)

TARTUFE.

Et je ne veux aussi, pour grace singulière,
Que montrer à vos yeux mon ame toute entière,
Et vous faire serment que les bruits que j'ai faits
Des visites qu'ici reçoivent vos attraits
Ne sont pas, envers vous, l'effet d'aucune haine,
Mais plutôt d'un transport de zèle qui m'entraîne,
Et d'un pur mouvement...

ELMIRE.

      Je le prends bien ainsi,
Et crois que mon salut vous donne ce souci.

TARTUFE, *prenant la main d'Elmire, et lui serrant les doigts.*

Oui, madame, sans doute ; et ma ferveur est telle...

ELMIRE.

Ouf, vous me serrez trop.

TARTUFE.

      C'est par excès de zèle.
De vous faire aucun mal je n'eus jamais dessein,
Et j'aurois bien plutôt...
(*Il met la main sur les genoux d'Elmire.*)

ELMIRE.

Que fait là votre main?

TARTUFE.

Je tâte votre habit : l'étoffe en est moelleuse.

ELMIRE.

Ah, de grace! laissez, je suis fort chatouilleuse.
(*Elmire recule son fauteuil, et Tartufe se rapproche d'elle.*)

TARTUFE, *maniant le fichu d'Elmire.*

Mon dieu, que de ce point l'ouvrage est merveilleux
On travaille aujourd'hui d'un air miraculeux :
Jamais, en toute chose, on n'a vu si bien faire.

ELMIRE.

Il est vrai. Mais parlons un peu de notre affaire.
On tient que mon mari veut dégager sa foi,
Et vous donner sa fille. Est-il vrai? dites-moi.

TARTUFE.

Il m'en a dit deux mots; mais, madame, à vrai dire
Ce n'est pas le bonheur après quoi je soupire;
Et je vois autre part les merveilleux attraits
De la félicité qui fait tous mes souhaits.

ELMIRE.

C'est que vous n'aimez rien des choses de la terre.

TARTUFE.

Mon sein n'enferme pas un cœur qui soit de pierre.

ELMIRE.

Pour moi, je crois qu'au ciel tendent tous vos soupirs
Et que rien ici-bas n'arrête vos désirs.

TARTUFE.

L'amour, qui nous attache aux beautés éternelles,

N'étouffe pas en nous l'amour des temporelles :
Nos sens facilement peuvent être charmés
Des ouvrages parfaits que le ciel a formés.
Ses attraits réfléchis brillent dans vos pareilles :
Mais il étale en vous ses plus rares merveilles;
Il a sur votre face épanché des beautés
Dont les yeux sont surpris, et les cœurs transportés;
Et je n'ai pu vous voir, parfaite créature,
Sans admirer en vous l'auteur de la nature,
Et d'une ardente amour sentir mon cœur atteint,
Au plus beau des portraits où lui-même il s'est peint.
D'abord, j'appréhendai que cette ardeur secrète
Ne fût du noir esprit une surprise adroite;
Et même à fuir vos yeux mon cœur se résolut,
Vous croyant un obstacle à faire mon salut.
Mais enfin je connus, ô beauté toute aimable !
Que cette passion peut n'être point coupable,
Que je puis l'ajuster avecque la pudeur ;
Et c'est ce qui m'y fait abandonner mon cœur.
Ce m'est, je le confesse, une audace bien grande
Que d'oser de ce cœur vous adresser l'offrande;
Mais j'attends, en mes vœux, tout de votre bonté,
Et rien des vains efforts de mon infirmité.
En vous est mon espoir, mon bien, ma quiétude;
De vous dépend ma peine ou ma béatitude :
Et je vais être enfin, par votre seul arrêt,
Heureux, si vous voulez, malheureux, s'il vous plaît.

ELMIRE.

La déclaration est tout-à-fait galante;
Mais elle est, à vrai dire, un peu bien surprenante.

Vous deviez, ce me semble, armer mieux votre sein,
Et raisonner un peu sur un pareil dessein.
Un dévot comme vous, et que partout on nomme...

TARTUFE.

Ah! pour être dévot, je n'en suis pas moins homme :
Et lorsqu'on vient à voir vos célestes appas,
Un cœur se laisse prendre, et ne raisonne pas.
Je sais qu'un tel discours de moi paroît étrange :
Mais, madame, après tout, je ne suis pas un ange;
Et, si vous condamnez l'aveu que je vous fais,
Vous devez vous en prendre à vos charmants attraits.
Dès que j'en vis briller la splendeur plus qu'humaine,
De mon intérieur vous fûtes souveraine;
De vos regards divins l'ineffable douceur
Força la résistance où s'obstinoit mon cœur :
Elle surmonta tout, jeûnes, prières, larmes,
Et tourna tous mes vœux du côté de vos charmes.
Mes yeux et mes soupirs vous l'ont dit mille fois;
Et, pour mieux m'expliquer, j'emploie ici la voix.
Que si vous contemplez, d'une ame un peu bénigne
Les tribulations de votre esclave indigne;
S'il faut que vos bontés veuillent me consoler,
Et jusqu'à mon néant daignent se ravaler,
J'aurai toujours pour vous, ô suave merveille,
Une dévotion à nulle autre pareille.
Votre honneur avec moi ne court point de hasard,
Et n'a nulle disgrace à craindre de ma part.
Tous ces galants de cour dont les femmes sont folles
Sont bruyants dans leurs faits, et vains dans leurs pa
De leurs progrès sans cesse on les voit se targuer : [roles

Ils n'ont point de faveurs qu'ils n'aillent divulguer;
Et leur langue indiscrète, en qui l'on se confie,
Déshonore l'autel où leur cœur sacrifie.
Mais les gens comme nous brûlent d'un feu discret,
Avec qui, pour toujours, on est sûr du secret.
Le soin que nous prenons de notre renommée
Répond de toute chose à la personne aimée;
Et c'est en nous qu'on trouve, acceptant notre cœur,
De l'amour sans scandale, et du plaisir sans peur.

ELMIRE.

Je vous écoute dire; et votre rhétorique,
En termes assez forts, à mon ame s'explique.
N'appréhendez-vous point que je ne sois d'humeur
A dire à mon mari cette galante ardeur,
Et que le prompt avis d'un amour de la sorte
Ne pût bien altérer l'amitié qu'il vous porte?

TARTUFE.

Je sais que vous avez trop de bénignité,
Et que vous ferez grace à ma témérité;
Que vous m'excuserez, sur l'humaine foiblesse,
Des violents transports d'un amour qui vous blesse,
Et considérerez, en regardant votre air,
Que l'on n'est pas aveugle, et qu'un homme est de chair.

ELMIRE.

D'autres prendroient cela d'autre façon peut-être;
Mais ma discrétion se veut faire paroître.
Je ne redirai point l'affaire à mon époux;
Mais je veux, en revanche, une chose de vous :
C'est de presser tout franc, et sans nulle chicane,
L'union de Valère avecque Mariane,

De renoncer vous-même à l'injuste pouvoir
Qui veut du bien d'un autre enrichir votre espoir ;
Et...

SCÈNE IV.

ELMIRE, DAMIS, TARTUFE.

DAMIS, *sortant du cabinet où il s'étoit retiré.*
Non, madame, non ; ceci doit se répandre.
J'étois en cet endroit, d'où j'ai pu tout entendre ;
Et la bonté du ciel m'y semble avoir conduit
Pour confondre l'orgueil d'un traître qui me nuit,
Pour m'ouvrir une voie à prendre la vengeance
De son hypocrisie et de son insolence,
A détromper mon père, et lui mettre en plein jour
L'ame d'un scélérat, qui vous parle d'amour.

ELMIRE.
Non, Damis, il suffit qu'il se rende plus sage,
Et tâche à mériter la grace où je m'engage.
Puisque je l'ai promis, ne m'en dédites pas.
Ce n'est point mon humeur de faire des éclats ;
Une femme se rit de sottises pareilles,
Et jamais d'un mari n'en trouble les oreilles.

DAMIS.
Vous avez vos raisons pour en user ainsi ;
Et, pour faire autrement, j'ai les miennes aussi.
Le vouloir épargner est une raillerie ;
Et l'insolent orgueil de sa cagoterie
N'a triomphé que trop de mon juste courroux,
Et que trop excité de désordre chez nous.

Le fourbe trop long-temps a gouverné mon père,
Et desservi mes feux avec ceux de Valère.
Il faut que du perfide il soit désabusé;
Et le ciel, pour cela, m'offre un moyen aisé.
De cette occasion je lui suis redevable,
Et, pour la négliger, elle est trop favorable:
Ce seroit mériter qu'il me la vînt ravir,
Que de l'avoir en main et ne m'en pas servir.

ELMIRE.

Damis...

DAMIS.

Non, s'il vous plaît; il faut que je me croie.
Mon ame est maintenant au comble de sa joie;
Et vos discours en vain prétendent m'obliger
A quitter le plaisir de me pouvoir venger.
Sans aller plus avant, je vais vider l'affaire;
Et voici justement de quoi me satisfaire.

SCÈNE V.

ORGON, ELMIRE, DAMIS, TARTUFE.

DAMIS.

Nous allons régaler, mon père, votre abord
D'un incident tout frais, qui vous surprendra fort.
Vous êtes bien payé de toutes vos caresses,
Et monsieur d'un beau prix reconnoît vos tendresses.
Son grand zèle pour vous vient de se déclarer.
Il ne va pas à moins qu'à vous déshonorer:
Et je l'ai surpris là, qui faisoit à madame

L'injurieux aveu d'une coupable flamme.
Elle est d'une humeur douce, et son cœur, trop discret,
Vouloit à toute force en garder le secret;
Mais je ne puis flatter une telle impudence,
Et crois que vous la taire est vous faire une offense.

ELMIRE.

Oui, je tiens que jamais de tous ces vains propos
On ne doit d'un mari traverser le repos;
Que ce n'est point de là que l'honneur peut dépendre,
Et qu'il suffit pour nous de savoir nous défendre.
Ce sont mes sentiments; et vous n'auriez rien dit,
Damis, si j'avais eu sur vous quelque crédit.

SCÈNE VI.

ORGON, DAMIS, TARTUFE.

ORGON.

Ce que je viens d'entendre, ô ciel! est-il croyable?

TARTUFE.

Oui, mon frère, je suis un méchant, un coupable,
Un malheureux pécheur, tout plein d'iniquité,
Le plus grand scélérat qui jamais ait été.
Chaque instant de ma vie est chargé de souillures;
Elle n'est qu'un amas de crimes et d'ordures;
Et je vois que le ciel, pour ma punition,
Me veut mortifier en cette occasion.
De quelque grand forfait qu'on me puisse reprendre,
Je n'ai garde d'avoir l'orgueil de m'en défendre.
Croyez ce qu'on vous dit, armez votre courroux,

Et, comme un criminel, chassez-moi de chez vous;
Je ne saurois avoir tant de honte en partage,
Que je n'en aie encor mérité davantage.

ORGON, *à son fils.*

Ah, traître! oses-tu bien, par cette fausseté,
Vouloir de sa vertu ternir la pureté?

DAMIS.

Quoi! la feinte douceur de cette ame hypocrite
Vous fera démentir...

ORGON.

Tais-toi, peste maudite!

TARTUFE.

Ah! laissez-le parler; vous l'accusez à tort,
Et vous ferez bien mieux de croire à son rapport.
Pourquoi, sur un tel fait, m'être aussi favorable?
Savez-vous, après tout, de quoi je suis capable?
Vous fiez-vous, mon frère, à mon extérieur?
Et, pour tout ce qu'on voit, me croyez-vous meilleur?
Non, non: vous vous laissez tromper à l'apparence;
Et je ne suis rien moins, hélas! que ce qu'on pense.
Tout le monde me prend pour un homme de bien;
Mais la vérité pure est que je ne vaux rien.

(*s'adressant à Damis.*)

Oui, mon cher fils, parlez; traitez-moi de perfide,
D'infame, de perdu, de voleur, d'homicide;
Accablez-moi de noms encor plus détestés:
Je n'y contredis point, je les ai mérités;
Et j'en veux à genoux souffrir l'ignominie,
Comme une honte due aux crimes de ma vie.

ORGON.

(*à Tartufe.*)   (*à son fils.*)

Mon frère, c'en est trop. Ton cœur ne se rend point,
Traître?

DAMIS.

Quoi! ses discours vous séduiront au point...

ORGON.

(*à Tartufe.*)

Tais-toi, pendard. Mon frère, hé, levez-vous, de grace!
(*à son fils.*)
Infame!

DAMIS.

Il peut...

ORGON.

Tais-toi.

DAMIS.

J'enrage. Quoi! je passe...

ORGON.

Si tu dis un seul mot, je te romprai les bras.

TARTUFE.

Mon frère, au nom de Dieu, ne vous emportez pas!
J'aimerois mieux souffrir la peine la plus dure,
Qu'il eût reçu pour moi la moindre égratignure.

ORGON, *à son fils.*

Ingrat!

TARTUFE.

Laissez-le en paix. S'il faut, à deux genoux,
Vous demander sa grace...

ORGON, *se jetant aussi à genoux, et embrassant Tartufe.*

Hélas! vous moquez-vous?

(*à son fils.*)
Coquin, vois sa bonté !

DAMIS.
Donc...

ORGON.
Paix.

DAMIS.
Quoi ! je...

ORGON.
Paix, dis-je.
Je sais bien quel motif à l'attaquer t'oblige.
Vous le haïssez tous ; et je vois aujourd'hui
Femme, enfants et valets déchaînés contre lui.
On met impudemment toute chose en usage
Pour ôter de chez moi ce dévot personnage :
Mais plus on fait d'efforts afin de l'en bannir,
Plus j'en veux employer à l'y mieux retenir ;
Et je vais me hâter de lui donner ma fille,
Pour confondre l'orgueil de toute ma famille.

DAMIS.
A recevoir sa main on pense l'obliger ?

ORGON.
Oui, traître, et dès ce soir, pour vous faire enrager.
Ah, je vous brave tous ! et vous ferai connoître
Qu'il faut qu'on m'obéisse, et que je suis le maître.
Allons, qu'on se rétracte ; et qu'à l'instant, fripon,
On se jette à ses pieds pour demander pardon.

DAMIS.
Qui ? moi ! de ce coquin, qui, par ses impostures...

ORGON.

Ah, tu résistes, gueux, et lui dis des injures!
(à Tartufe.)
Un bâton, un bâton! Ne me retenez pas.
(à son fils.)
Sus, que de ma maison on sorte de ce pas,
Et que d'y revenir on n'ait jamais l'audace.

DAMIS.

Oui, je sortirai; mais...

ORGON.

Vite, quittons la place.
Je te prive, pendard, de ma succession,
Et te donne, de plus, ma malédiction.

SCÈNE VII.

ORGON, TARTUFE.

ORGON.

Offenser de la sorte une sainte personne!

TARTUFE.

O ciel, pardonne-lui la douleur qu'il me donne!
(à Orgon.)
Si vous pouviez savoir avec quel déplaisir
Je vois qu'envers mon frère on tâche à me noircir...

ORGON.

Hélas!

TARTUFE.

Le seul penser de cette ingratitude

Fait souffrir à mon ame un supplice si rude...
L'horreur que j'en conçois... J'ai le cœur si serré
Que je ne puis parler, et crois que j'en mourrai.

ORGON, *courant tout en larmes à la porte par où il a chassé son fils.*

Coquin, je me repens que ma main t'ait fait grace,
Et ne t'ait pas d'abord assommé sur la place.
 (*à Tartufe.*)
Remettez-vous, mon frère, et ne vous fâchez pas.

TARTUFE.

Rompons, rompons le cours de ces fâcheux débats.
Je regarde céans quels grands troubles j'apporte,
Et crois qu'il est besoin, mon frère, que j'en sorte.

ORGON.

Comment! vous moquez-vous?

TARTUFE.

On m'y hait, et je voi
Qu'on cherche à vous donner des soupçons de ma foi.

ORGON.

Qu'importe? Voyez-vous que mon cœur les écoute?

TARTUFE.

On ne manquera pas de poursuivre, sans doute;
Et ces mêmes rapports qu'ici vous rejetez,
Peut-être une autre fois seront-ils écoutés.

ORGON.

Non, mon frère, jamais.

TARTUFE.

Ah, mon frère! une femme
Aisément d'un mari peut bien surprendre l'ame.

ORGON.

Non, non.

TARTUFE.

Laissez-moi vite, en m'éloignant d'ici,
Leur ôter tout sujet de m'attaquer ainsi.

ORGON.

Non, vous demeurerez ; il y va de ma vie.

TARTUFE.

Hé bien, il faudra donc que je me mortifie.
Pourtant, si vous vouliez...

ORGON.

Ah!

TARTUFE.

Soit : n'en parlons plus.
Mais je sais comme il faut en user là dessus.
L'honneur est délicat ; et l'amitié m'engage
A prévenir les bruits et les sujets d'ombrage :
Je fuirai votre épouse, et vous ne me verrez...

ORGON.

Non, en dépit de tous, vous la fréquenterez.
Faire enrager le monde est ma plus grande joie ;
Et je veux qu'à toute heure avec elle on vous voie.
Ce n'est pas tout encor : pour les mieux braver tous,
Je ne veux point avoir d'autre héritier que vous ;
Et je vais, de ce pas, en fort bonne manière,
Vous faire de mon bien donation entière.
Un bon et franc ami, que pour gendre je prends,
M'est bien plus cher que fils, que femme et que parents.
N'accepterez-vous pas ce que je vous propose ?

ACTE III, SCÈNE VII.

TARTUFE.

La volonté du ciel soit faite en toute chose!

ORGON.

Le pauvre homme! Allons vite en dresser un écrit;
Et que puisse l'envie en crever de dépit!

FIN DU TROISIÈME ACTE.

ACTE QUATRIÈME.

SCÈNE I.

CLÉANTE, TARTUFE.

CLÉANTE.

Oui, tout le monde en parle, et vous m'en pouvez croire.
L'éclat que fait ce bruit n'est point à votre gloire;
Et je vous ai trouvé, monsieur, fort à propos
Pour vous en dire net ma pensée en deux mots.
Je n'examine point à fond ce qu'on expose;
Je passe là dessus, et prends au pis la chose.
Supposons que Damis n'en ait pas bien usé,
Et que ce soit à tort qu'on vous ait accusé :
N'est-il pas d'un chrétien de pardonner l'offense,
Et d'éteindre en son cœur tout désir de vengeance?
Et devez-vous souffrir, pour votre démêlé,
Que du logis d'un père un fils soit exilé?
Je vous le dis encore, et parle avec franchise,
Il n'est petit ni grand qui ne s'en scandalise;
Et si vous m'en croyez, vous pacifierez tout,
Et ne pousserez point les affaires à bout.
Sacrifiez à Dieu toute votre colère,
Et remettez le fils en grace avec le père.

TARTUFE.

Hélas! je le voudrois, quant à moi, de bon cœur :

Je ne garde pour lui, monsieur, aucune aigreur;
Je lui pardonne tout, de rien je ne le blâme,
Et voudrois le servir du meilleur de mon ame;
Mais l'intérêt du ciel n'y sauroit consentir,
Et s'il rentre céans, c'est à moi d'en sortir.
Après son action, qui n'eut jamais d'égale,
Le commerce entre nous porteroit du scandale :
Dieu sait ce que d'abord tout le monde en croiroit!
A pure politique on me l'imputeroit :
Et l'on diroit partout que, me sentant coupable,
Je feins pour qui m'accuse un zèle charitable;
Que mon cœur l'appréhende, et veut le ménager,
Pour le pouvoir, sous main, au silence engager.

CLÉANTE.

Vous nous payez ici d'excuses colorées;
Et toutes vos raisons, monsieur, sont trop tirées.
Des intérêts du ciel pourquoi vous chargez-vous?
Pour punir le coupable a-t-il besoin de nous?
Laissez-lui, laissez-lui le soin de ses vengeances :
Ne songez qu'au pardon qu'il prescrit des offenses;
Et ne regardez point aux jugements humains,
Quand vous suivez du ciel les ordres souverains.
Quoi, le foible intérêt de ce qu'on pourra croire
D'une bonne action empêchera la gloire!
Non, non; faisons toujours ce que le ciel prescrit,
Et d'aucun autre soin ne nous brouillons l'esprit.

TARTUFE.

Je vous ai déja dit que mon cœur lui pardonne;
Et c'est faire, monsieur, ce que le ciel ordonne :
Mais après le scandale et l'affront d'aujourd'hui,

Le ciel n'ordonne pas que je vive avec lui.

CLÉANTE.

Et vous ordonne-t-il, monsieur, d'ouvrir l'oreille
A ce qu'un pur caprice à son père conseille,
Et d'accepter le don qui vous est fait d'un bien
Où le droit vous oblige à ne prétendre rien ?

TARTUFE.

Ceux qui me connoîtront n'auront pas la pensée
Que ce soit un effet d'une ame intéressée.
Tous les biens de ce monde ont pour moi peu d'appas :
De leur éclat trompeur je ne m'éblouis pas :
Et si je me résous à recevoir du père
Cette donation qu'il a voulu me faire,
Ce n'est, à dire vrai, que parce que je crains
Que tout ce bien ne tombe en de méchantes mains ;
Qu'il ne trouve des gens qui, l'ayant en partage,
En fassent dans le monde un criminel usage,
Et ne s'en servent pas, ainsi que j'ai dessein,
Pour la gloire du ciel et le bien du prochain.

CLÉANTE.

Hé, monsieur ! n'ayez point ces délicates craintes
Qui d'un juste héritier peuvent causer les plaintes.
Souffrez, sans vous vouloir embarrasser de rien,
Qu'il soit, à ses périls, possesseur de son bien,
Et songez qu'il vaut mieux encor qu'il en mésuse,
Que si de l'en frustrer il faut qu'on vous accuse.
J'admire seulement que, sans confusion,
Vous en ayez souffert la proposition.
Car enfin le vrai zèle a-t-il quelque maxime
Qui montre à dépouiller l'héritier légitime ?

Et s'il faut que le ciel dans votre cœur ait mis
Un invincible obstacle à vivre avec Damis,
Ne vaudroit-il pas mieux qu'en personne discrète
Vous fissiez de céans une honnête retraite
Que de souffrir ainsi, contre toute raison,
Qu'on en chasse pour vous le fils de la maison?
Croyez-moi, c'est donner de votre prud'homie,
Monsieur...

TARTUFE.

Il est, monsieur, trois heures et demie :
Certain devoir pieux me demande là-haut,
Et vous m'excuserez de vous quitter si tôt.

CLÉANTE, *seul.*

Ah!

SCÈNE II.

ELMIRE, MARIANE, CLÉANTE, DORINE.

DORINE, *à Cléante.*

De grace, avec nous employez-vous pour elle,
Monsieur : son ame souffre une douleur mortelle;
Et l'accord que son père a conclu pour ce soir
La fait, à tous moments, entrer en désespoir.
Il va venir. Joignons nos efforts, je vous prie,
Et tâchons d'ébranler, de force ou d'industrie,
Ce malheureux dessein qui nous a tous troublés.

SCÈNE III.

ORGON, ELMIRE, MARIANE, CLÉANTE, DORINE.

ORGON.

Ah! je me réjouis de vous voir assemblés.
(*à Mariane.*)
Je porte en ce contrat de quoi vous faire rire,
Et vous savez déja ce que cela veut dire.

MARIANE, *aux genoux d'Orgon.*

Mon père, au nom du ciel, qui connoît ma douleur,
Et par tout ce qui peut émouvoir votre cœur,
Relâchez-vous un peu des droits de la naissance,
Et dispensez mes vœux de cette obéissance.
Ne me réduisez point, par cette dure loi,
Jusqu'à me plaindre au ciel de ce que je vous doi;
Et cette vie, hélas! que vous m'avez donnée,
Ne me la rendez pas, mon père, infortunée.
Si, contre un doux espoir que j'avois pu former,
Vous me défendez d'être à ce que j'ose aimer,
Au moins, par vos bontés, qu'à vos genoux j'implore,
Sauvez-moi du tourment d'être à ce que j'abhorre,
Et ne me portez point à quelque désespoir,
En vous servant sur moi de tout votre pouvoir.

ORGON, *se sentant attendrir.*

Allons, ferme, mon cœur! point de foiblesse humaine!

MARIANE.

Vos tendresses pour lui ne me font point de peine.

ACTE IV, SCÈNE III.

Faites-les éclater, donnez-lui votre bien,
Et, si ce n'est assez, joignez-y tout le mien;
J'y consens de bon cœur, et je vous l'abandonne :
Mais au moins n'allez pas jusques à ma personne;
Et souffrez qu'un couvent, dans les austérités,
Use les tristes jours que le ciel m'a comptés.

ORGON.

Ah, voilà justement de mes religieuses,
Lorsqu'un père combat leurs flammes amoureuses!
Debout. Plus votre cœur répugne à l'accepter,
Plus ce sera pour vous matière à mériter.
Mortifiez vos sens avec ce mariage,
Et ne me rompez pas la tête davantage.

DORINE.

Mais quoi...

ORGON.

Taisez-vous, vous. Parlez à votre écot[1].
Je vous défends, tout net, d'oser dire un seul mot.

CLÉANTE.

Si par quelque conseil vous souffrez qu'on réponde...

ORGON.

Mon frère, vos conseils sont les meilleurs du monde :
Ils sont bien raisonnés, et j'en fais un grand cas;
Mais vous trouverez bon que je n'en use pas.

ELMIRE, à Orgon.

A voir ce que je vois, je ne sais plus que dire;
Et votre aveuglement fait que je vous admire.

---

[1] *Parlez à votre écot*, c'est-à-dire *parlez à ceux qui sont de votre écot, de votre compagnie.*

C'est être bien coiffé, bien prévenu de lui,
Que de nous démentir sur le fait d'aujourd'hui!

ORGON.

Je suis votre valet, et crois les apparences.
Pour mon fripon de fils je sais vos complaisances;
Et vous avez eu peur de le désavouer
Du trait qu'à ce pauvre homme il a voulu jouer.
Vous étiez trop tranquille, enfin, pour être crue,
Et vous auriez paru d'autre manière émue.

ELMIRE.

Est-ce qu'au simple aveu d'un amoureux transport
Il faut que notre honneur se gendarme si fort?
Et ne peut-on répondre à tout ce qui le touche,
Que le feu dans les yeux, et l'injure à la bouche?
Pour moi, de tels propos, je me ris simplement,
Et l'éclat, là dessus, ne me plaît nullement.
J'aime qu'avec douceur nous nous montrions sages,
Et ne suis point du tout pour ces prudes sauvages
Dont l'honneur est armé de griffes et de dents,
Et veut, au moindre mot, dévisager les gens.
Me préserve le ciel d'une telle sagesse!
Je veux une vertu qui ne soit point diablesse,
Et crois que d'un refus la discrète froideur
N'en est pas moins puissante à rebuter un cœur.

ORGON.

Enfin je sais l'affaire, et ne prends point le change.

ELMIRE.

J'admire, encore un coup, cette foiblesse étrange :
Mais que me répondroit votre incrédulité
Si je vous faisois voir qu'on vous dit vérité?

ACTE IV, SCÈNE III.

ORGON.

Voir !

ELMIRE.

Oui.

ORGON.

Chansons.

ELMIRE.

Mais, quoi ! si je trouvois manière
De vous le faire voir avec pleine lumière...

ORGON.

Contes en l'air.

ELMIRE.

Quel homme ! Au moins, répondez-moi :
Je ne vous parle pas de nous ajouter foi ;
Mais supposons ici que, d'un lieu qu'on peut prendre,
On vous fît clairement tout voir et tout entendre,
Que diriez-vous alors de votre homme de bien ?

ORGON.

En ce cas, je dirois que... Je ne dirois rien,
Car cela ne se peut.

ELMIRE.

L'erreur trop long-temps dure,
Et c'est trop condamner ma bouche d'imposture.
Il faut que par plaisir, et sans aller plus loin,
De tout ce qu'on vous dit je vous fasse témoin.

ORGON.

Soit. Je vous prends au mot. Nous verrons votre adresse,
Et comment vous pourrez remplir cette promesse.

ELMIRE, *à Dorine.*

Faites-le-moi venir.

DORINE, *à Elmire.*
Son esprit est rusé,
Et peut-être à surprendre il sera malaisé.
ELMIRE, *à Dorine.*
Non, on est aisément dupé par ce qu'on aime,
Et l'amour-propre engage à se tromper soi-même.
(*à Cléante et à Mariane.*)
Faites-le-moi descendre. Et vous, retirez-vous.

SCÈNE IV.

ELMIRE, ORGON.

ELMIRE.
Approchons cette table, et vous mettez dessous.
ORGON.
Comment!
ELMIRE.
Vous bien cacher est un point nécessaire.
ORGON.
Pourquoi sous cette table?
ELMIRE.
Ah, mon dieu! laissez faire;
J'ai mon dessein en tête, et vous en jugerez.
Mettez-vous là, vous dis-je; et quand vous y serez,
Gardez qu'on ne vous voie et qu'on ne vous entende.
ORGON.
Je confesse qu'ici ma complaisance est grande;
Mais de votre entreprise il vous faut voir sortir.
ELMIRE.
Vous n'aurez, que je crois, rien à me repartir.

(à Orgon, *qui est sous la table.*)
Au moins, je vais toucher une étrange matière,
Ne vous scandalisez en aucune manière.
Quoi que je puisse dire, il doit m'être permis ;
Et c'est pour vous convaincre, ainsi que j'ai promis.
Je vais, par des douceurs, puisque j'y suis réduite,
Faire poser le masque à cette ame hypocrite,
Flatter de son amour les désirs effrontés,
Et donner un champ libre à ses témérités.
Comme c'est pour vous seul, et pour mieux le confondre
Que mon ame à ses vœux va feindre de répondre,
J'aurai lieu de cesser dès que vous vous rendrez,
Et les choses n'iront que jusqu'où vous voudrez.
C'est à vous d'arrêter son ardeur insensée,
Quand vous croirez l'affaire assez avant poussée,
D'épargner votre femme, et de ne m'exposer
Qu'à ce qu'il vous faudra pour vous désabuser.
Ce sont vos intérêts ; vous en serez le maître ;
Et... L'on vient. Tenez-vous, et gardez de paroître.

SCÈNE V.

TARTUFE, ELMIRE ; ORGON, *sous la table*

TARTUFE.
On m'a dit qu'en ce lieu vous me vouliez parler ;
ELMIRE.
Oui. L'on a des secrets à vous y révéler.
Mais tirez cette porte avant qu'on vous les dise,
Et regardez partout, de crainte de surprise.

(*Tartufe va fermer la porte, et revient.*)
Une affaire pareille à celle de tantôt
N'est pas assurément ici ce qu'il nous faut :
Jamais il ne s'est vu de surprise de même.
Damis m'a fait, pour vous, une frayeur extrême ;
Et vous avez bien vu que j'ai fait mes efforts
Pour rompre son dessein et calmer ses transports.
Mon trouble, il est bien vrai, m'a si fort possédée,
Que de le démentir je n'ai point eu l'idée ;
Mais par là, grace au ciel, tout a bien mieux été,
Et les choses en sont en plus de sûreté.
L'estime où l'on vous tient a dissipé l'orage,
Et mon mari de vous ne peut prendre d'ombrage.
Pour mieux braver l'éclat des mauvais jugements,
Il veut que nous soyons ensemble à tous moments,
Et c'est par où je puis, sans peur d'être blâmée,
Me trouver ici seule avec vous enfermée,
Et ce qui m'autorise à vous ouvrir un cœur
Un peu trop prompt peut-être à souffrir votre ardeur

TARTUFE.

Ce langage à comprendre est assez difficile,
Madame ; et vous parliez tantôt d'un autre style.

ELMIRE.

Ah, si d'un tel refus vous êtes en courroux,
Que le cœur d'une femme est mal connu de vous !
Et que vous savez peu ce qu'il veut faire entendre,
Lorsque si foiblement on le voit se défendre !
Toujours notre pudeur combat, dans ces moments,
Ce qu'on peut nous donner de tendres sentiments,
Quelque raison qu'on trouve à l'amour qui nous dompte

ACTE IV, SCÈNE V.

On trouve à l'avouer toujours un peu de honte.
On s'en défend d'abord ; mais, de l'air qu'on s'y prend,
On fait connoître assez que notre cœur se rend ;
Qu'à nos vœux, par honneur, notre bouche s'oppose,
Et que de tels refus promettent toute chose.
C'est vous faire, sans doute, un assez libre aveu,
Et sur notre pudeur me ménager bien peu.
Mais, puisque la parole enfin en est lâchée,
A retenir Damis me serois-je attachée ;
Aurois-je, je vous prie, avec tant de douceur,
Écouté tout au long l'offre de votre cœur ;
Aurois-je pris la chose, ainsi qu'on m'a vu faire,
Si l'offre de ce cœur n'eût eu de quoi me plaire ?
Et lorsque j'ai voulu moi-même vous forcer
A refuser l'hymen qu'on venoit d'annoncer,
Qu'est-ce que cette instance a dû vous faire entendre,
Que l'intérêt qu'en vous on s'avise de prendre,
Et l'ennui qu'on auroit que ce nœud qu'on résout
Vînt partager du moins un cœur que l'on veut tout ?

TARTUFE.

C'est, sans doute, madame, une douceur extrême
Que d'entendre ces mots d'une bouche qu'on aime ;
Leur miel, dans tous mes sens, fait couler à longs traits
Une suavité qu'on ne goûta jamais.
Le bonheur de vous plaire est ma suprême étude,
Et mon cœur de vos vœux fait sa béatitude ;
Mais ce cœur vous demande ici la liberté
D'oser douter un peu de sa félicité.
Je puis croire ces mots un artifice honnête
Pour m'obliger à rompre un hymen qui s'apprête ;

Et, s'il faut librement m'expliquer avec vous,
Je ne me fierai point à des propos si doux,
Qu'un peu de vos faveurs, après quoi je soupire,
Ne vienne m'assurer tout ce qu'ils m'ont pu dire,
Et planter dans mon ame une constante foi
Des charmantes bontés que vous avez pour moi.

ELMIRE, *après avoir toussé pour avertir son mari.*

Quoi! vous voulez aller avec cette vitesse,
Et d'un cœur, tout d'abord, épuiser la tendresse?
On se tue à vous faire un aveu des plus doux;
Cependant ce n'est pas encore assez pour vous!
Et l'on ne peut aller jusqu'à vous satisfaire,
Qu'aux dernières faveurs on ne pousse l'affaire!

TARTUFE.

Moins on mérite un bien, moins on l'ose espérer.
Nos vœux sur des discours ont peine à s'assurer.
On soupçonne aisément un sort tout plein de gloire,
Et l'on veut en jouir avant que de le croire.
Pour moi, qui crois si peu mériter vos bontés,
Je doute du bonheur de mes témérités;
Et je ne croirai rien, que vous n'ayez, madame,
Par des réalités, su convaincre ma flamme.

ELMIRE.

Mon dieu, que votre amour en vrai tyran agit!
Et qu'en un trouble étrange il me jette l'esprit!
Que sur les cœurs il prend un furieux empire,
Et qu'avec violence il veut ce qu'il désire!
Quoi, de votre poursuite on ne peut se parer,
Et vous ne donnez pas le temps de respirer!
Sied-il bien de tenir une rigueur si grande,

De vouloir sans quartier les choses qu'on demande,
Et d'abuser ainsi, par vos efforts pressants,
Du foible que pour vous vous voyez qu'ont les gens?

TARTUFE.

Mais si d'un œil bénin vous voyez mes hommages,
Pourquoi m'en refuser d'assurés témoignages?

ELMIRE.

Mais comment consentir à ce que vous voulez,
Sans offenser le ciel, dont toujours vous parlez?

TARTUFE.

Si ce n'est que le ciel qu'à mes vœux on oppose,
Lever un tel obstacle est à moi peu de chose;
Et cela ne doit pas retenir votre cœur.

ELMIRE.

Mais des arrêts du ciel on nous fait tant de peur!

TARTUFE.

Je puis vous dissiper ces craintes ridicules,
Madame, et je sais l'art de lever les scrupules.
Le ciel défend, de vrai, certains contentements;
Mais on trouve avec lui des accommodements.
Selon divers besoins, il est une science
D'étendre les liens de notre conscience,
Et de rectifier le mal de l'action
Avec la pureté de notre intention.
De ces secrets, madame, on saura vous instruire;
Vous n'avez seulement qu'à vous laisser conduire.
Contentez mon désir, et n'ayez point d'effroi :
Je vous réponds de tout, et prends le mal sur moi.

(Elmire tousse plus fort.)

Vous toussez fort, madame.

ELMIRE.

      Oui, je suis au supplice.

TARTUFE.

Vous plaît-il un morceau de ce jus de réglisse?

ELMIRE.

C'est un rhume obstiné, sans doute; et je vois bien
Que tous les jus du monde ici ne feront rien.

TARTUFE.

Cela, certe, est fâcheux.

ELMIRE.

      Oui, plus qu'on ne peut dire.

TARTUFE.

Enfin votre scrupule est facile à détruire.
Vous êtes assurée ici d'un plein secret,
Et le mal n'est jamais que dans l'éclat qu'on fait.
Le scandale du monde est ce qui fait l'offense;
Et ce n'est pas pécher que pécher en silence.

ELMIRE, *après avoir encore toussé et frappé sur la table.*

Enfin, je vois qu'il faut se résoudre à céder;
Qu'il faut que je consente à vous tout accorder;
Et qu'à moins de cela je ne dois pas prétendre
Qu'on puisse être content, et qu'on veuille se rendre.
Sans doute il est fâcheux d'en venir jusque là,
Et c'est bien malgré moi que je franchis cela;
Mais, puisque l'on s'obstine à m'y vouloir réduire,
Puisqu'on ne veut point croire à tout ce qu'on peut dire,
Et qu'on veut des témoins qui soient plus convaincants,
Il faut bien s'y résoudre, et contenter les gens.
Si ce contentement porte en soi quelque offense,

ACTE IV, SCÈNE VI.

Tant pis pour qui me force à cette violence :
La faute assurément n'en doit point être à moi.

TARTUFE.

Oui, madame, on s'en charge; et la chose de soi...

ELMIRE.

Ouvrez un peu la porte, et voyez, je vous prie,
Si mon mari n'est point dans cette galerie.

TARTUFE.

Qu'est-il besoin pour lui du soin que vous prenez?
C'est un homme, entre nous, à mener par le nez.
De tous nos entretiens il est pour faire gloire,
Et je l'ai mis au point de voir tout sans rien croire.

ELMIRE.

Il n'importe. Sortez, je vous prie, un moment ;
Et partout là dehors voyez exactement.

SCÈNE VI.

ORGON, ELMIRE.

ORGON, *sortant de dessous la table.*
Voilà, je vous l'avoue, un abominable homme !
Je n'en puis revenir, et tout ceci m'assomme.

ELMIRE.

Quoi, vous sortez sitôt ! vous vous moquez des gens !
Rentrez sous le tapis ; il n'est pas encor temps :
Attendez jusqu'au bout, pour voir les choses sûres,
Et ne vous fiez point aux simples conjectures.

ORGON.

Non, rien de plus méchant n'est sorti de l'enfer.

ELMIRE.

Mon dieu! l'on ne doit point croire trop de léger.
Laissez-vous bien convaincre avant que de vous rendre;
Et ne vous hâtez pas, de peur de vous méprendre.
(*Elmire fait mettre Orgon derrière elle.*)

SCÈNE VII.

TARTUFE, ELMIRE, ORGON.

TARTUFE, *sans voir Orgon.*

Tout conspire, madame à mon contentement.
J'ai visité de l'œil tout cet appartement:
Personne ne s'y trouve; et mon ame ravie...
(*Dans le temps que Tartufe s'avance, les bras ouverts
   pour embrasser Elmire, elle se retire, et Tartufe
   aperçoit Orgon.*)

ORGON, *arrêtant Tartufe.*

Tout doux! vous suivez trop votre amoureuse envie,
Et vous ne devez pas vous tant passionner.
Ah, ah! l'homme de bien, vous m'en voulez donner!
Comme aux tentations s'abandonne votre ame!
Vous épousiez ma fille, et convoitiez ma femme!
J'ai douté fort long-temps que ce fût tout de bon;
Et je croyois toujours qu'on changeroit de ton:
Mais c'est assez avant pousser le témoignage;
Je m'y tiens, et n'en veux, pour moi, pas davantage.

ELMIRE, *à Tartufe.*

C'est contre mon humeur que j'ai fait tout ceci;
Mais on m'a mise au point de vous traiter ainsi.

ACTE IV, SCÈNE VIII.

TARTUFE, *à Orgon.*

Quoi ! vous croyez...

ORGON.

Allons, point de bruit, je vous prie ;
Dénichons de céans, et sans cérémonie.

TARTUFE.

Mon dessein...

ORGON.

Ces discours ne sont plus de saison.
Il faut, tout sur-le-champ, sortir de la maison.

TARTUFE.

C'est à vous d'en sortir, vous qui parlez en maître :
La maison m'appartient ; je le ferai connoître,
Et vous montrerai bien qu'en vain on a recours,
Pour me chercher querelle, à ces lâches détours ;
Qu'on n'est pas où l'on pense en me faisant injure ;
Que j'ai de quoi confondre et punir l'imposture,
Venger le ciel qu'on blesse, et faire repentir
Ceux qui parlent ici de me faire sortir.

SCÈNE VIII.

ELMIRE, ORGON.

ELMIRE.

Quel est donc ce langage ? et qu'est-ce qu'il veut dire ?

ORGON.

Ma foi, je suis confus, et n'ai pas lieu de rire.

ELMIRE.

Comment ?

ORGON.

Je vois ma faute, aux choses qu'il me dit;
Et la donation m'embarrasse l'esprit.

ELMIRE.

La donation?

ORGON.

Oui. C'est une affaire faite.
Mais j'ai quelque autre chose encor qui m'inquiète.

ELMIRE.

Et quoi?

ORGON.

Vous saurez tout. Mais voyons au plus tôt
Si certaine cassette est encore là haut.

FIN DU QUATRIÈME ACTE.

ACTE CINQUIÈME.

SCÈNE I.

ORGON, CLÉANTE.

CLÉANTE.

Où voulez-vous courir?

ORGON.

Las! que sais-je?

CLÉANTE.

Il me semble
Que l'on doit commencer par consulter ensemble
Les choses qu'on peut faire en cet événement.

ORGON.

Cette cassette-là me trouble entièrement;
Plus que le reste encore, elle me désespère.

CLÉANTE.

Cette cassette est donc un important mystère?

ORGON.

C'est un dépôt qu'Argas, cet ami que je plains,
Lui-même en grand secret m'a mis entre les mains.
Pour cela, dans sa fuite, il me voulut élire;
Et ce sont des papiers, à ce qu'il m'a pu dire,
Où sa vie et ses biens se trouvent attachés.

CLÉANTE.

Pourquoi donc les avoir en d'autres mains lâchés?

ORGON.

Ce fut par un motif de cas de conscience.
J'allai droit à mon traître en faire confidence;
Et son raisonnement me vint persuader
De lui donner plutôt la cassette à garder,
Afin que, pour nier, en cas de quelque enquête,
J'eusse d'un faux-fuyant la faveur toute prête,
Par où ma conscience eût pleine sûreté
A faire des serments contre la vérité.

CLÉANTE.

Vous voilà mal, au moins, si j'en crois l'apparence;
Et la donation, et cette confidence,
Sont, à vous en parler selon mon sentiment,
Des démarches par vous faites légèrement.
On peut vous mener loin avec de pareils gages:
Et cet homme sur vous ayant ces avantages,
Le pousser est encor grande imprudence à vous;
Et vous deviez chercher quelque biais plus doux.

ORGON.

Quoi! sous un beau semblant de ferveur si touchante,
Cacher un cœur si double, une ame si méchante!
Et moi, qui l'ai reçu gueusant et n'ayant rien...
C'en est fait, je renonce à tous les gens de bien;
J'en aurai désormais une horreur effroyable,
Et m'en vais devenir pour eux pire qu'un diable.

CLÉANTE.

Hé bien, ne voilà pas de vos emportements!
Vous ne gardez en rien les doux tempéraments.
Dans la droite raison jamais n'entre la vôtre;
Et toujours d'un excès vous vous jetez dans l'autre.

Vous voyez votre erreur, et vous avez connu
Que par un zèle feint vous étiez prévenu;
Mais, pour vous corriger, quelle raison demande
Que vous alliez passer dans une erreur plus grande,
Et qu'avecque le cœur d'un perfide vaurien
Vous confondiez les cœurs de tous les gens de bien?
Quoi! parce qu'un fripon vous dupe avec audace,
Sous le pompeux éclat d'une austère grimace,
Vous voulez que partout on soit fait comme lui,
Et qu'aucun vrai dévot ne se trouve aujourd'hui?
Laissez aux libertins ces sottes conséquences:
Démêlez la vertu d'avec ses apparences;
Ne hasardez jamais votre estime trop tôt,
Et soyez, pour cela, dans le milieu qu'il faut.
Gardez-vous, s'il se peut, d'honorer l'imposture:
Mais au vrai zèle aussi n'allez pas faire injure;
Et, s'il vous faut tomber dans une extrémité,
Péchez plutôt encor de cet autre côté.

SCÈNE II.

ORGON, CLÉANTE, DAMIS.

DAMIS.
Quoi! mon père, est-il vrai qu'un coquin vous menace;
Qu'il n'est point de bienfait qu'en son ame il n'efface;
Et que son lâche orgueil, trop digne de courroux,
Se fait de vos bontés des armes contre vous?

ORGON.
Oui, mon fils; et j'en sens des douleurs nonpareilles.

DAMIS.

Laissez-moi, je lui veux couper les deux oreilles.
Contre son insolence on ne doit point gauchir[1] :
C'est à moi tout d'un coup de vous en affranchir ;
Et, pour sortir d'affaire, il faut que je l'assomme.

CLÉANTE.

Voilà tout justement parler en vrai jeune homme.
Modérez, s'il vous plaît, ces transports éclatants.
Nous vivons sous un règne et sommes dans un temps
Où par la violence on fait mal ses affaires.

SCÈNE III.

MADAME PERNELLE, ORGON, ELMIRE, CLÉANTE, MARIANE, DAMIS, DORINE.

MADAME PERNELLE.

Qu'est-ce? j'apprends ici de terribles mystères!

ORGON.

Ce sont des nouveautés dont mes yeux sont témoins
Et vous voyez le prix dont sont payés mes soins.
Je recueille avec zèle un homme en sa misère,
Je le loge, et le tiens comme mon propre frère ;
De bienfaits chaque jour il est par moi chargé ;
Je lui donne ma fille et tout le bien que j'ai :
Et, dans le même temps, le perfide, l'infame,
Tente le noir dessein de suborner ma femme!
Et, non content encor de ses lâches essais,

---

[1] *Gauchir*, au figuré, *biaiser*.

ACTE V, SCÈNE III.

Il m'ose menacer de mes propres bienfaits,
Et veut, à ma ruine, user des avantages
Dont le viennent d'armer mes bontés trop peu sages,
Me chasser de mes biens, où je l'ai transféré,
Et me réduire au point d'où je l'ai retiré!

DORINE.

Le pauvre homme!

MADAME PERNELLE.

Mon fils, je ne puis du tout croire
Qu'il ait voulu commettre une action si noire.

ORGON.

Comment!

MADAME PERNELLE.

Les gens de bien sont enviés toujours.

ORGON.

Que voulez-vous donc dire avec votre discours,
Ma mère?

MADAME PERNELLE.

Que chez vous on vit d'étrange sorte,
Et qu'on ne sait que trop la haine qu'on lui porte.

ORGON.

Qu'a cette haine à faire avec ce qu'on vous dit?

MADAME PERNELLE.

Je vous l'ai dit cent fois, quand vous étiez petit:
La vertu dans le monde est toujours poursuivie;
Les envieux mourront, mais non jamais l'envie.

ORGON.

Mais que fait ce discours aux choses d'aujourd'hui?

MADAME PERNELLE.

On vous aura forgé cent sots contes de lui.

ORGON.

Je vous ai dit déja que j'ai vu tout moi-même.

MADAME PERNELLE.

Des esprits médisants la malice est extrême.

ORGON.

Vous me feriez damner, ma mère. Je vous di
Que j'ai vu, de mes yeux, un crime si hardi.

MADAME PERNELLE.

Les langues ont toujours du venin à répandre;
Et rien n'est ici-bas qui s'en puisse défendre.

ORGON.

C'est tenir un propos de sens bien dépourvu.
Je l'ai vu, dis-je, vu, de mes propres yeux vu,
Ce qu'on appelle vu. Faut-il vous le rebattre
Aux oreilles cent fois, et crier comme quatre!

MADAME PERNELLE.

Mon dieu! le plus souvent l'apparence déçoit :
Il ne faut pas toujours juger sur ce qu'on voit.

ORGON.

J'enrage!

MADAME PERNELLE.

Aux faux soupçons la nature est sujette,
Et c'est souvent à mal que le bien s'interprète.

ORGON.

Je dois interpréter à charitable soin
Le désir d'embrasser ma femme!

MADAME PERNELLE.

Il est besoin,
Pour accuser les gens d'avoir de justes causes;
Et vous deviez attendre à vous voir sûr des choses.

ORGON.

Hé, diantre ! le moyen de m'en assurer mieux ?
Je devois donc, ma mère, attendre qu'à mes yeux
Il eût... Vous me feriez dire quelque sottise.

MADAME PERNELLE.

Enfin d'un trop pur zèle on voit son ame éprise ;
Et je ne puis du tout me mettre dans l'esprit
Qu'il ait voulu tenter les choses que l'on dit.

ORGON.

Allez, je ne sais pas, si vous n'étiez ma mère,
Ce que je vous dirois, tant je suis en colère.

DORINE, *à Orgon.*

Juste retour, monsieur, des choses d'ici-bas :
Vous ne vouliez point croire, et l'on ne vous croit pas.

CLÉANTE.

Nous perdons des moments en bagatelles pures,
Qu'il faudroit employer à prendre des mesures.
Aux menaces du fourbe on doit ne dormir point.

DAMIS.

Quoi, son effronterie iroit jusqu'à ce point ?

ELMIRE.

Pour moi, je ne crois pas cette instance possible,
Et son ingratitude est ici trop visible.

CLÉANTE, *à Orgon.*

Ne vous y fiez pas ; il aura des ressorts
Pour donner contre vous raison à ses efforts ;
Et, sur moins que cela, le poids d'une cabale
Embarrasse les gens dans un fâcheux dédale.
Je vous le dis encore : armé de ce qu'il a,
Vous ne deviez jamais le pousser jusque là.

ORGON.

Il est vrai; mais, qu'y faire? A l'orgueil de ce traître
De mes ressentiments je n'ai pas été maître.

CLÉANTE.

Je voudrois de bon cœur qu'on pût, entre vous deux
De quelque ombre de paix raccommoder les nœuds.

ELMIRE.

Si j'avois su qu'en main il a de telles armes,
Je n'aurois pas donné matière à tant d'alarmes;
Et mes...

ORGON, *à Dorine, voyant entrer M. Loyal.*

Que veut cet homme? Allez tôt le savoir.
Je suis bien en état que l'on me vienne voir!

SCÈNE IV.

ORGON, MADAME PERNELLE, ELMIRE, MARIANE, CLÉANTE, DAMIS, DORINE, M. LOYAL.

M. LOYAL, *à Dorine, dans le fond du théâtre.*
Bonjour, ma chère sœur; faites, je vous supplie,
Que je parle à monsieur.

DORINE.

Il est en compagnie;
Et je doute qu'il puisse à présent voir quelqu'un.

M. LOYAL.

Je ne suis pas pour être en ces lieux importun.
Mon abord n'aura rien, je crois, qui lui déplaise,
Et je viens pour un fait dont il sera bien aise.

DORINE.

Votre nom?

M. LOYAL.

Dites-lui seulement que je vien
De la part de monsieur Tartufe, pour son bien.

DORINE, *à Orgon.*

C'est un homme qui vient, avec douce manière,
De la part de monsieur Tartufe, pour affaire
Dont vous serez, dit-il, bien aise.

CLÉANTE, *à Orgon.*

Il vous faut voir
Ce que c'est que cet homme, et ce qu'il peut vouloir.

ORGON, *à Cléante.*

Pour nous raccommoder il vient ici peut-être :
Quels sentiments aurai-je à lui faire paroître?

CLÉANTE.

Votre ressentiment ne doit point éclater ;
Et, s'il parle d'accord, il le faut écouter.

M. LOYAL, *à Orgon.*

Salut, monsieur ; le ciel perde qui vous veut nuire.
Et vous soit favorable autant que je désire.

ORGON, *bas, à Cléante.*

Ce doux début s'accorde avec mon jugement,
Et présage déja quelque accommodement.

M. LOYAL.

Toute votre maison m'a toujours été chère,
Et j'étois serviteur de monsieur votre père.

ORGON.

Monsieur, j'ai grande honte, et demande pardon
D'être sans vous connoître, ou savoir votre nom.

M. LOYAL.

Je m'appelle Loyal, natif de Normandie,
Et suis huissier à verge, en dépit de l'envie.
J'ai depuis quarante ans, grace au ciel, le bonheur
D'en exercer la charge avec beaucoup d'honneur;
Et je vous viens, monsieur, avec votre licence,
Signifier l'exploit de certaine ordonnance...

ORGON.

Quoi! vous êtes ici...

M. LOYAL.

Monsieur, sans passion.
Ce n'est rien seulement qu'une sommation,
Un ordre de vider d'ici, vous et les vôtres,
Mettre vos meubles hors, et faire place à d'autres,
Sans délai ni remise, ainsi que besoin est.

ORGON.

Moi, sortir de céans?

M. LOYAL.

Oui, monsieur, s'il vous plaît.
La maison, à présent, comme savez de reste,
Au bon monsieur Tartufe appartient sans conteste.
De vos biens désormais il est maître et seigneur,
En vertu d'un contrat, duquel je suis porteur :
Il est en bonne forme, et l'on n'y peut rien dire.

DAMIS, *à M. Loyal.*

Certes, cette impudence est grande, et je l'admire.

M. LOYAL, *à Damis.*

Monsieur, je ne dois point avoir affaire à vous;
   (*montrant Orgon.*)
C'est à monsieur : il est et raisonnable et doux,

Et d'un homme de bien il sait trop bien l'office
Pour se vouloir du tout opposer à justice.

ORGON.

Mais...

M. LOYAL.

Oui, monsieur, je sais que, pour un million,
Vous ne voudriez pas faire rébellion,
Et que vous souffrirez, en honnête personne,
Que j'exécute ici les ordres qu'on me donne.

DAMIS.

Vous pourriez bien ici sur votre noir jupon,
Monsieur l'huissier à verge, attirer le bâton.

M. LOYAL, *à Orgon.*

Faites que votre fils se taise, ou se retire,
Monsieur. J'aurois regret d'être obligé d'écrire,
Et de vous voir couché dans mon procès-verbal.

DORINE, *à part.*

Ce monsieur Loyal porte un air bien déloyal.

M. LOYAL.

Pour tous les gens de bien j'ai de grandes tendresses,
Et ne me suis voulu, monsieur, charger des pièces
Que pour vous obliger et vous faire plaisir ;
Que pour ôter par là le moyen d'en choisir
Qui n'ayant pas pour vous le zèle qui me pousse,
Auroient pu procéder d'une façon moins douce.

ORGON.

Et que peut-on de pis que d'ordonner aux gens
De sortir de chez eux ?

M. LOYAL.

On vous donne du temps ;
Et jusques à demain je ferai surséance

A l'exécution, monsieur, de l'ordonnance :
Je viendrai seulement passer ici la nuit,
Avec dix de mes gens, sans scandale et sans bruit.
Pour la forme, il faudra, s'il vous plaît, qu'on m'apporte,
Avant que se coucher, les clefs de votre porte.
J'aurai soin de ne pas troubler votre repos,
Et de ne rien souffrir qui ne soit à propos.
Mais demain, du matin, il vous faut être habile
A vider de céans jusqu'au moindre ustensile ;
Mes gens vous aideront, et je les ai pris forts
Pour vous faire service à tout mettre dehors.
On n'en peut pas user mieux que je fais, je pense ;
Et, comme je vous traite avec grande indulgence,
Je vous conjure aussi, monsieur, d'en user bien,
Et qu'au dû de ma charge on ne me trouble en rien.

ORGON, *à part.*

Du meilleur de mon cœur, je donnerois sur l'heure
Les cent plus beaux louis de ce qui me demeure,
Et pouvoir, à plaisir, sur ce mufle assener
Le plus grand coup de poing qui se puisse donner.

CLÉANTE, *bas, à Orgon.*

Laissez ; ne gâtons rien.

DAMIS.

A cette audace étrange,
J'ai peine à me tenir, et la main me démange.

DORINE.

Avec un si bon dos, ma foi, monsieur Loyal,
Quelques coups de bâton ne vous siéroient pas mal.

M. LOYAL.

On pourroit bien punir ces paroles infames,

M'amie; et l'on décrète aussi contre les femmes.
CLÉANTE, à M. Loyal.
Finissons tout cela, monsieur; c'en est assez.
Donnez tôt ce papier, de grace, et nous laissez.
M. LOYAL.
Jusqu'au revoir. Le ciel vous tienne tous en joie!
ORGON.
Puisse-t-il te confondre, et celui qui t'envoie!

SCÈNE V.

ORGON, MADAME PERNELLE, ELMIRE,
CLÉANTE, MARIANE, DAMIS, DORINE.

ORGON.
Hé bien, vous le voyez, ma mère, si j'ai droit;
Et vous pouvez juger du reste par l'exploit.
Ses trahisons enfin vous sont-elles connues?
MADAME PERNELLE.
Je suis tout ébaubie, et je tombe des nues!
DORINE, à Orgon.
Vous vous plaignez à tort, à tort vous le blâmez;
Et ses pieux desseins par là sont confirmés.
Dans l'amour du prochain sa vertu se consomme :
Il sait que très souvent les biens corrompent l'homme;
Et par charité pure, il veut vous enlever
Tout ce qui vous peut faire obstacle à vous sauver.
ORGON.
Taisez-vous. C'est le mot qu'il vous faut toujours dire.

CLÉANTE, *à Orgon.*

Allons voir quel conseil on doit vous faire élire.

ELMIRE.

Allez faire éclater l'audace de l'ingrat.
Ce procédé détruit la vertu du contrat ;
Et sa déloyauté va paroître trop noire
Pour souffrir qu'il en ait le succès qu'on veut croire.

SCÈNE VI.

VALÈRE, ORGON, MADAME PERNELLE, ELMIRE, CLÉANTE, MARIANE, DAMIS, DORINE.

VALÈRE.

Avec regret, monsieur, je viens vous affliger ;
Mais je m'y vois contraint par le pressant danger.
Un ami qui m'est joint d'une amitié fort tendre,
Et qui sait l'intérêt qu'en vous j'ai lieu de prendre,
A violé pour moi, par un pas délicat,
Le secret que l'on doit aux affaires d'état,
Et me vient d'envoyer un avis dont la suite
Vous réduit au parti d'une soudaine fuite.
Le fourbe qui long-temps a pu vous imposer
Depuis une heure au prince a su vous accuser,
Et remettre en ses mains, dans les traits qu'il vous jette,
D'un criminel d'état l'importante cassette,
Dont au mépris, dit-il, du devoir d'un sujet,
Vous avez conservé le coupable secret.

ACTE V, SCÈNE VI.

J'ignore le détail du crime qu'on vous donne :
Mais un ordre est donné contre votre personne ;
Et lui-même est chargé, pour mieux l'exécuter,
D'accompagner celui qui vous doit arrêter.

CLÉANTE.

Voilà ses droits armés; et c'est par où le traître
De vos biens qu'il prétend cherche à se rendre maître.

ORGON.

L'homme est, je vous l'avoue, un méchant animal !

VALÈRE.

Le moindre amusement vous peut être fatal.
J'ai, pour vous emmener, mon carrosse à la porte,
Avec mille louis qu'ici je vous apporte.
Ne perdons point de temps : le trait est foudroyant ;
Et ce sont de ces coups que l'on pare en fuyant.
A vous mettre en lieu sûr je m'offre pour conduite[1],
Et veux accompagner jusqu'au bout votre fuite.

ORGON.

Las, que ne dois-je point à vos soins obligeants !
Pour vous en rendre grace il faut un autre temps ;
Et je demande au ciel de m'être assez propice,
Pour reconnoître un jour ce généreux service.
Adieu : prenez le soin, vous autres...

CLÉANTE.

                      Allez tôt ;
Nous songerons, mon frère, à faire ce qu'il faut.

---

[1] *Je m'offre pour conduite,* pour *j'offre de vous conduire.*

SCÈNE VII.

TARTUFE, UN EXEMPT, MADAME PERNELLE, ORGON, ELMIRE, CLÉANTE, MARIANE, VALÈRE, DAMIS, DORINE.

TARTUFE, *arrêtant Orgon.*

Tout beau, monsieur, tout beau, ne courez point si vite :
Vous n'irez pas fort loin pour trouver votre gite ;
Et, de la part du prince, on vous fait prisonnier.

ORGON.

Traître, tu me gardois ce trait pour le dernier :
C'est le coup, scélérat, par où tu m'expédies ;
Et voilà couronner toutes tes perfidies !

TARTUFE.

Vos injures n'ont rien à me pouvoir aigrir :
Et je suis, pour le ciel, appris à tout souffrir.

CLÉANTE.

La modération est grande, je l'avoue.

DAMIS.

Comme du ciel l'infame impudemment se joue !

TARTUFE.

Tous vos emportements ne sauroient m'émouvoir ;
Et je ne songe à rien qu'à faire mon devoir.

MARIANE.

Vous avez de ceci grande gloire à prétendre ;
Et cet emploi pour vous est fort honnête à prendre.

TARTUFE.

Un emploi ne sauroit être que glorieux,

Quand il part du pouvoir qui m'envoie en ces lieux.

ORGON.

Mais t'es-tu souvenu que ma main charitable,
Ingrat, t'a retiré d'un état misérable?

TARTUFE.

Oui, je sais quels secours j'en ai pu recevoir;
Mais l'intérêt du prince est mon premier devoir.
De ce devoir sacré la juste violence
Étouffe dans mon cœur toute reconnoissance;
Et je sacrifierois à de si puissants nœuds
Ami, femme, parents, et moi-même avec eux.

ELMIRE.

L'imposteur!

DORINE.

Comme il sait, de traîtresse manière,
Se faire un beau manteau de tout ce qu'on révère!

CLÉANTE.

Mais, s'il est si parfait que vous le déclarez,
Ce zèle qui vous pousse, et dont vous vous parez,
D'où vient que, pour paroître, il s'avise d'attendre
Qu'à poursuivre sa femme il ait su vous surprendre,
Et que vous ne songez à l'aller dénoncer
Que lorsque son honneur l'oblige à vous chasser?
Je ne vous parle point, pour devoir en distraire,
Du don de tout son bien qu'il venoit de vous faire;
Mais le voulant traiter en coupable aujourd'hui,
Pourquoi consentiez-vous à rien prendre de lui?

TARTUFE, *à l'Exempt.*

Délivrez-moi, monsieur, de la criaillerie;
Et daignez accomplir votre ordre, je vous prie.

L'EXEMPT.

Oui, c'est trop demeurer, sans doute, à l'accomplir :
Votre bouche à propos m'invite à le remplir ;
Et pour l'exécuter, suivez-moi tout-à-l'heure
Dans la prison qu'on doit vous donner pour demeure.

TARTUFE.

Qui? moi, monsieur?

L'EXEMPT.

Oui, vous.

TARTUFE.

Pourquoi donc la prison?

L'EXEMPT.

Ce n'est pas vous à qui j'en veux rendre raison.

(à Orgon.)

Remettez-vous, monsieur, d'une alarme si chaude.
Nous vivons sous un prince ennemi de la fraude,
Un prince dont les yeux se font jour dans les cœurs,
Et que ne peut tromper tout l'art des imposteurs.
D'un fin discernement sa grande ame pourvue
Sur les choses toujours jette une droite vue ;
Chez elle, jamais rien ne surprend trop d'accès,
Et sa ferme raison ne tombe en nul excès.
Il donne aux gens de bien une gloire immortelle ;
Mais sans aveuglement il fait briller ce zèle,
Et l'amour pour les vrais ne ferme point son cœur
A tout ce que les faux doivent donner d'horreur.
Celui-ci n'étoit pas pour le pouvoir surprendre,
Et de piéges plus fins on le voit se défendre.
D'abord il a percé, par ses vives clartés,
Des replis de son cœur toutes les lâchetés.

Venant vous accuser, il s'est trahi lui-même,
Et, par un juste trait de l'équité suprême,
S'est découvert au prince un fourbe renommé
Dont, sous un autre nom, il étoit informé;
Et c'est un long détail d'actions toutes noires,
Dont on pourroit former des volumes d'histoires.
Ce monarque, en un mot, a vers vous détesté
Sa lâche ingratitude et sa déloyauté;
A ses autres horreurs il a joint cette suite,
Et ne m'a jusqu'ici soumis à sa conduite
Que pour voir l'impudence aller jusques au bout,
Et vous faire par lui faire raison de tout.
Oui, de tous vos papiers, dont il se dit le maître,
Il veut qu'entre vos mains je dépouille le traître.
D'un souverain pouvoir, il brise les liens
Du contrat qui lui fait un don de tous vos biens,
Et vous pardonne enfin cette offense secrète
Où vous a d'un ami fait tomber la retraite;
Et c'est le prix qu'il donne au zèle qu'autrefois
On vous vit témoigner en appuyant ses droits,
Pour montrer que son cœur sait, quand moins on y pense,
D'une bonne action verser la récompense;
Que jamais le mérite avec lui ne perd rien;
Et que, mieux que du mal, il se souvient du bien.

DORINE.

Que le ciel soit loué!

MADAME PERNELLE.

Maintenant je respire!

ELMIRE.

Favorable succès!

MARIANE.

Qui l'auroit osé dire?

ORGON, *à Tartufe que l'exempt emmène.*

Hé bien, te voilà, traître...

SCÈNE VIII.

MADAME PERNELLE, ORGON, ELMIRE, MARIANE, CLÉANTE, VALÈRE, DAMIS, DORINE.

CLÉANTE.

Ah, mon frère, arrêtez!
Et ne descendez point à des indignités.
A son mauvais destin laissez un misérable,
Et ne vous joignez point au remords qui l'accable.
Souhaitez bien plutôt que son cœur, en ce jour,
Au sein de la vertu fasse un heureux retour;
Qu'il corrige sa vie en détestant son vice,
Et puisse du grand prince adoucir la justice;
Tandis qu'à sa bonté vous irez, à genoux,
Rendre ce que demande un traitement si doux.

ORGON.

Oui, c'est bien dit. Allons à ses pieds avec joie
Nous louer des bontés que son cœur nous déploie:
Puis, acquittés un peu de ce premier devoir,
Aux justes soins d'un autre il nous faudra pourvoir,
Et par un doux hymen couronner en Valère
La flamme d'un amant généreux et sincère.

FIN DU TARTUFE.

AMPHITRYON,

COMÉDIE EN TROIS ACTES

ET EN VERS LIBRES,

Représentée à Paris, sur le théâtre du Palais-Royal,
le 12 janvier 1668.

A SON ALTESSE SÉRÉNISSIME

MONSEIGNEUR LE PRINCE.

Monseigneur,

N'en déplaise à nos beaux esprits, je ne vois rien de plus ennuyeux que les épîtres dédicatoires; et Votre Altesse Sérénissime trouvera bon, s'il lui plaît, que je ne suive point ici le style de ces messieurs-là, et refuse de me servir de deux ou trois misérables pensées qui ont été tournées et retournées tant de fois, qu'elles sont usées de tous les côtés. Le nom du grand Condé est un nom trop glorieux pour le traiter comme on fait tous les autres noms. Il ne faut l'appliquer, ce nom illustre, qu'à des emplois qui soient dignes de lui ; et, pour dire de belles choses, je voudrois parler de le mettre à la tête d'une armée, plutôt qu'à la tête d'un livre ; et je conçois bien mieux ce qu'il est capable de faire en l'opposant aux forces des ennemis de cet état, qu'en l'opposant à la critique des ennemis d'une comédie.

ÉPITRE DÉDICATOIRE.

Ce n'est pas, Monseigneur, que la glorieuse approbation de Votre Altesse Sérénissime ne fût une puissante protection pour toutes ces sortes d'ouvrages, et qu'on ne soit persuadé des lumières de votre esprit, autant que de l'intrépidité de votre cœur et de la grandeur de votre ame. On sait par toute la terre que l'éclat de votre mérite n'est point renfermé dans les bornes de cette valeur indomptable qui se fait des adorateurs chez ceux même qu'elle surmonte; qu'il s'étend, ce mérite, jusqu'aux connoissances les plus fines et les plus relevées; et que les décisions de votre jugement sur tous les ouvrages d'esprit ne manquent point d'être suivies par le sentiment des plus délicats. Mais on sait aussi, Monseigneur, que toutes ces glorieuses approbations, dont nous nous vantons au public, ne nous coûtent rien à faire imprimer, et que ce sont des choses dont nous disposons comme nous voulons. On sait, dis-je, qu'une épître dédicatoire dit tout ce qu'il lui plaît, et qu'un auteur est en pouvoir d'aller saisir les personnes les plus augustes, et de parer de leurs grands noms les premiers feuillets de son livre; qu'il a la liberté de s'y donner, autant qu'il veut, l'honneur de leur estime, et se faire des protecteurs qui n'ont jamais songé à l'être.

Je n'abuserai, Monseigneur, ni de votre nom, ni de vos bontés, pour combattre les censeurs de

ÉPITRE DÉDICATOIRE.

l'*Amphitryon*, et m'attribuer une gloire que je n'ai peut-être pas méritée; et je ne prends la liberté de vous offrir ma comédie que pour avoir lieu de vous dire que je regarde incessamment, avec une profonde vénération, les grandes qualités que vous joignez au sang auguste dont vous tenez le jour, et que je suis, Monseigneur, avec tout le respect possible et tout le zèle imaginable,

DE VOTRE ALTESSE SÉRÉNISSIME,

Le très humble, très obéissant
et très obligé serviteur,
J.-B. P. MOLIÈRE.

PERSONNAGES DU PROLOGUE.

MERCURE.
LA NUIT.

PERSONNAGES DE LA COMÉDIE.

JUPITER, sous la forme d'Amphitryon [1].
MERCURE, sous la forme de Sosie [2].
AMPHITRYON, général des Thébains [3].
ALCMÈNE, femme d'Amphitryon [4].
CLÉANTHIS, suivante d'Alcmène, et femme de Sosie [5].
ARGATIPHONTIDAS [6], \
NAUCRATÈS, } capitaines thébains.
POLIDAS, /
PAUSICLÈS, /
SOSIE, valet d'Amphitryon [7].

ACTEURS.

[1] La Thorillière. — [2] Du Croisy. — [3] La Grange. — [4] Mademoiselle Molière. — [5] Magdeleine Béjart. — [6] Chateauneuf. — [7] Molière.

La scène est à Thèbes, devant la maison d'Amphitryon.

AU ROI,

SUR LA CONQUÊTE DE LA FRANCHE-COMTÉ [1].

Ce sont faits inouïs, grand roi, que tes victoires!
L'avenir aura peine à les bien concevoir;
Et de nos vieux héros les pompeuses histoires
Ne nous ont point chanté ce que tu nous fais voir.

Quoi! presque au même instant qu'on te l'a vu résoudre,
Voir toute une province unie à tes états!
Les rapides torrents, et les vents et la foudre,
Vont-ils dans leurs effets plus vite que ton bras?

N'attends pas, au retour d'un si fameux ouvrage,
Des soins de notre muse un éclatant hommage.
Cet exploit en demande, il le faut avouer:
Mais nos chansons, grand roi, ne sont pas sitôt prêtes!
Et tu mets moins de temps à faire tes conquêtes
  Qu'il n'en faut pour les bien louer.

[1] Souvent Molière fut admis à l'honneur de complimenter le roi sur ses conquêtes: mais on n'avoit recueilli aucun de ses compliments. Celui-ci, il y a tout lieu de le croire, fut récité sur le théâtre; on le trouve dans l'édition d'*Amphitryon*, publiée en 1670.

PROLOGUE.

MERCURE, *sur un nuage;* LA NUIT, *dans un char traîné dans l'air par deux chevaux.*

MERCURE.

Tout beau ! charmante Nuit, daignez vous arrêter.
Il est certain secours que de vous on désire;
  Et j'ai deux mots à vous dire
  De la part de Jupiter.

LA NUIT.

 Ah, ah ! c'est vous, seigneur Mercure ?
Qui vous eût deviné là, dans cette posture ?

MERCURE.

Ma foi, me trouvant las pour ne pouvoir fournir
Aux différents emplois où Jupiter m'engage,
Je me suis doucement assis sur ce nuage
  Pour vous attendre venir.

LA NUIT.

Vous vous moquez, Mercure, et vous n'y songez pas :
Sied-il bien à des dieux de dire qu'ils sont las ?

MERCURE.

Les dieux sont-ils de fer ?

LA NUIT.

    Non ; mais il faut sans cesse
Garder le *decorum* de la divinité.
Il est de certains mots dont l'usage rabaisse

Cette sublime qualité,
Et que, pour leur indignité,
Il est bon qu'aux hommes on laisse.

MERCURE.

A votre aise vous en parlez ;
Et vous avez, la belle, une chaise roulante
Où, par deux bons chevaux, en dame nonchalante,
Vous vous faites traîner partout où vous voulez.
Mais de moi ce n'est pas de même :
Et je ne puis vouloir, dans mon destin fatal,
Aux poëtes assez de mal
De leur impertinence extrême,
D'avoir, par une injuste loi
Dont on veut maintenir l'usage,
A chaque dieu, dans son emploi,
Donné quelque allure en partage,
Et de me laisser à pied, moi,
Comme un messager de village !
Moi qui suis, comme on sait, en terre et dans les cieux,
Le fameux messager du souverain des dieux ;
Et qui, sans rien exagérer,
Par tous les emplois qu'il me donne,
Aurois besoin, plus que personne,
D'avoir de quoi me voiturer.

LA NUIT.

Que voulez-vous faire à cela ?
Les poëtes font à leur guise.
Ce n'est pas la seule sottise
Qu'on voit faire à ces messieurs-là.
Mais contre eux toutefois votre ame à tort s'irrite ;

PROLOGUE.

Et vos ailes aux pieds sont un don de leurs soins.

MERCURE.

Oui; mais pour aller plus vite,
Est-ce qu'on s'en lasse moins?

LA NUIT.

Laissons cela, seigneur Mercure,
Et sachons ce dont il s'agit.

MERCURE.

C'est Jupiter, comme je vous l'ai dit,
Qui de votre manteau veut la faveur obscure
Pour certaine douce aventure
Qu'un nouvel amour lui fournit.
Ses pratiques, je crois, ne vous sont pas nouvelles;
Bien souvent pour la terre il néglige les cieux;
Et vous n'ignorez pas que ce maître des dieux
Aime à s'humaniser pour des beautés mortelles,
Et sait cent tours ingénieux
Pour mettre à bout les plus cruelles.
Des yeux d'Alcmène il a senti les coups;
Et tandis qu'au milieu des béotiques plaines
Amphitryon, son époux,
Commande aux troupes thébaines,
Il en a pris la forme, et reçoit là dessous
Un soulagement à ses peines,
Dans la possession des plaisirs les plus doux.
L'état des mariés à ses feux est propice;
L'hymen ne les a joints que depuis quelques jours;
Et la jeune chaleur de leurs tendres amours
A fait que Jupiter à ce bel artifice
S'est avisé d'avoir recours.

Son stratagême ici se trouve salutaire :
　　Mais, près de maint objet chéri,
Pareil déguisement seroit pour ne rien faire;
Et ce n'est pas partout un bon moyen de plaire,
　　Que la figure d'un mari.

LA NUIT.

J'admire Jupiter, et je ne comprends pas
Tous les déguisements qui lui viennent en tête.

MERCURE.

Il veut goûter par là toutes sortes d'états;
　　Et c'est agir en dieu qui n'est pas bête.
Dans quelque rang qu'il soit des mortels regardé,
　　Je le tiendrois fort misérable,
S'il ne quittoit jamais sa mine redoutable,
Et qu'au faîte des cieux il fût toujours guindé.
Il n'est point, à mon gré, de plus sotte méthode
Que d'être emprisonné toujours dans sa grandeur;
Et surtout aux transports de l'amoureuse ardeur
La haute qualité devient fort incommode.
Jupiter, qui, sans doute, en plaisirs se connoît,
Sait descendre du haut de sa gloire suprême;
　　Et pour entrer dans tout ce qu'il lui plaît,
　　Il sort tout-à-fait de lui-même,
Et ce n'est plus alors Jupiter qui paroît.

LA NUIT.

Passe encor de le voir de ce sublime étage
　　Dans celui des hommes venir,
Prendre tous les transports que leur cœur peut fournir;
　　Et se faire à leur badinage,
Si, dans les changements où son humeur l'engage,

A la nature humaine il s'en vouloit tenir :
>Mais de voir Jupiter taureau,
>Serpent, cygne, ou quelque autre chose,
>Je ne trouve point cela beau,

Et ne m'étonne pas si parfois on en cause.

MERCURE.

>Laissons dire tous les censeurs :
>Tels changements ont leurs douceurs
>Qui passent leur intelligence.

Ce dieu sait ce qu'il fait aussi bien là qu'ailleurs ;
Et dans les mouvements de leurs tendres ardeurs
Les bêtes ne sont pas si bêtes que l'on pense.

LA NUIT.

Revenons à l'objet dont il a les faveurs.
Si par son stratagème il voit sa flamme heureuse,
Que peut-il souhaiter, et qu'est-ce que je puis ?

MERCURE.

Que vos chevaux par vous au petit pas réduits,
Pour satisfaire aux vœux de son ame amoureuse,
>D'une nuit si délicieuse
>Fassent la plus longue des nuits ;

Qu'à ses transports vous donniez plus d'espace,
Et retardiez la naissance du jour
>Qui doit avancer le retour
>De celui dont il tient la place.

LA NUIT.

>Voilà sans doute un bel emploi
>Que le grand Jupiter m'apprête !
>Et l'on donne un nom fort honnête
>Au service qu'il veut de moi !

PROLOGUE.

MERCURE.

Pour une jeune déesse,
Vous êtes bien du bon temps!
Un tel emploi n'est bassesse
Que chez les petites gens.
Lorsque dans un haut rang on a l'heur de paroître,
Tout ce qu'on fait est toujours bel et bon ;
Et, suivant ce qu'on peut être,
Les choses changent de nom.

LA NUIT.

Sur de pareilles matières
Vous en savez plus que moi;
Et, pour accepter l'emploi,
J'en veux croire vos lumières.

MERCURE.

Hé! la, la, madame la Nuit,
Un peu doucement, je vous prie;
Vous avez dans le monde un bruit [1]
De n'être pas si renchérie :
On vous fait confidente, en cent climats divers,
De beaucoup de bonnes affaires;
Et je crois, à parler à sentiments ouverts,
Que nous ne nous en devons guères.

LA NUIT.

Laissons ces contrariétés,
Et demeurons ce que nous sommes.
N'apprêtons point à rire aux hommes,
En nous disant nos vérités.

---

[1] *Vous avez un bruit,* pour *vous avez la réputation.*

PROLOGUE.

MERCURE.

Adieu. Je vais là bas, dans ma commission,
Dépouiller promptement la forme de Mercure,
Pour y vêtir la figure
Du valet d'Amphitryon.

LA NUIT.

Moi, dans cet hémisphère, avec ma suite obscure,
Je vais faire une station.

MERCURE.

Bonjour, la Nuit.

LA NUIT.

Adieu, Mercure.

(*Mercure descend de son nuage, et la Nuit traverse le théâtre.*)

FIN DU PROLOGUE.

AMPHITRYON.

ACTE PREMIER.

SCÈNE I.

SOSIE.

Qui va là? Heu, ma peur à chaque pas s'accroît!
    Messieurs, ami de tout le monde.
    Ah, quelle audace sans seconde
    De marcher à l'heure qu'il est!
    Que mon maître, couvert de gloire,
    Me joue ici d'un vilain tour!
Quoi! si pour son prochain il avoit quelque amour,
M'auroit-il fait partir par une nuit si noire?
Et pour me renvoyer annoncer son retour
    Et le détail de sa victoire,
Ne pouvoit-il pas bien attendre qu'il fût jour?
    Sosie, à quelle servitude
    Tes jours sont-ils assujétis!
    Notre sort est beaucoup plus rude
    Chez les grands que chez les petits.
Ils veulent que, pour eux, tout soit dans la nature
    Obligé de s'immoler.
Jour et nuit, grêle, vent, péril, chaleur, froidure,

Dès qu'ils parlent, il faut voler.
    Vingt ans d'assidu service
    N'en obtiennent rien pour nous :
    Le moindre petit caprice
    Nous attire leur courroux.
    Cependant notre ame insensée
S'acharne au vain honneur de demeurer près d'eux,
Et s'y veut contenter de la fausse pensée
Qu'ont tous les autres gens que nous sommes heureux.
Vers la retraite en vain la raison nous appelle,
En vain notre dépit quelquefois y consent ;
    Leur vue a sur notre zèle
    Un ascendant trop puissant,
Et la moindre faveur d'un coup d'œil caressant
    Nous rengage de plus belle.
    Mais enfin, dans l'obscurité,
Je vois notre maison, et ma frayeur s'évade.
    Il me faudroit, pour l'ambassade,
    Quelque discours prémédité.
Je dois aux yeux d'Alcmène un portrait militaire
Du grand combat qui met nos ennemis à bas ;
    Mais comment diantre le faire,
    Si je ne m'y trouvai pas ?
N'importe, parlons-en et d'estoc et de taille,
    Comme oculaire témoin.
Combien de gens font-ils des récits de bataille
    Dont ils se sont tenus loin !
    Pour jouer mon rôle sans peine,
    Je le veux un peu repasser.
Voici la chambre où j'entre en courrier que l'on mène ;

ACTE I, SCÈNE I.

Et cette lanterne est Alcmène,
A qui je me dois adresser.
(Sosie pose sa lanterne à terre.)
Madame, Amphitryon, mon maître et votre époux...
(Bon! beau début!) l'esprit toujours plein de vos char-
M'a voulu choisir, entre tous, [mes,
Pour vous donner avis du succès de ses armes,
Et du désir qu'il a de se voir près de vous.
« Ah, vraiment, mon pauvre Sosie!
« A te revoir j'ai de la joie au cœur. »
Madame, ce m'est trop d'honneur,
Et mon destin doit faire envie.
(Bien répondu!) « Comment se porte Amphitryon? »
Madame, en homme de courage,
Dans les occasions où la gloire l'engage.
(Fort bien! belle conception!)
« Quand viendra-t-il, par son retour charmant,
« Rendre mon ame satisfaite? »
Le plus tôt qu'il pourra, madame, assurément,
Mais bien plus tard que son cœur ne souhaite.
(Ah!) « Mais quel est l'état où la guerre l'a mis?
« Que dit-il? que fait-il? Contente un peu mon ame. »
Il dit moins qu'il ne fait, madame,
Et fait trembler les ennemis.
(Peste! où prend mon esprit toutes ces gentillesses?)
« Que font les révoltés? Dis-moi, quel est leur sort? »
Ils n'ont pu résister, madame, à notre effort:
Nous les avons taillés en pièces,
Mis Ptérélas leur chef à mort,
Pris Télèbe d'assaut; et déja dans le port

Tout retentit de nos prouesses.
« Ah, quel succès ! ô dieux ! Qui l'eût pu jamais croire !
« Raconte-moi, Sosie, un tel événement. »
Je le veux bien, madame ; et sans m'enfler de gloire,
    Du détail de cette victoire
    Je puis parler très savamment.
    Figurez-vous donc que Télèbe,
    Madame, est de ce côté ;
(*Sosie marque les lieux sur sa main, ou à terre.*)
    C'est une ville, en vérité,
    Aussi grande quasi que Thèbe.
    La rivière est comme là ;
    Ici nos gens se campèrent ;
    Et l'espace que voilà,
    Nos ennemis l'occupèrent.
    Sur un haut, vers cet endroit,
    Étoit leur infanterie ;
    Et plus bas, du côté droit,
    Étoit la cavalerie.
Après avoir aux dieux adressé les prières,
Tous les ordres donnés, on donne le signal :
Les ennemis, pensant nous tailler des croupières[1],
Firent trois pelotons de leurs gens à cheval ;
Mais leur chaleur par nous fut bientôt réprimée,
    Et vous allez voir comme quoi.
Voilà notre avant-garde, à bien faire animée ;
    Là les archers de Créon notre roi ;
    Et voici le corps d'armée,

---

[1] *Tailler des croupières à quelqu'un ; poursuivre quelqu'un vivement.*

ACTE I, SCÈNE II.

(*On fait un peu de bruit.*)
Qui d'abord... Attendez; le corps d'armée a peur :
J'entends quelque bruit, ce me semble.

SCÈNE II.

MERCURE, SOSIE.

MERCURE, *sous la figure de Sosie, sortant de la maison d'Amphitryon.*
Sous ce minois qui lui ressemble,
Chassons de ces lieux ce causeur,
Dont l'abord importun troubleroit la douceur
Que nos amants goûtent ensemble.

SOSIE, *sans voir Mercure.*
Mon cœur tant soit peu se rassure,
Et je pense que ce n'est rien.
Crainte pourtant de sinistre aventure,
Allons chez nous achever l'entretien.

MERCURE, *à part.*
Tu seras plus fort que Mercure,
Ou je t'en empêcherai bien.

SOSIE, *sans voir Mercure.*
Cette nuit en longueur me semble sans pareille.
Il faut, depuis le temps que je suis en chemin,
Ou que mon maître ait pris le soir pour le matin,
Ou que trop tard au lit le blond Phébus sommeille
Pour avoir trop pris de son vin.

MERCURE, *à part.*
Comme avec irrévérence
Parle des dieux ce maraud!

Mon bras saura bien tantôt
Châtier cette insolence;
Et je vais m'égayer avec lui comme il faut,
En lui volant son nom avec sa ressemblance.

SOSIE, *apercevant Mercure d'un peu loin.*

Ah, par ma foi! j'avois raison :
C'est fait de moi, chétive créature!
Je vois, devant notre maison,
Certain homme dont l'encolure
Ne me présage rien de bon.
Pour faire semblant d'assurance,
Je veux chanter un peu d'ici.

(*Il chante.*)

MERCURE.

Qui donc est ce coquin, qui prend tant de licence
Que de chanter et m'étourdir ainsi?
(*A mesure que Mercure parle, la voix de Sosie s'affoiblit peu à peu.*)
Veut-il qu'à l'étriller ma main un peu s'applique?

SOSIE, *à part.*

Cet homme assurément n'aime pas la musique.

MERCURE.

Depuis plus d'une semaine,
Je n'ai trouvé personne à qui rompre les os;
La vigueur de mon bras se perd dans le repos,
Et je cherche quelque dos
Pour me remettre en haleine.

SOSIE, *à part.*

Quel diable d'homme est-ce ci?
De mortelles frayeurs je sens mon ame atteinte.

Mais pourquoi trembler tant, aussi?
Peut-être a-t-il dans l'ame autant que moi de crainte,
　　Et que le drôle parle ainsi
Pour me cacher sa peur sous une audace feinte.
Oui, oui, ne souffrons point qu'on nous croie un oison:
Si je ne suis hardi, tâchons de le paroître.
　　Faisons-nous du cœur par raison:
Il est seul, comme moi; je suis fort, j'ai bon maître,
　　Et voilà notre maison.

MERCURE.

Qui va là?

SOSIE.

Moi.

MERCURE.

Qui, moi?

SOSIE.

(à part.)

Moi. Courage, Sosie!

MERCURE.

Quel est ton sort? dis-moi.

SOSIE.

D'être homme, et de parler.

MERCURE.

Es-tu maître, ou valet?

SOSIE.

Comme il me prend envie.

MERCURE.

Où s'adressent tes pas?

SOSIE.

Où j'ai dessein d'aller.

MERCURE.

Ah, ceci me déplaît!

SOSIE.

J'en ai l'ame ravie.

MERCURE.

Résolument, par force ou par amour,
Je veux savoir de toi, traître,
Ce que tu fais, d'où tu viens avant jour,
Où tu vas, à qui tu peux être.

SOSIE.

Je fais le bien et le mal tour à tour;
Je viens de là, vais là, j'appartiens à mon maître.

MERCURE.

Tu montres de l'esprit, et je te vois en train
De trancher avec moi de l'homme d'importance.
Il me prend un désir, pour faire connoissance,
De te donner un soufflet de ma main.

SOSIE.

A moi-même?

MERCURE.

A toi-même; et t'en voilà certain.
(*Mercure donne un soufflet à Sosie.*)

SOSIE.

Ah, ah! c'est tout de bon.

MERCURE.

Non, ce n'est que pour rire,
Et répondre à tes quolibets.

SOSIE.

Tudieu! l'ami, sans vous rien dire,
Comme vous baillez des soufflets!

MERCURE.
Ce sont là de mes moindres coups,
De petits soufflets ordinaires.
SOSIE.
Si j'étois aussi prompt que vous,
Nous ferions de belles affaires.
MERCURE.
Tout cela n'est encor rien.
Nous verrons bien autre chose;
Pour y faire quelque pause,
Poursuivons notre entretien.
SOSIE.
Je quitte la partie.
(Sosie veut s'en aller.)
MERCURE, *arrêtant Sosie.*
Où vas-tu?
SOSIE.
Que t'importe?
MERCURE.
Je veux savoir où tu vas.
SOSIE.
Me faire ouvrir cette porte.
Pourquoi retiens-tu mes pas?
MERCURE.
Si jusqu'à l'approcher tu pousses ton audace,
Je fais sur toi pleuvoir un orage de coups.
SOSIE.
Quoi! tu veux par ta menace
M'empêcher d'entrer chez nous?

AMPHITRYON.

MERCURE.

Comment! chez nous?

SOSIE.

Oui, chez nous.

MERCURE.

O le traître!
Tu te dis de cette maison?

SOSIE.

Fort bien. Amphitryon n'en est-il pas le maître?

MERCURE.

Hé bien, que fait cette raison?

SOSIE.

Je suis son valet.

MERCURE.

Toi?

SOSIE.

Moi.

MERCURE.

Son valet?

SOSIE.

Sans doute.

MERCURE.

Valet d'Amphitryon?

SOSIE.

D'Amphitryon; de lui.

MERCURE.

Ton nom est...?

SOSIE.

Sosie.

ACTE I, SCÈNE II.

MERCURE.

Heu, comment?

SOSIE.

Sosie.

MERCURE.

Écoute.
Sais-tu que de ma main je t'assomme aujourd'hui?

SOSIE.

Pourquoi? de quelle rage est ton ame saisie?

MERCURE.

Qui te donne, dis-moi, cette témérité,
De prendre le nom de Sosie?

SOSIE.

Moi, je ne le prends point; je l'ai toujours porté.

MERCURE.

O le mensonge horrible, et l'impudence extrême!
Tu m'oses soutenir que Sosie est ton nom?

SOSIE.

Fort bien, je le soutiens, par la grande raison
Qu'ainsi l'a fait des dieux la puissance suprême,
Et qu'il n'est pas en moi de pouvoir dire non,
Et d'être un autre que moi-même.

MERCURE.

Mille coups de bâton doivent être le prix
D'une pareille effronterie.

SOSIE, *battu par Mercure.*

Justice, citoyens! Au secours, je vous prie!

MERCURE.

Comment, bourreau, tu fais des cris!

SOSIE.

De mille coups tu me meurtris,
Et tu ne veux pas que je crie?

MERCURE.

C'est ainsi que mon bras...

SOSIE.

L'action ne vaut rien.

Tu triomphes de l'avantage
Que te donne sur moi mon manque de courage;
   Et ce n'est pas en user bien.
  C'est pure fanfaronnerie
De vouloir profiter de la poltronnerie
   De ceux qu'attaque notre bras.
Battre un homme à jeu sûr n'est pas d'une belle ame;
   Et le cœur est digne de blâme
   Contre les gens qui n'en ont pas.

MERCURE.

Hé bien! es-tu Sosie, à présent, qu'en dis-tu?

SOSIE.

Tes coups n'ont point en moi fait de métamorphose;
Et tout le changement que je trouve à la chose,
   C'est d'être Sosie battu.

MERCURE, *menaçant Sosie.*

Encor! Cent autres coups pour cette autre impudence.

SOSIE.

De grace, fais trève à tes coups.

MERCURE.

Fais donc trève à ton insolence.

SOSIE.

Tout ce qu'il te plaira; je garde le silence:

ACTE I, SCÈNE II.

La dispute est par trop inégale entre nous.

MERCURE.

Es-tu Sosie encor? dis, traître!

SOSIE.

Hélas! je suis ce que tu veux :
Dispose de mon sort tout au gré de tes vœux;
  Ton bras t'en a fait le maître.

MERCURE.

Ton nom étoit Sosie, à ce que tu disois?

SOSIE.

Il est vrai, jusqu'ici j'ai cru la chose claire;
  Mais ton bâton, sur cette affaire,
  M'a fait voir que je m'abusois.

MERCURE.

C'est moi qui suis Sosie, et tout Thèbes l'avoue :
Amphitryon jamais n'en eut d'autre que moi.

SOSIE.

Toi, Sosie?

MERCURE.

  Oui, Sosie; et si quelqu'un s'y joue,
  Il peut bien prendre garde à soi.

SOSIE, *à part.*

Ciel! me faut-il ainsi renoncer à moi-même,
Et par un imposteur me voir voler mon nom?
    Que son bonheur est extrême,
    De ce que je suis poltron!
Sans cela, par la mort...

MERCURE.

        Entre tes dents, je pense,
Tu murmures je ne sais quoi.

SOSIE.

Non. Mais, au nom des dieux! donne-moi la licence
De parler un moment à toi.

MERCURE.

Parle.

SOSIE.

Mais promets-moi, de grace,
Que les coups n'en seront point.
Signons une trève.

MERCURE.

Passe :
Va, je t'accorde ce point.

SOSIE.

Qui te jette, dis-moi, dans cette fantaisie?
Que te reviendra-t-il de m'enlever mon nom?
Et peux-tu faire enfin, quand tu serois démon,
Que je ne sois pas moi, que je ne sois Sosie?

MERCURE, *levant le bâton sur Sosie.*

Comment! tu peux...

SOSIE.

Ah, tout doux!
Nous avons fait trève aux coups.

MERCURE.

Quoi, pendard! imposteur, coquin...

SOSIE.

Pour des injures,
Dis-m'en tant que tu voudras :
Ce sont légères blessures,
Et je ne m'en fâche pas.

MERCURE.

Tu te dis Sosie?

SOSIE.

Oui. Quelque conte frivole...

MERCURE.

Sus, je romps notre trêve, et reprends ma parole.

SOSIE.

N'importe. Je ne puis m'anéantir pour toi,
Et souffrir un discours si loin de l'apparence.
Être ce que je suis est-il en ta puissance?
    Et puis-je cesser d'être moi?
S'avisa-t-on jamais d'une chose pareille?
Et peut-on démentir cent indices pressants?
    Rêvé-je? Est-ce que je sommeille?
Ai-je l'esprit troublé par des transports puissants?
    Ne sens-je pas bien que je veille?
    Ne suis-je pas dans mon bon sens?
Mon maître Amphitryon ne m'a-t-il pas commis
A venir en ces lieux vers Alcmène, sa femme?
Ne lui dois-je pas faire, en lui vantant sa flamme,
Un récit de ses faits contre nos ennemis?
Ne suis-je pas du port arrivé tout-à-l'heure?
    Ne tiens-je pas une lanterne en main?
Ne te trouvé-je pas devant notre demeure?
Ne t'y parlé-je pas d'un esprit tout humain?
Ne te tiens-tu pas fort de ma poltronnerie?
    Pour m'empêcher d'entrer chez nous,
N'as-tu pas sur mon dos exercé ta furie?
    Ne m'as-tu pas roué de coups?
    Ah, tout cela n'est que trop véritable!

Et, plût au ciel, le fût-il moins!
Cesse donc d'insulter au sort d'un misérable;
Et laisse à mon devoir s'acquitter de ses soins?

MERCURE.

Arrête, ou sur ton dos le moindre pas attire
Un assommant éclat de mon juste courroux.
Tout ce que tu viens de dire
Est à moi, hormis les coups.

SOSIE.

Ce matin du vaisseau, plein de frayeur en l'ame,
Cette lanterne sait comme je suis parti.
Amphitryon, du camp, vers Alcmène sa femme
M'a-t-il pas envoyé?

MERCURE.

Vous en avez menti.
C'est moi qu'Amphitryon député vers Alcmène,
Et qui du port persique arrive de ce pas;
Moi, qui viens annoncer la valeur de son bras,
Qui nous fait remporter une victoire pleine,
Et de nos ennemis a mis le chef à bas.
C'est moi qui suis Sosie, enfin, de certitude,
Fils de Dave, honnête berger;
Frère d'Arpage, mort en pays étranger;
Mari de Cléanthis la prude,
Dont l'humeur me fait enrager;
Qui dans Thèbe ai reçu mille coups d'étrivière,
Sans en avoir jamais dit rien,
Et jadis, en public, fus marqué par derrière
Pour être trop homme de bien.

SOSIE, *bas, à part.*

Il a raison. A moins d'être Sosie,
On ne peut pas savoir tout ce qu'il dit;
Et, dans l'étonnement dont mon ame est saisie,
Je commence, à mon tour, à le croire un petit[1].
En effet, maintenant que je le considère,
Je vois qu'il a de moi taille, mine, action.
Faisons-lui quelque question,
Afin d'éclaircir ce mystère.
(*haut.*)
Parmi tout le butin fait sur nos ennemis,
Qu'est-ce qu'Amphitryon obtient pour son partage?

MERCURE.

Cinq fort gros diamants en nœud proprement mis,
Dont leur chef se paroit comme d'un rare ouvrage.

SOSIE.

A qui destine-t-il un si riche présent?

MERCURE.

A sa femme; et sur elle il le veut voir paroître.

SOSIE.

Mais, où, pour l'apporter, est-il mis à présent?

MERCURE.

Dans un coffret scellé des armes de mon maître.

SOSIE, *bas, à part.*

Il ne ment pas d'un mot à chaque repartie;
Et de moi je commence à douter tout de bon.
Près de moi, par la force, il est déja Sosie;
Il pourroit bien encor l'être par la raison.

---

[1] *Un petit*, pour *un peu*.

Pourtant, quand je me tâte, et que je me rappelle,
    Il me semble que je suis moi.
Où puis-je rencontrer quelque clarté fidèle
    Pour démêler ce que je vois?
Ce que j'ai fait tout seul, et que n'a vu personne,
A moins d'être moi-même, on ne le peut savoir.
Par cette question il faut que je l'étonne;
C'est de quoi le confondre, et nous allons le voir.
    (*haut.*)
Lorsqu'on étoit aux mains, que fis-tu dans nos tentes,
    Où tu courus seul te fourrer?

MERCURE.

D'un jambon...

SOSIE, *bas, à part.*

L'y voilà!

MERCURE.

Que j'allai déterrer
Je coupai bravement deux tranches succulentes,
    Dont je sus fort bien me bourrer;
Et joignant à cela d'un vin que l'on ménage,
Et dont, avant le goût, les yeux se contentoient,
    Je pris un peu de courage
    Pour nos gens qui se battoient.

SOSIE, *bas, à part.*

    Cette preuve sans pareille
    En sa faveur conclut bien;
    Et l'on n'y peut dire rien,
    S'il n'étoit dans la bouteille.
    (*haut.*)
Je ne saurois nier, aux preuves qu'on m'expose,

ACTE I, SCÈNE II.

Que tu ne sois Sosie, et j'y donne ma voix.
Mais, si tu l'es, dis-moi qui tu veux que je sois :
Car encor faut-il bien que je sois quelque chose.

MERCURE.

Quand je ne serai plus Sosie,
   Sois-le, j'en demeure d'accord;
Mais, tant que je le suis, je te garantis mort,
   Si tu prends cette fantaisie.

SOSIE.

Tout cet embarras met mon esprit sur les dents,
   Et la raison à ce qu'on voit s'oppose.
Mais il faut terminer enfin par quelque chose :
Et le plus court pour moi, c'est d'entrer là dedans.

MERCURE.

Ah, tu prends donc, pendard, goût à la bastonnade?

SOSIE, *battu par Mercure.*

Ah, qu'est-ce ci, grands dieux! il frappe un ton plus fort;
Et mon dos pour un mois en doit être malade.
Laissons ce diable d'homme, et retournons au port.
O juste ciel, j'ai fait une belle ambassade!

MERCURE, *seul.*

Enfin je l'ai fait fuir; et, sous ce traitement,
De beaucoup d'actions il a reçu la peine.
Mais je vois Jupiter, que fort civilement
   Reconduit l'amoureuse Alcmène.

SCÈNE III.

JUPITER, *sous la figure d'Amphitryon ;* ALCMÈNE, CLÉANTHIS, MERCURE.

JUPITER.

Défendez, chère Alcmène, aux flambeaux d'approcher.
Ils m'offrent des plaisirs en m'offrant votre vue ;
Mais ils pourroient ici découvrir ma venue,
  Qu'il est à propos de cacher.
Mon amour, que gênoient tous ces soins éclatants
 Où me tenoit lié la gloire de nos armes,
Aux devoirs de ma charge a volé les instants
  Qu'il vient de donner à vos charmes.
Ce vol, qu'à vos beautés mon cœur a consacré,
Pourroit être blâmé dans la bouche publique,
  Et j'en veux pour témoin unique
  Celle qui peut m'en savoir gré.

ALCMÈNE.

Je prends, Amphitryon, grande part à la gloire
Que répandent sur vous vos illustres exploits ;
  Et l'éclat de votre victoire
Sait toucher de mon cœur les sensibles endroits.
 Mais, quand je vois que cet honneur fatal
  Éloigne de moi ce que j'aime,
Je ne puis m'empêcher, dans ma tendresse extrême,
  De lui vouloir un peu de mal,
Et d'opposer mes vœux à cet ordre suprême
 Qui des Thébains vous fait le général.
C'est une douce chose, après une victoire,

Que la gloire où l'on voit ce qu'on aime élevé;
Mais, parmi les périls mélés à cette gloire,
Un triste coup, hélas! est bientôt arrivé.
De combien de frayeurs a-t-on l'ame blessée
 Au moindre choc dont on entend parler!
Voit-on, dans les horreurs d'une telle pensée,
  Par où jamais se consoler
  Du coup dont on est menacée?
Et de quelque laurier qu'on couronne un vainqueur,
Quelque part que l'on ait à cet honneur suprême,
Vaut-il ce qu'il en coûte aux tendresses d'un cœur
Qui peut, à tout moment, trembler pour ce qu'il aime?

    JUPITER.

Je ne vois rien en vous dont mon feu ne s'augmente;
Tout y marque à mes yeux un cœur bien enflammé;
Et c'est, je vous l'avoue, une chose charmante
De trouver tant d'amour dans un objet aimé.
Mais, si je l'ose dire, un scrupule me gêne
Aux tendres sentiments que vous me faites voir;
Et, pour les bien goûter, mon amour, chère Alcmène,
Voudroit n'y voir entrer rien de votre devoir;
Qu'à votre seule ardeur, qu'à ma seule personne,
Je dusse les faveurs que je reçois de vous;
Et que la qualité que j'ai de votre époux
  Ne fût point ce qui me les donne.

    ALCMÈNE.

C'est de ce nom pourtant que l'ardeur qui me brûle
  Tient le droit de paroître au jour;
Et je ne comprends rien à ce nouveau scrupule
  Dont s'embarrasse votre amour.

JUPITER.

Ah! ce que j'ai pour vous d'ardeur et de tendresse
    Passe aussi celle d'un époux ;
Et vous ne savez pas, dans des moments si doux,
    Quelle en est la délicatesse.
Vous ne concevez point qu'un cœur bien amoureux
Sur cent petits égards s'attache avec étude,
    Et se fait une inquiétude
    De la manière d'être heureux.
    En moi, belle et charmante Alcmène,
Vous voyez un mari, vous voyez un amant ;
Mais l'amant seul me touche, à parler franchement,
Et je sens, près de vous, que le mari le gêne.
Cet amant, de vos vœux jaloux au dernier point,
Souhaite qu'à lui seul votre cœur s'abandonne ;
    Et sa passion ne veut point
    De ce que le mari lui donne.
Il veut de pure source obtenir vos ardeurs,
Et ne veut rien tenir des nœuds de l'hyménée,
Rien d'un fâcheux devoir qui fait agir les cœurs,
Et par qui tous les jours des plus chères faveurs
    La douceur est empoisonnée.
Dans le scrupule enfin dont il est combattu,
Il veut, pour satisfaire à sa délicatesse,
Que vous le sépariez d'avec ce qui le blesse,
Que le mari ne soit que pour votre vertu,
Et que de votre cœur, de bonté revêtu,
L'amant ait tout l'amour et toute la tendresse.

ALCMÈNE.

Amphitryon, en vérité,

Vous vous moquez de tenir ce langage;
Et j'aurois peur qu'on ne vous crût pas sage,
Si de quelqu'un vous étiez écouté.

JUPITER.

Ce discours est plus raisonnable,
Alcmène, que vous ne pensez.
Mais un plus long séjour me rendroit trop coupable,
Et du retour au port les moments sont pressés.
Adieu. De mon devoir l'étrange barbarie,
Pour un temps, m'arrache de vous;
Mais, belle Alcmène, au moins, quand vous verrez l'é-
Songez à l'amant, je vous prie.   [poux,

ALCMÈNE.

Je ne sépare point ce qu'unissent les dieux :
Et l'époux et l'amant me sont fort précieux.

SCÈNE IV.

CLÉANTHIS, MERCURE.

CLÉANTHIS, *à part*.

O ciel, que d'aimables caresses
D'un époux ardemment chéri!
Et que mon traître de mari
Est loin de toutes ces tendresses!

MERCURE.

La Nuit, qu'il me faut avertir,
N'a plus qu'à plier tous ses voiles;
Et, pour effacer les étoiles,
Le soleil de son lit peut maintenant sortir.

CLÉANTHIS, *arrêtant Mercure.*

Quoi, c'est ainsi que l'on me quitte!

MERCURE.

Et, comment donc? ne veux-tu pas
Que de mon devoir je m'acquitte,
Et que d'Amphitryon j'aille suivre les pas?

CLÉANTHIS.

Mais avec cette brusquerie,
Traître, de moi te séparer!

MERCURE.

Le beau sujet de fâcherie!
Nous avons tant de temps ensemble à demeurer!

CLÉANTHIS.

Mais quoi! partir ainsi d'une façon brutale,
Sans me dire un seul mot de douceur pour régale!

MERCURE.

Diantre! où veux-tu que mon esprit
T'aille chercher des fariboles?
Quinze ans de mariage épuisent les paroles;
Et depuis un long temps nous nous sommes tout dit.

CLÉANTHIS.

Regarde, traître, Amphitryon;
Vois combien pour Alcmène il étale de flamme;
Et rougis là dessus, du peu de passion
Que tu témoignes pour ta femme.

MERCURE.

Hé, mon dieu! Cléanthis, ils sont encore amants.
Il est certain âge où tout passe;
Et ce qui leur sied bien, dans ces commencements,
En nous, vieux mariés, auroit mauvaise grace.

ACTE I, SCÈNE IV.

Il nous feroit beau voir, attachés face à face,
    A pousser les beaux sentiments!

CLÉANTHIS.

Quoi! suis-je hors d'état, perfide, d'espérer
    Qu'un cœur auprès de moi soupire?

MERCURE.

    Non, je n'ai garde de le dire;
Mais je suis trop barbon pour oser soupirer,
    Et je ferois crever de rire.

CLÉANTHIS.

Mérites-tu, pendard, cet insigne bonheur
De te voir pour épouse une femme d'honneur?

MERCURE.

Mon dieu, tu n'es que trop honnête;
Ce grand honneur ne me vaut rien.
Ne sois point si femme de bien,
Et me romps un peu moins la tête.

CLÉANTHIS.

Comment, de trop bien vivre on te voit me blâmer!

MERCURE.

La douceur d'une femme est tout ce qui me charme;
    Et ta vertu fait un vacarme
    Qui ne cesse de m'assommer.

CLÉANTHIS.

Il te faudroit des cœurs pleins de fausses tendresses;
De ces femmes aux beaux et louables talents,
Qui savent accabler leurs maris de caresses,
Pour leur faire avaler l'usage des galants.

MERCURE.

Ma foi, veux-tu que je te dise?

Un mal d'opinion ne touche que les sots ;
    Et je prendrois pour ma devise :
  « Moins d'honneur et plus de repos. »

CLÉANTHIS.

Comment ! tu souffrirois, sans nulle répugnance,
Que j'aimasse un galant avec toute licence ?

MERCURE.

Oui, si je n'étois plus de tes cris rebattu,
Et qu'on te vît changer d'humeur et de méthode.
    J'aime mieux un vice commode
    Qu'une fatigante vertu.
    Adieu, Cléanthis, ma chère ame ;
    Il me faut suivre Amphitryon.

CLÉANTHIS, *seule*.

  Pourquoi, pour punir cet infame,
Mon cœur n'a-t-il assez de résolution ?
    Ah, que, dans cette occasion,
    J'enrage d'être honnête femme !

FIN DU PREMIER ACTE.

ACTE SECOND.

SCÈNE I.
AMPHITRYON, SOSIE.

AMPHITRYON.

Viens çà, bourreau, viens çà. Sais-tu, maître fripon,
Qu'à te faire assommer ton discours peut suffire,
Et que, pour te traiter comme je le désire,
    Mon courroux n'attend qu'un bâton ?

SOSIE.

    Si vous le prenez sur ce ton,
    Monsieur, je n'ai plus rien à dire ;
    Et vous aurez toujours raison.

AMPHITRYON.

Quoi ! tu veux me donner pour des vérités, traître,
Des contes que je vois d'extravagance outrés ?

SOSIE.

Non : je suis le valet, et vous êtes le maître ;
Il n'en sera, monsieur, que ce que vous voudrez.

AMPHITRYON.

Çà, je veux étouffer le courroux qui m'enflamme,
Et, tout du long, t'ouïr sur ta commission.
    Il faut, avant que voir ma femme,
Que je débrouille ici cette confusion.
Rappelle tous tes sens, rentre bien dans ton ame,
Et réponds mot pour mot à chaque question.

SOSIE.

Mais, de peur d'incongruité,
Dites-moi, de grace, à l'avance,
De quel air il vous plaît que ceci soit traité.
Parlerai-je, monsieur, selon ma conscience,
Ou comme auprès des grands on le voit usité?
Faut-il dire la vérité,
Ou bien user de complaisance?

AMPHITRYON.

Non; je ne te veux obliger
Qu'à me rendre de tout un compte fort sincère.

SOSIE.

Bon. C'est assez, laissez-moi faire;
Vous n'avez qu'à m'interroger.

AMPHITRYON.

Sur l'ordre que tantôt je t'avois su prescrire...

SOSIE.

Je suis parti, les cieux d'un noir crêpe voilés,
Pestant fort contre vous dans ce fâcheux martyre,
Et maudissant vingt fois l'ordre dont vous parlez.

AMPHITRYON.

Comment, coquin!

SOSIE.

Monsieur, vous n'avez rien qu'à dire;
Je mentirai, si vous voulez.

AMPHITRYON.

Voilà comme un valet montre pour nous du zèle!
Passons. Sur les chemins que t'est-il arrivé?

SOSIE.

D'avoir une frayeur mortelle

ACTE II, SCÈNE I.

Au moindre objet que j'ai trouvé.

AMPHITRYON.

Poltron!

SOSIE.

En nous formant nature a ses caprices;
Divers penchants en nous elle fait observer:
Les uns à s'exposer trouvent mille délices;
Moi, j'en trouve à me conserver.

AMPHITRYON.

Arrivant au logis...

SOSIE.

J'ai, devant notre porte,
En moi-même voulu répéter un petit
Sur quel ton et de quelle sorte
Je ferois du combat le glorieux récit.

AMPHITRYON.

Ensuite?

SOSIE.

On m'est venu troubler et mettre en peine.

AMPHITRYON.

Et qui?

SOSIE.

Sosie; un moi, de vos ordres jaloux,
Que vous avez du port envoyé vers Alcmène,
Et qui de nos secrets a connoissance pleine,
Comme le moi qui parle à vous.

AMPHITRYON.

Quels contes!

SOSIE.

Non, monsieur, c'est la vérité pure.

Ce moi plus tôt que moi s'est au logis trouvé;
Et j'étois venu, je vous jure,
Avant que je fusse arrivé.

AMPHITRYON.

D'où peut procéder, je te prie,
Ce galimatias maudit?
Est-ce songe? est-ce ivrognerie,
Aliénation d'esprit,
Ou méchante plaisanterie?

SOSIE.

Non, c'est la chose comme elle est,
Et point du tout conte frivole.
Je suis homme d'honneur, j'en donne ma parole;
Et vous m'en croirez, s'il vous plaît.
Je vous dis que, croyant n'être qu'un seul Sosie,
Je me suis trouvé deux chez nous;
Et que, de ces deux moi, piqués de jalousie,
L'un est à la maison, et l'autre est avec vous;
Que le moi que voici, chargé de lassitude,
A trouvé l'autre moi frais, gaillard et dispos,
Et n'ayant d'autre inquiétude
Que de battre et casser des os.

AMPHITRYON.

Il faut être, je le confesse,
D'un esprit bien posé, bien tranquille, bien doux,
Pour souffrir qu'un valet de chansons me repaisse!

SOSIE.

Si vous vous mettez en courroux,
Plus de conférence entre nous;
Vous savez que d'abord tout cesse.

AMPHITRYON.

Non, sans emportement je te veux écouter,
Je l'ai promis. Mais, dis : en bonne conscience,
Au mystère nouveau que tu me viens conter
    Est-il quelque ombre d'apparence ?

SOSIE.

Non : vous avez raison, et la chose à chacun
    Hors de créance doit paroître.
    C'est un fait à n'y rien connoître,
Un conte extravagant, ridicule, importun ;
    Cela choque le sens commun ;
    Mais cela ne laisse pas d'être.

AMPHITRYON.

Le moyen d'en rien croire, à moins qu'être insensé ?

SOSIE.

Je ne l'ai pas cru, moi, sans une peine extrême.
Je me suis d'être deux senti l'esprit blessé,
Et long-temps d'imposteur j'ai traité ce moi-même :
Mais à me reconnoître enfin il m'a forcé ;
J'ai vu que c'étoit moi, sans aucun stratagème ;
Des pieds jusqu'à la tête il est comme moi fait,
Beau, l'air noble, bien pris, les manières charmantes ;
    Enfin deux gouttes de lait
    Ne sont pas plus ressemblantes ;
Et, n'étoit que ses mains sont un peu trop pesantes,
    J'en serois fort satisfait.

AMPHITRYON.

A quelle patience il faut que je m'exhorte !
Mais enfin n'es-tu pas entré dans la maison ?

SOSIE.

Bon, entré! hé, de quelle sorte?
Ai-je voulu jamais entendre de raison?
Et ne me suis-je pas interdit notre porte?

AMPHITRYON.

Comment donc?

SOSIE.

Avec un bâton,
Dont mon dos sent encore une douleur très forte.

AMPHITRYON.

On t'a battu?

SOSIE.

Vraiment.

AMPHITRYON.

Et qui?

SOSIE.

Moi.

AMPHITRYON.

Toi, te battre?

SOSIE.

Oui, moi; non pas le moi d'ici,
Mais le moi du logis, qui frappe comme quatre.

AMPHITRYON.

Te confonde le ciel de me parler ainsi!

SOSIE.

Ce ne sont point des badinages.
Le moi que j'ai trouvé tantôt
Sur le moi qui vous parle a de grands avantages;
Il a le bras fort, le cœur haut,

J'en ai reçu des témoignages,
Et ce diable de moi m'a rossé comme il faut;
C'est un drôle qui fait des rages.

AMPHITRYON.

Achevons. As-tu vu ma femme?

SOSIE.

Non.

AMPHITRYON.

Pourquoi?

SOSIE.

Par une raison assez forte.

AMPHITRYON.

Qui t'a fait y manquer, maraud? explique-toi.

SOSIE.

Faut-il le répéter vingt fois de même sorte?
Moi, vous dis-je; ce moi plus robuste que moi;
Ce moi qui s'est de force emparé de la porte;
Ce moi qui m'a fait filer doux;
Ce moi qui le seul moi veut être;
Ce moi de moi-même jaloux;
Ce moi vaillant, dont le courroux
Au moi poltron s'est fait connoître;
Enfin ce moi qui suis chez nous,
Ce moi qui s'est montré mon maître,
Ce moi qui m'a roué de coups.

AMPHITRYON.

Il faut que ce matin, à force de trop boire,
Il se soit troublé le cerveau.

SOSIE.

Je veux être pendu, si j'ai bu que de l'eau!

A mon serment on m'en peut croire.

AMPHITRYON.

Il faut donc qu'au sommeil tes sens se soient portés,
Et qu'un songe fâcheux, dans ses confus mystères,
T'ait fait voir toutes les chimères
Dont tu me fais des vérités.

SOSIE.

Tout aussi peu. Je n'ai point sommeillé,
Et n'en ai même aucune envie;
Je vous parle bien éveillé :
J'étois bien éveillé ce matin, sur ma vie;
Et bien éveillé même étoit l'autre Sosie
Quand il m'a si bien étrillé.

AMPHITRYON.

Suis-moi, je t'impose silence.
C'est trop me fatiguer l'esprit;
Et je suis un vrai fou d'avoir la patience
D'écouter d'un valet les sottises qu'il dit.

SOSIE, *à part.*

Tous les discours sont des sottises,
Partant d'un homme sans éclat:
Ce seroient paroles exquises
Si c'étoit un grand qui parlât.

AMPHITRYON.

Entrons sans davantage attendre.
Mais Alcmène paroît avec tous ses appas;
En ce moment, sans doute, elle ne m'attend pas,
Et mon abord la va surprendre.

SCÈNE II.

ALCMÈNE, AMPHITRYON, CLÉANTHIS, SOSIE.

ALCMÈNE, *sans voir Amphitryon.*
Allons pour mon époux, Cléanthis, vers les dieux
    Nous acquitter de nos hommages,
Et les remercier des succès glorieux
Dont Thèbes par son bras goûte les avantages.
    (*apercevant Amphitryon.*)
O dieux !

AMPHITRYON.
    Fasse le ciel qu'Amphitryon vainqueur
    Avec plaisir soit revu de sa femme,
    Et que ce jour, favorable à ma flamme,
Vous redonne à mes yeux avec le même cœur !
    Que j'y retrouve autant d'ardeur
    Que vous en rapporte mon ame !

ALCMÈNE.
Quoi ! de retour sitôt ?

AMPHITRYON.
            Certes, c'est en ce jour
Me donner de vos feux un mauvais témoignage ;
    Et ce « Quoi ! sitôt de retour ? »
En ces occasions n'est guère le langage
    D'un cœur bien enflammé d'amour.
    J'osois me flatter en moi-même
    Que loin de vous j'aurois trop demeuré.
L'attente d'un retour ardemment désiré

Donne à tous les instants une longueur extrême;
Et l'absence de ce qu'on aime,
Quelque peu qu'elle dure, a toujours trop duré.

ALCMÈNE.

Je ne vois...

AMPHITRYON.

Non, Alcmène, à son impatience
On mesure le temps en de pareils états;
Et vous comptez les moments de l'absence
En personne qui n'aime pas.
Lorsque l'on aime comme il faut,
Le moindre éloignement nous tue;
Et ce dont on chérit la vue
Ne revient jamais assez tôt.
De votre accueil, je le confesse,
Se plaint ici mon amoureuse ardeur;
Et j'attendois de votre cœur
D'autres transports de joie et de tendresse.

ALCMÈNE.

J'ai peine à comprendre sur quoi
Vous fondez les discours que je vous entends faire;
Et si vous vous plaignez de moi,
Je ne sais pas de bonne foi,
Ce qu'il faut pour vous satisfaire.
Hier au soir, ce me semble, à votre heureux retour,
On me vit témoigner une joie assez tendre,
Et rendre aux soins de votre amour
Tout ce que de mon cœur vous aviez lieu d'attendre.

AMPHITRYON.

Comment?

ACTE II, SCÈNE II.

ALCMÈNE.
Ne fis-je pas éclater à vos yeux
Les soudains mouvements d'une entière allégresse,
Et le transport d'un cœur peut-il s'expliquer mieux
Au retour d'un époux qu'on aime avec tendresse?

AMPHITRYON.
Que me dites-vous là?

ALCMÈNE.
Que même votre amour
Montra de mon accueil une joie incroyable;
Et que m'ayant quittée à la pointe du jour,
Je ne vois pas qu'à ce soudain retour
Ma surprise soit si coupable.

AMPHITRYON.
Est-ce que du retour, que j'ai précipité,
Un songe, cette nuit, Alcmène, dans votre ame,
A prévenu la vérité,
Et que, m'ayant peut-être en dormant bien traité,
Votre cœur se croit vers ma flamme
Assez amplement acquitté?

ALCMÈNE.
Est-ce qu'une vapeur, par sa malignité,
Amphitryon, a, dans votre ame,
Du retour d'hier au soir brouillé la vérité,
Et que du doux accueil duquel je m'acquittai
Votre cœur prétend à ma flamme
Ravir toute l'honnêteté?

AMPHITRYON.
Cette vapeur, dont vous me régalez,
Est un peu, ce me semble, étrange.

ALCMÈNE.

C'est ce qu'on peut donner pour change[1]
Au songe dont vous me parlez.

AMPHITRYON.

A moins d'un songe, on ne peut pas, sans doute,
Excuser ce qu'ici votre bouche me dit.

ALCMÈNE.

A moins d'une vapeur qui vous trouble l'esprit,
On ne peut pas sauver ce que de vous j'écoute.

AMPHITRYON.

Laissons un peu cette vapeur, Alcmène.

ALCMÈNE.

Laissons un peu ce songe, Amphitryon.

AMPHITRYON.

Sur le sujet dont il est question
Il n'est guère de jeu que trop loin on ne mène.

ALCMÈNE.

Sans doute; et pour marque certaine,
Je commence à sentir un peu d'émotion.

AMPHITRYON.

Est-ce donc que par là vous voulez essayer
A réparer l'accueil dont je vous ai fait plainte?

ALCMÈNE.

Est-ce donc que par cette feinte
Vous désirez vous égayer?

AMPHITRYON.

Ah, de grace, cessons, Alcmène, je vous prie!
Et parlons sérieusement.

---

[1] *Pour change*, au lieu de *pour équivalent*.

ACTE II, SCÈNE II.

ALCMÈNE.

Amphitryon, c'est trop pousser l'amusement ;
Finissons cette raillerie.

AMPHITRYON.

Quoi ! vous osez me soutenir en face
Que plus tôt qu'à cette heure on m'ait ici pu voir ?

ALCMÈNE.

Quoi ! vous voulez nier avec audace
Que dès hier en ces lieux vous vîntes sur le soir ?

AMPHITRYON.

Moi, je vins hier ?

ALCMÈNE.

Sans doute ; et dès devant l'aurore
Vous vous en êtes retourné.

AMPHITRYON, *à part*.

Ciel ! un pareil débat s'est-il pu voir encore ?
Et qui de tout ceci ne seroit étonné ?
Sosie !

SOSIE.

Elle a besoin de six grains d'ellébore,
Monsieur ; son esprit est tourné.

AMPHITRYON.

Alcmène, au nom de tous les dieux,
Ce discours a d'étranges suites !
Reprenez vos sens un peu mieux,
Et pensez à ce que vous dites.

ALCMÈNE.

J'y pense mûrement aussi ;
Et tous ceux du logis ont vu votre arrivée.
J'ignore quel motif vous fait agir ainsi :

Mais si la chose avoit besoin d'être prouvée,
S'il étoit vrai qu'on pût ne s'en souvenir pas,
De qui puis-je tenir, que de vous, la nouvelle
 Du dernier de tous vos combats,
Et les cinq diamants que portoit Ptérélas,
 Qu'a fait dans la nuit éternelle
 Tomber l'effort de votre bras?
En pourroit-on vouloir un plus sûr témoignage?

AMPHITRYON.

 Quoi! je vous ai déja donné
Le nœud de diamants que j'eus pour mon partage,
 Et que je vous ai destiné?

ALCMÈNE.

Assurément. Il n'est pas difficile
De vous en bien convaincre.

AMPHITRYON.

 Et comment?

ALCMÈNE, *montrant le nœud de diamants à sa ceinture.*

 Le voici.

AMPHITRYON.

Sosie!

SOSIE, *tirant de sa poche un coffret.*
 Elle se moque, et je le tiens ici,
 Monsieur; la feinte est inutile.

AMPHITRYON, *regardant le coffret.*
Le cachet est entier.

ALCMÈNE, *présentant à Amphitryon le nœud de diamants.*
 Est-ce une vision?

Tenez. Trouverez-vous cette preuve assez forte?
AMPHITRYON.
Ah, ciel, ô juste ciel!
ALCMÈNE.
Allez, Amphitryon,
Vous vous moquez d'en user de la sorte,
Et vous en devriez avoir confusion.
AMPHITRYON.
Romps vite ce cachet.
SOSIE, *ayant ouvert le coffret.*
Ma foi, la place est vide!
Il faut que par magie on ait su le tirer,
Ou bien que de lui-même il soit venu sans guide
Vers celle qu'il a su qu'on en vouloit parer.
AMPHITRYON, *à part.*
O dieux! dont le pouvoir sur les choses préside,
Quelle est cette aventure, et qu'en puis-je augurer
Dont mon amour ne s'intimide?
SOSIE, *à Amphitryon.*
Si sa bouche dit vrai, nous avons même sort,
Et de même que moi, monsieur, vous êtes double.
AMPHITRYON.
Tais-toi.
ALCMÈNE.
Sur quoi vous étonner si fort?
Et d'où peut naître ce grand trouble?
AMPHITRYON, *à part.*
O ciel! quel étrange embarras!
Je vois des incidents qui passent la nature;
Et mon honneur redoute une aventure

Que mon esprit ne comprend pas.
ALCMÈNE.
Songez-vous, en tenant cette preuve sensible,
A me nier encor votre retour pressé?
AMPHITRYON.
Non; mais, à ce retour, daignez, s'il est possible,
Me conter ce qui s'est passé.
ALCMÈNE.
Puisque vous demandez un récit de la chose,
Vous voulez dire donc que ce n'étoit pas vous?
AMPHITRYON.
Pardonnez-moi; mais j'ai certaine cause
Qui me fait demander ce récit entre nous.
ALCMÈNE.
Les soucis importants qui vous peuvent saisir
Vous ont-ils fait si vite en perdre la mémoire?
AMPHITRYON.
Peut-être; mais enfin vous me ferez plaisir
De m'en dire toute l'histoire.
ALCMÈNE.
L'histoire n'est pas longue. A vous je m'avançai
Pleine d'une aimable surprise;
Tendrement je vous embrassai,
Et témoignai ma joie à plus d'une reprise.
AMPHITRYON, *à part.*
Ah, d'un si doux accueil je me serois passé.
ALCMÈNE.
Vous me fîtes d'abord ce présent d'importance,
Que du butin conquis vous m'aviez destiné.
Votre cœur, avec véhémence,

ACTE II, SCÈNE II.

M'étala de ses feux toute la violence,
Et les soins importuns qui l'avoient enchaîné,
L'aise de me revoir, les tourments de l'absence,
 Tout le souci que son impatience
  Pour le retour s'étoit donné :
Et jamais votre amour, en pareille occurrence,
Ne me parut si tendre et si passionné.

AMPHITRYON, *à part.*

Peut-on plus vivement se voir assassiné !

ALCMÈNE.

Tous ces transports, toute cette tendresse,
Comme vous croyez bien, ne me déplaisoient pas ;
  Et, s'il faut que je le confesse,
Mon cœur, Amphitryon, y trouvoit mille appas.

AMPHITRYON.

Ensuite, s'il vous plaît ?

ALCMÈNE.

    Nous nous entrecoupâmes
De mille questions qui pouvoient nous toucher.
On servit. Tête à tête, ensemble nous soupâmes ;
Et, le souper fini, nous nous fûmes coucher.

AMPHITRYON.

Ensemble ?

ALCMÈNE.

  Assurément. Quelle est cette demande ?

AMPHITRYON, *à part.*

Ah, c'est ici le coup le plus cruel de tous !
Et dont à s'assurer trembloit mon feu jaloux.

ALCMÈNE.

D'où vous vient, à ce mot, une rougeur si grande ?

Ai-je fait quelque mal de coucher avec vous?

AMPHITRYON.

Non, ce n'étoit pas moi, pour ma douleur sensible;
Et qui dit qu'hier ici mes pas se sont portés
  Dit, de toutes les faussetés,
  La fausseté la plus horrible.

ALCMÈNE.

Amphitryon!

AMPHITRYON.

  Perfide!

ALCMÈNE.

  Ah, quel emportement!

AMPHITRYON.

Non, non; plus de douceur et plus de déférence.
Ce revers vient à bout de toute ma constance;
Et mon cœur ne respire, en ce fatal moment,
  Et que fureur et que vengeance.

ALCMÈNE.

De qui donc vous venger? et quel manque de foi
  Vous fait ici me traiter de coupable?

AMPHITRYON.

Je ne sais pas: mais ce n'étoit pas moi;
Et c'est un désespoir qui de tout rend capable.

ALCMÈNE.

Allez, indigne époux, le fait parle de soi;
  Et l'imposture est effroyable.
  C'est trop me pousser là dessus,
Et d'infidélité me voir trop condamnée.
 Si vous cherchez dans ces transports confus,
Un prétexte à briser les nœuds d'un hyménée
  Qui me tient à vous enchaînée,

Tous ces détours sont superflus ;
Et me voilà déterminée
A souffrir qu'en ce jour nos liens soient rompus.

AMPHITRYON.

Après l'indigne affront que l'on me fait connoître,
C'est bien à quoi sans doute il faut vous préparer :
C'est le moins qu'on doit voir ; et les choses, peut-être,
Pourront n'en pas là demeurer.
Le déshonneur est sûr, mon malheur m'est visible,
Et mon amour en vain voudroit me l'obscurcir ;
Mais le détail encor ne m'en est pas sensible,
Et mon juste courroux prétend s'en éclaircir.
Votre frère déja peut hautement répondre
Que, jusqu'à ce matin, je ne l'ai point quitté :
Je m'en vais le chercher, afin de vous confondre
Sur ce retour qui m'est faussement imputé.
Après nous percerons jusqu'au fond du mystère,
Jusques à présent inouï :
Et, dans les mouvements d'une juste colère,
Malheur à qui m'aura trahi !

SOSIE.

Monsieur...

AMPHITRYON.

Ne m'accompagne pas,
Et demeure ici pour m'attendre.

CLÉANTHIS, *à Alcmène.*

Faut-il...

ALCMÈNE.

Je ne puis rien entendre.
Laisse-moi seule, et ne suis point mes pas.

SCÈNE III.

CLÉANTHIS, SOSIE.

CLÉANTHIS, *à part*.
Il faut que quelque chose ait brouillé sa cervelle.
　　Mais le frère, sur-le-champ,
　　Finira cette querelle.
　　　SOSIE, *à part*.
C'est ici, pour mon maître, un coup assez touchant;
　　Et son aventure est cruelle.
Je crains fort pour mon fait quelque chose approchant;
Et je m'en veux, tout doux, éclaircir avec elle.
　　　CLÉANTHIS, *à part*.
Voyez s'il me viendra seulement aborder!
Mais je veux m'empêcher de rien faire paroître.
　　　SOSIE, *à part*.
La chose quelquefois est fâcheuse à connoître,
　　Et je tremble à la demander.
Ne vaudroit-il pas mieux, pour ne rien hasarder,
　　Ignorer ce qu'il en peut être?
　　Allons, tout coup vaille, il faut voir,
　　Et je ne m'en saurois défendre.
　　La foiblesse humaine est d'avoir
　　Des curiosités d'apprendre
　　Ce qu'on ne voudroit pas savoir.
Dieu te gard', Cléanthis!
　　　CLÉANTHIS.
　　　　Ah, ah! tu t'en avises,

ACTE II, SCÈNE III.

Traître, de t'approcher de nous !
SOSIE.
Mon dieu, qu'as-tu ? Toujours on te voit en courroux,
Et sur rien tu te formalises !
CLÉANTHIS.
Qu'appelles-tu sur rien ? dis.
SOSIE.
J'appelle sur rien
Ce qui sur rien s'appelle en vers ainsi qu'en prose ;
Et rien, comme tu le sais bien,
Veut dire rien, ou peu de chose.
CLÉANTHIS.
Je ne sais qui me tient, infâme,
Que je ne t'arrache les yeux,
Et ne t'apprenne où va le courroux d'une femme.
SOSIE.
Holà ! D'où te vient donc ce transport furieux ?
CLÉANTHIS.
Tu n'appelles donc rien le procédé, peut-être,
Qu'avec moi ton cœur a tenu ?
SOSIE.
Et quel ?
CLÉANTHIS.
Quoi, tu fais l'ingénu ?
Est-ce qu'à l'exemple du maître
Tu veux dire qu'ici tu n'es pas revenu ?
SOSIE.
Non, je sais fort bien le contraire ;
Mais je ne t'en fais pas le fin :
Nous avions bu de je ne sais quel vin

Qui m'a fait oublier tout ce que j'ai pu faire.
CLÉANTHIS.
Tu crois peut-être excuser par ce trait...
SOSIE.
Non; tout de bon, tu m'en peux croire.
J'étois dans un état où je puis avoir fait
Des choses dont j'aurois regret,
Et dont je n'ai nulle mémoire.
CLÉANTHIS.
Tu ne te souviens point du tout de la manière
Dont tu m'as su traiter, étant venu du port?
SOSIE.
Non plus que rien. Tu peux m'en faire le rapport:
Je suis équitable et sincère,
Et me condamnerai moi-même, si j'ai tort.
CLÉANTHIS.
Comment! Amphitryon m'ayant su disposer,
Jusqu'à ce que tu vins j'avois poussé ma veille;
Mais je ne vis jamais une froideur pareille:
De ta femme il fallut moi-même t'aviser;
Et, lorsque je fus te baiser,
Tu détournas le nez, et me donnas l'oreille.
SOSIE.
Bon!
CLÉANTHIS.
Comment, bon?
SOSIE.
Mon dieu, tu ne sais pas pourquoi,
Cléanthis, je tiens ce langage:
J'avois mangé de l'ail, et fis en homme sage

De détourner un peu mon haleine de toi.
####### CLÉANTHIS.
Je te sus exprimer des tendresses de cœur :
Mais à tous mes discours tu fus comme une souche;
  Et jamais un mot de douceur
  Ne te put sortir de la bouche.
####### SOSIE, *à part*.
Courage!
####### CLÉANTHIS.
  Enfin, ma flamme eut beau s'émanciper,
Sa chaste ardeur en toi ne trouva rien que glace;
Et, dans un tel retour, je te vis la tromper
Jusqu'à faire refus de prendre au lit la place
Que les lois de l'hymen t'obligent d'occuper.
####### SOSIE.
Quoi! je ne couchai point?
####### CLÉANTHIS.
    Non, lâche.
####### SOSIE.
        Est-il possible?
####### CLÉANTHIS.
Traître, il n'est que trop assuré.
C'est de tous les affronts l'affront le plus sensible;
Et, loin que ce matin ton cœur l'ait réparé,
  Tu t'es d'avec moi séparé
Par des discours chargés d'un mépris tout visible.
####### SOSIE, *à part*.
Vivat Sosie!
####### CLÉANTHIS.
Hé quoi, ma plainte a cet effet!

Tu ris après ce bel ouvrage !

SOSIE.

Que je suis de moi satisfait !

CLÉANTHIS.

Exprime-t-on ainsi le regret d'un outrage?

SOSIE.

Je n'aurois jamais cru que j'eusse été si sage.

CLÉANTHIS.

Loin de te condamner d'un si perfide trait,
Tu m'en fais éclater la joie en ton visage !

SOSIE.

Mon dieu, tout doucement ! Si je parois joyeux,
Crois que j'en ai dans l'ame une raison très forte,
Et que, sans y penser, je ne fis jamais mieux
Que d'en user tantôt avec toi de la sorte.

CLÉANTHIS.

Traître, te moques-tu de moi?

SOSIE.

Non, je te parle avec franchise.
En l'état où j'étois, j'avois certain effroi
Dont, avec ton discours, mon ame s'est remise.
Je m'appréhendois fort, et craignois qu'avec toi
Je n'eusse fait quelque sottise.

CLÉANTHIS.

Quelle est cette frayeur ? et sachons donc pourquoi.

SOSIE.

Les médecins disent, quand on est ivre,
Que de sa femme on se doit abstenir ;
Et que, dans cet état, il ne peut provenir
Que des enfants pesants, et qui ne sauroient vivre.

ACTE II, SCÈNE III.

Vois, si mon cœur n'eût su de froideur se munir,
Quels inconvénients auroient pu s'en ensuivre !

CLÉANTHIS.

Je me moque des médecins
Avec leurs raisonnements fades :
Qu'ils règlent ceux qui sont malades,
Sans vouloir gouverner les gens qui sont bien sains.
Ils se mêlent de trop d'affaires,
De prétendre tenir nos chastes feux gênés ;
Et sur les jours caniculaires
Ils nous donnent encore, avec leurs lois sévères,
De cent sots contes par le nez.

SOSIE.

Tout doux !

CLÉANTHIS.

Non, je soutiens que cela conclut mal ;
Ces raisons sont raisons d'extravagantes têtes.
Il n'est ni vin, ni temps qui puisse être fatal
A remplir le devoir de l'amour conjugal ;
Et les médecins sont des bêtes.

SOSIE.

Contre eux, je t'en supplie, apaise ton courroux ;
Ce sont d'honnêtes gens, quoi que le monde en dise.

CLÉANTHIS.

Tu n'es pas où tu crois ; en vain tu files doux :
Ton excuse n'est point une excuse de mise ;
Et je me veux venger tôt ou tard, entre nous,
De l'air dont chaque jour je vois qu'on me méprise.
Des discours de tantôt je garde tous les coups,
Et tâcherai d'user, lâche et perfide époux,

De cette liberté que ton cœur m'a permise.
SOSIE.
Quoi?
CLÉANTHIS.
Tu m'as dit tantôt que tu consentois fort,
Lâche, que j'en aimasse un autre.
SOSIE.
Ah, pour cet article j'ai tort!
Je m'en dédis, il y va trop du nôtre.
Garde-toi bien de suivre ce transport.
CLÉANTHIS.
Si je puis une fois pourtant
Sur mon esprit gagner la chose...
SOSIE.
Fais à ce discours quelque pause.
Amphitryon revient qui me paroît content.

SCÈNE IV.

JUPITER, CLÉANTHIS, SOSIE.

JUPITER, *à part.*
Je viens prendre le temps de rapaiser Alcmène,
De bannir les chagrins que son cœur veut garder,
Et donner à mes feux, dans ce soin qui m'amène,
Le doux plaisir de se raccommoder.
(*à Cléanthis.*)
Alcmène est là-haut, n'est-ce pas?
CLÉANTHIS.
Oui, pleine d'une inquiétude

Qui cherche de la solitude,
Et qui m'a défendu d'accompagner ses pas.

JUPITER.

Quelque défense qu'elle ait faite,
Elle ne sera pas pour moi.

SCÈNE V.

CLÉANTHIS, SOSIE.

CLÉANTHIS.

Son chagrin, à ce que je voi,
A fait une prompte retraite.

SOSIE.

Que dis-tu, Cléanthis, de ce joyeux maintien,
Après son fracas effroyable?

CLÉANTHIS.

Que si toutes nous faisions bien,
Nous donnerions tous les hommes au diable,
Et que le meilleur n'en vaut rien.

SOSIE.

Cela se dit dans le courroux:
Mais aux hommes par trop vous êtes accrochées;
Et vous seriez, ma foi, toutes bien empêchées,
Si le diable les prenoit tous.

CLÉANTHIS.

Vraiment...

SOSIE.

Les voici. Taisons-nous.

SCÈNE VI.

JUPITER, ALCMÈNE, CLÉANTHIS, SOSIE.

JUPITER.

Voulez-vous me désespérer?
Hélas, arrêtez, belle Alcmène!

ALCMÈNE.

Non; avec l'auteur de ma peine
Je ne puis du tout demeurer.

JUPITER.

De grace...

ALCMÈNE.

Laissez-moi.

JUPITER.

Quoi...

ALCMÈNE.

Laissez-moi, vous dis-je.

JUPITER, *bas*, *à part*.

Ses pleurs touchent mon ame, et sa douleur m'afflige.
(*haut.*)
Souffrez que mon cœur...

ALCMÈNE.

Non, ne suivez point mes pas.

JUPITER.

Où voulez-vous aller?

ALCMÈNE.

Où vous ne serez pas.

JUPITER.

Ce vous est une attente vaine.

Je tiens à vos beautés par un nœud trop serré
Pour pouvoir un moment en être séparé :
    Je vous suivrai partout, Alcmène.
         ALCMÈNE.
Et moi, partout je vous fuirai.
         JUPITER.
    Je suis donc bien épouvantable!
         ALCMÈNE.
    Plus qu'on ne peut dire, à mes yeux.
Oui, je vous vois comme un monstre effroyable,
      Un monstre cruel, furieux,
    Et dont l'approche est redoutable;
  Comme un monstre à fuir en tous lieux.
Mon cœur souffre, à vous voir, une peine incroyable:
     C'est un supplice qui m'accable;
    Et je ne vois rien sous les cieux
     D'affreux, d'horrible, d'odieux,
  Qui ne me fût plus que vous supportable.
         JUPITER.
En voilà bien, hélas, que votre bouche dit!
         ALCMÈNE.
    J'en ai dans le cœur davantage;
Et pour s'exprimer tout, ce cœur a du dépit
    De ne point trouver de langage.
         JUPITER.
    Hé, que vous a donc fait ma flamme,
Pour me pouvoir, Alcmène, en monstre regarder?
         ALCMÈNE.
Ah, juste ciel! cela peut-il se demander?
  Et n'est-ce pas pour mettre à bout une ame?

JUPITER.

Ah! d'un esprit plus adouci...

ALCMÈNE.

Non, je ne veux du tout vous voir, ni vous entendre.

JUPITER.

Avez-vous bien le cœur de me traiter ainsi?
Est-ce là cet amour si tendre
Qui devoit tant durer quand je vins hier ici?

ALCMÈNE.

Non, non, ce ne l'est pas; et vos lâches injures
En ont autrement ordonné.
Il n'est plus cet amour tendre et passionné:
Vous l'avez dans mon cœur, par cent vives blessures,
Cruellement assassiné.
C'est en sa place, un courroux inflexible,
Un vif ressentiment, un dépit invincible,
Un désespoir d'un cœur justement animé,
Qui prétend vous haïr, pour cet affront sensible,
Autant qu'il est d'accord de vous avoir aimé:
Et c'est haïr autant qu'il est possible.

JUPITER.

Hélas! que votre amour n'avoit guère de force,
Si de si peu de chose on le peut voir mourir!
Ce qui n'étoit que jeu doit-il faire un divorce?
Et d'une raillerie a-t-on lieu de s'aigrir?

ALCMÈNE.

Ah! c'est cela dont je suis offensée,
Et que ne peut pardonner mon courroux.
Des véritables traits d'un mouvement jaloux
Je me trouverois moins blessée.

La jalousie a des impressions
Dont bien souvent la force nous entraîne ;
Et l'ame la plus sage, en ces occasions,
Sans doute avec assez de peine
Répond de ses émotions.
L'emportement d'un cœur qui peut s'être abusé
A de quoi ramener une ame qu'il offense ;
Et, dans l'amour qui lui donne naissance,
Il trouve au moins, malgré toute sa violence,
Des raisons pour être excusé.
De semblables transports contre un ressentiment
Pour défenses toujours ont ce qui les fait naître ;
Et l'on donne grace aisément
A ce dont on n'est pas le maître.
Mais que, de gaieté de cœur,
On passe aux mouvements d'une fureur extrême ;
Que sans cause l'on vienne, avec tant de rigueur,
Blesser la tendresse et l'honneur
D'un cœur qui chèrement nous aime :
Ah, c'est un coup trop cruel en lui-même,
Et que jamais n'oubliera ma douleur !

JUPITER.

Oui, vous avez raison, Alcmène ; il se faut rendre.
Cette action, sans doute, est un crime odieux ;
Je ne prétends plus le défendre :
Mais souffrez que mon cœur s'en défende à vos yeux,
Et donne au vôtre à qui se prendre
De ce transport injurieux.
A vous en faire un aveu véritable,
L'époux, Alcmène, a commis tout le mal :

C'est l'époux qu'il vous faut regarder en coupable;
L'amant n'a point de part à ce transport brutal,
Et de vous offenser son cœur n'est point capable.
Il a pour vous, ce cœur, pour jamais y penser,
  Trop de respect et de tendresse;
Et si de faire rien à vous pouvoir blesser
 Il avoit eu la coupable foiblesse,
De cent coups à vos yeux il voudroit le percer.
Mais l'époux est sorti de ce respect soumis
  Où pour vous on doit toujours être;
A son dur procédé l'époux s'est fait connoître,
Et par le droit d'hymen il s'est cru tout permis.
Oui, c'est lui qui, sans doute, est criminel vers vous;
Lui seul a maltraité votre aimable personne;
  Haïssez, détestez l'époux,
  J'y consens, et vous l'abandonne :
Mais, Alcmène, sauvez l'amant de ce courroux
  Qu'une telle offense vous donne :
  N'en jetez pas sur lui l'effet,
  Démêlez-le un peu du coupable;
  Et, pour être enfin équitable,
Ne le punissez point de ce qu'il n'a pas fait.

ALCMÈNE.

  Ah, toutes ces subtilités
  N'ont que des excuses frivoles;
  Et pour les esprits irrités,
Ce sont des contre-temps que de telles paroles.
Ce détour ridicule est en vain pris par vous.
Je ne distingue rien en celui qui m'offense :
  Tout y devient l'objet de mon courroux;

ACTE II, SCÈNE VI.

Et dans sa juste violence,
Sont confondus et l'amant et l'époux.
Tous deux de même sorte occupent ma pensée :
Et des mêmes couleurs par mon ame blessée
Tous deux ils sont peints à mes yeux :
Tous deux sont criminels, tous deux m'ont offensée,
Et tous deux me sont odieux.

JUPITER.

Hé bien, puisque vous le voulez,
Il faut donc me charger du crime.
Oui, vous avez raison, lorsque vous m'immolez
A vos ressentiments en coupable victime.
Un trop juste dépit contre moi vous anime;
Et tout ce grand courroux qu'ici vous étalez
Ne me fait endurer qu'un tourment légitime.
C'est avec droit que mon abord vous chasse,
Et que de me fuir en tous lieux
Votre colère me menace.
Je dois vous être un objet odieux;
Vous devez me vouloir un mal prodigieux.
Il n'est aucune horreur que mon forfait ne passe,
D'avoir offensé vos beaux yeux :
C'est un crime à blesser les hommes et les dieux;
Et je mérite enfin, pour punir cette audace,
Que contre moi votre haine ramasse
Tous ses traits les plus furieux.
Mais mon cœur vous demande grace :
Pour vous la demander je me jette à genoux,
Et la demande au nom de la plus vive flamme,
Du plus tendre amour dont une ame

Puisse jamais brûler pour vous.
Si votre cœur, charmante Alcmène,
Me refuse la grace où j'ose recourir,
Il faut qu'une atteinte soudaine
M'arrache, en me faisant mourir,
Aux dures rigueurs d'une peine
Que je ne saurois plus souffrir.
Oui, cet état me désespère.
Alcmène, ne présumez pas
Qu'aimant, comme je fais, vos célestes appas,
Je puisse vivre un jour avec votre colère.
Déja de ces moments la barbare longueur
Fait sous des atteintes mortelles
Succomber tout mon triste cœur;
Et de mille vautours les blessures cruelles
N'ont rien de comparable à ma vive douleur.
Alcmène, vous n'avez qu'à me le déclarer :
S'il n'est point de pardon que je doive espérer,
Cette épée aussitôt, par un coup favorable,
Va percer à vos yeux le cœur d'un misérable,
Ce cœur, ce traître cœur, trop digne d'expirer,
Puisqu'il a pu fâcher un objet adorable :
Heureux, en descendant au ténébreux séjour,
Si de votre courroux mon trépas vous ramène,
Et ne laisse en votre ame, après ce triste jour,
Aucune impression de haine
Au souvenir de mon amour.
C'est tout ce que j'attends pour faveur souveraine.

ALCMÈNE.

Ah, trop cruel époux!

JUPITER.

Dites, parlez, Alcmène.

ALCMÈNE.

Faut-il encor pour vous conserver des bontés,
Et vous voir m'outrager par tant d'indignités?

JUPITER.

Quelque ressentiment qu'un outrage nous cause,
Tient-il contre un remords d'un cœur bien enflammé?

ALCMÈNE.

Un cœur bien plein de flamme à mille morts s'expose
Plutôt que de vouloir fâcher l'objet aimé.

JUPITER.

Plus on aime quelqu'un, moins on trouve de peine...

ALCMÈNE.

Non, ne m'en parlez point; vous méritez ma haine...

JUPITER.

Vous me haïssez donc?

ALCMÈNE.

J'y fais tout mon effort,
Et j'ai dépit de voir que toute votre offense
Ne puisse de mon cœur jusqu'à cette vengeance
Faire encore aller le transport.

JUPITER.

Mais pourquoi cette violence,
Puisque pour vous venger je vous offre ma mort?
Prononcez-en l'arrêt, et j'obéis sur l'heure.

ALCMÈNE.

Qui ne sauroit haïr peut-il vouloir qu'on meure?

JUPITER.

Et moi, je ne puis vivre, à moins que vous quittiez

Cette colère qui m'accable,
Et que vous m'accordiez le pardon favorable,
Que je vous demande à vos pieds.
(*Sosie et Cléanthis se mettent aussi à genoux.*)
Résolvez ici l'un des deux,
Ou de punir, ou bien d'absoudre.

ALCMÈNE.

Hélas! ce que je puis résoudre
Paroît bien plus que je ne veux.
Pour vouloir soutenir le courroux qu'on me donne,
Mon cœur a trop su me trahir:
Dire qu'on ne sauroit haïr,
N'est-ce pas dire qu'on pardonne?

JUPITER.

Ah, belle Alcmène! il faut que, comblé d'allégresse...

ALCMÈNE.

Laissez; je me veux mal de mon trop de foiblesse.

JUPITER.

Va, Sosie, et dépêche-toi,
Voir, dans les doux transports dont mon ame est char-
Ce que tu trouveras d'officiers de l'armée,   [mée,
Et les invite à dîner avec moi.
(*bas, à part.*)
Tandis que d'ici je le chasse,
Mercure y remplira sa place.

SCÈNE VII.

CLÉANTHIS, SOSIE.

SOSIE.
Hé bien, tu vois, Cléanthis, ce ménage !
Veux-tu qu'à leur exemple ici
Nous fassions, entre nous, un peu de paix aussi,
Quelque petit rapatriage ?

CLÉANTHIS.
C'est pour ton nez, vraiment ; cela se fait ainsi !

SOSIE.
Quoi, tu ne veux pas ?

CLÉANTHIS.
Non.

SOSIE.
Il ne m'importe guère ;
Tant pis pour toi.

CLÉANTHIS.
La, la, revien.

SOSIE.
Non, morbleu, je n'en ferai rien,
Et je veux être, à mon tour, en colère.

CLÉANTHIS.
Va, va, traître, laisse-moi faire !
On se lasse parfois d'être femme de bien.

FIN DU SECOND ACTE.

ACTE TROISIÈME.

SCÈNE I.

AMPHITRYON.

Oui, sans doute, le sort tout exprès me le cache,
Et des tours que je fais, à la fin, je suis las.
Il n'est point de destin plus cruel, que je sache.
Je ne saurois trouver, portant partout mes pas,
  Celui qu'à chercher je m'attache,
Et je trouve tous ceux que je ne cherche pas.
Mille fâcheux cruels, qui ne pensent pas l'être,
De nos faits avec moi, sans beaucoup me connoître,
Viennent se réjouir pour me faire enrager.
Dans l'embarras cruel du souci qui me blesse,
De leurs embrassements et de leur allégresse
Sur mon inquiétude ils viennent tous charger.
  En vain à passer je m'apprête
  Pour fuir leurs persécutions,
Leur tuante amitié de tous côtés m'arrête;
Et, tandis qu'à l'ardeur de leurs expressions
  Je réponds d'un geste de tête,
Je leur donne tout bas cent malédictions.
Ah, qu'on est peu flatté de louange, d'honneur,
Et de tout ce que donne une grande victoire,
Lorsque dans l'ame on souffre une vive douleur!

Et que l'on donneroit volontiers cette gloire
    Pour avoir le repos du cœur !
    Ma jalousie, à tout propos,
    Me promène sur ma disgrace;
    Et plus mon esprit y repasse,
Moins j'en puis débrouiller le funeste chaos.
Le vol des diamants n'est pas ce qui m'étonne;
On lève les cachets qu'on ne l'aperçoit pas :
Mais le don qu'on veut qu'hier j'en vins faire en personne
Est ce qui fait ici mon cruel embarras.
La nature parfois produit des ressemblances
Dont quelques imposteurs ont pris droit d'abuser :
Mais il est hors de sens que, sous ces apparences,
Un homme pour époux se puisse supposer;
Et dans tous ces rapports sont mille différences
Dont se peut une femme aisément aviser.
    Des charmes de la Thessalie
On vante de tout temps les merveilleux effets :
Mais les contes fameux qui partout en sont faits
Dans mon esprit toujours ont passé pour folie;
Et ce seroit du sort une étrange rigueur
    Qu'au sortir d'une ample victoire
    Je fusse contraint de les croire,
    Aux dépens de mon propre honneur.
Je veux la retâter[1] sur ce fâcheux mystère,
Et voir si ce n'est point une vaine chimère,
Qui sur ses sens troublés ait su prendre crédit.
    Ah, fasse le ciel équitable

---

[1] *La retâter*, l'amener à s'expliquer une seconde fois.

Que ce penser soit véritable,
Et que, pour mon bonheur, elle ait perdu l'esprit!

SCÈNE II.

MERCURE, AMPHITRYON.

MERCURE, *sur le balcon de la maison d'Amphitryon, sans être vu ni entendu par Amphitryon.*
Comme l'amour ici ne m'offre aucun plaisir,
Je m'en veux faire au moins qui soient d'autre nature,
Et je vais égayer mon sérieux loisir
A mettre Amphitryon hors de toute mesure.
Cela n'est pas d'un dieu bien plein de charité :
Mais aussi n'est-ce pas ce dont je m'inquiète;
Et je me sens, par ma planète,
A la malice un peu porté.

AMPHITRYON.
D'où vient donc qu'à cette heure on ferme cette porte?

MERCURE.
Holà, tout doucement! Qui frappe?

AMPHITRYON, *sans voir Mercure.*
Moi.

MERCURE.
Qui, moi?

AMPHITRYON, *apercevant Mercure, qu'il prend pour Sosie.*
Ah, ouvre!

MERCURE.
Comment, ouvre! Et qui donc es-tu toi,
Qui fais tant de vacarme et parles de la sorte?

ACTE III, SCÈNE II.

AMPHITRYON.
Quoi, tu ne me connois pas?

MERCURE.
Non,
Et n'en ai pas la moindre envie.

AMPHITRYON, *à part.*
Tout le monde perd-il aujourd'hui la raison?
(*haut.*)
Est-ce un mal répandu? Sosie, holà, Sosie!

MERCURE.
Hé bien, Sosie! Oui, c'est mon nom;
As-tu peur que je ne l'oublie?

AMPHITRYON.
Me vois-tu bien?

MERCURE.
Fort bien. Qui peut pousser ton bras
A faire une rumeur si grande?
Et que demandes-tu là-bas?

AMPHITRYON.
Moi, pendard! ce que je demande?

MERCURE.
Que ne demandes-tu donc pas?
Parle, si tu veux qu'on t'entende.

AMPHITRYON.
Attends, traître: avec un bâton
Je vais là-haut me faire entendre,
Et de bonne façon t'apprendre
A m'oser parler sur ce ton.

MERCURE.
Tout beau! si, pour heurter, tu fais la moindre instance,

Je t'enverrai d'ici des messagers fâcheux.
AMPHITRYON.
O ciel! vit-on jamais une telle insolence?
La peut-on concevoir d'un serviteur, d'un gueux!
MERCURE.
Hé bien, qu'est-ce? m'as-tu tout parcouru par ordre?
M'as-tu de tes gros yeux assez considéré?
Comme il les écarquille[1], et paroît effaré!
    Si des regards on pouvoit mordre,
    Il m'auroit déja déchiré.
AMPHITRYON.
Moi-même je frémis de ce que tu t'apprêtes
    Avec ces impudents propos.
Que tu grossis pour toi d'effroyables tempêtes,
Quels orages de coups vont fondre sur ton dos!
MERCURE.
L'ami, si de ces lieux tu ne veux disparoître,
Tu pourras y gagner quelque contusion.
AMPHITRYON.
Ah, tu sauras, maraud, à ta confusion,
Ce que c'est qu'un valet qui s'attaque à son maître!
MERCURE.
Toi, mon maître?
AMPHITRYON.
    Oui, coquin. M'oses-tu méconnoître?
MERCURE.
Je n'en reconnois point d'autre qu'Amphitryon.
AMPHITRYON.
Et cet Amphitryon, qui, hors moi, le peut être?

---

[1] *Comme il les écarquille*, pour *comme il les ouvre.*

ACTE III, SCÈNE II.

MERCURE.

Amphitryon?

AMPHITRYON.

Sans doute.

MERCURE.

Ah, quelle vision!
Dis-nous un peu, quel est le cabaret honnête
Où tu t'es coiffé le cerveau?

AMPHITRYON.

Comment! encore?

MERCURE.

Étoit-ce un vin à faire fête?

AMPHITRYON.

Ciel!

MERCURE.

Étoit-il vieux, ou nouveau?

AMPHITRYON.

Que de coups!

MERCURE.

Le nouveau donne fort dans la tête,
Quand on le veut boire sans eau.

AMPHITRYON.

Ah! je t'arracherai cette langue, sans doute.

MERCURE.

Passe, mon cher ami, crois-moi,
Que quelqu'un ici ne t'écoute.
Je respecte le vin. Va-t'en; retire-toi,
Et laisse Amphitryon dans les plaisirs qu'il goûte.

AMPHITRYON.

Comment, Amphitryon est là dedans?

MERCURE.

        Fort bien;
Qui, couvert des lauriers d'une victoire pleine,
  Est auprès de la belle Alcmène
A jouir des douceurs d'un aimable entretien.
Après le démêlé d'un amoureux caprice,
Ils goûtent le plaisir de s'être rajustés [1].
Garde-toi de troubler leurs douces privautés,
  Si tu ne veux qu'il ne punisse
  L'excès de tes témérités.

SCÈNE III.

AMPHITRYON.

Ah, quel étrange coup m'a-t-il porté dans l'ame!
En quel trouble cruel jette-t-il mon esprit!
Et si les choses sont comme le traître dit,
Où vois-je ici réduits mon honneur et ma flamme!
A quel parti me doit résoudre ma raison?
  Ai-je l'éclat ou le secret à prendre?
Et dois-je, en mon courroux, renfermer ou répandre
  Le déshonneur de ma maison?
Ah, faut-il consulter dans un affront si rude?
Je n'ai rien à prétendre, et rien à ménager;
  Et toute mon inquiétude
  Ne doit aller qu'à me venger.

---

[1] *De s'être rajustés*, pour *de s'être réconciliés*.

SCÈNE IV.

AMPHITRYON, SOSIE; NAUCRATÈS et POLIDAS,
dans le fond du théâtre.

SOSIE, *à Amphitryon.*

Monsieur, avec mes soins, tout ce que j'ai pu faire,
C'est de vous amener ces messieurs que voici.

AMPHITRYON.

Ah, vous voilà!

SOSIE.

Monsieur.

AMPHITRYON.

Insolent, téméraire!

SOSIE.

Quoi?

AMPHITRYON.

Je vous apprendrai de me traiter ainsi.

SOSIE.

Qu'est-ce donc, qu'avez-vous?

AMPHITRYON, *mettant l'épée à la main.*

Ce que j'ai, misérable!

SOSIE, *à Naucratès et à Polidas.*

Holà, messieurs, venez donc tôt.

NAUCRATÈS, *à Amphitryon.*

Ah! de grace, arrêtez.

SOSIE.

De quoi suis-je coupable?

AMPHITRYON.

Tu me le demandes, maraud!

(*à Naucratès.*)

Laissez-moi satisfaire un courroux légitime.

SOSIE.

Lorsque l'on pend quelqu'un, on lui dit pourquoi c'est.

NAUCRATÈS, *à Amphitryon.*

Daignez nous dire au moins quel peut être son crime.

SOSIE.

Messieurs, tenez bon, s'il vous plaît.

AMPHITRYON.

Comment! il vient d'avoir l'audace
De me fermer la porte au nez,
Et de joindre encor la menace
A mille propos effrénés!
(*voulant le battre.*)
Ah, coquin!

SOSIE, *tombant à genoux.*

Je suis mort.

NAUCRATÈS, *à Amphitryon.*

Calmez cette colère.

SOSIE.

Messieurs!

POLIDAS, *à Sosie.*

Qu'est-ce?

SOSIE.

M'a-t-il frappé?

AMPHITRYON.

Non, il faut qu'il ait le salaire
Des mots où tout-à-l'heure il s'est émancipé.

SOSIE.

Comment cela se peut-il faire,

ACTE III, SCÈNE IV.

Si j'étois, par votre ordre, autre part occupé ?
Ces messieurs sont ici pour rendre témoignage
Qu'à dîner avec vous je les viens d'inviter.

NAUCRATÈS.

Il est vrai qu'il nous vient de faire ce message,
Et n'a point voulu nous quitter.

AMPHITRYON.

Qui t'a donné cet ordre ?

SOSIE.

Vous.

AMPHITRYON.

Et quand ?

SOSIE.

Après votre paix faite,
Au milieu des transports d'une ame satisfaite
D'avoir d'Alcmène apaisé le courroux.
(Sosie se relève.)

AMPHITRYON.

O ciel ! chaque instant, chaque pas
Ajoute quelque chose à mon cruel martyre ;
Et, dans ce fatal embarras,
Je ne sais plus que croire, ni que dire.

NAUCRATÈS.

Tout ce que de chez vous il vient de nous conter
Surpasse si fort la nature,
Qu'avant que de rien faire et de vous emporter
Vous devez éclaircir toute cette aventure.

AMPHITRYON.

Allons : vous y pourrez seconder mon effort ;
Et le ciel à propos ici vous a fait rendre.

Voyons quelle fortune en ce jour peut m'attendre;
Débrouillons ce mystère, et sachons notre sort.
  Hélas! je brûle de l'apprendre,
  Et je le crains plus que la mort.
(Amphitryon frappe à la porte de sa maison.)

SCÈNE V.

JUPITER, AMPHITRYON, NAUCRATÈS, POLIDAS, SOSIE.

JUPITER.
  Quel bruit à descendre m'oblige?
  Et qui frappe en maître où je suis?
    AMPHITRYON.
Que vois-je? justes dieux!
    NAUCRATÈS.
       Ciel! quel est ce prodige?
Quoi, deux Amphitryons ici nous sont produits!
   AMPHITRYON, *à part.*
  Mon ame demeure transie!
Hélas! je n'en puis plus, l'aventure est à bout;
  Ma destinée est éclaircie,
  Et ce que je vois me dit tout.
    NAUCRATÈS.
Plus mes regards sur eux s'attachent fortement,
Plus je trouve qu'en tout l'un à l'autre est semblable
  SOSIE, *passant du côté de Jupiter.*
  Messieurs, voici le véritable;
L'autre est un imposteur digne de châtiment.

ACTE III, SCÈNE V.

POLIDAS.

Certes, ce rapport admirable
Suspend ici mon jugement.

AMPHITRYON.

C'est trop être éludé[1] par un fourbe exécrable ;
Il faut, avec ce fer, rompre l'enchantement.

NAUCRATÈS, *à Amphitryon, qui a mis l'épée à la main.*

Arrêtez !

AMPHITRYON.

Laissez-moi.

NAUCRATÈS.

Dieux ! que voulez-vous faire ?

AMPHITRYON.

Punir d'un imposteur les lâches trahisons.

JUPITER.

Tout beau ! L'emportement est fort peu nécessaire ;
Et lorsque de la sorte on se met en colère,
On fait croire qu'on a de mauvaises raisons.

SOSIE.

Oui, c'est un enchanteur qui porte un caractère
Pour ressembler aux maîtres des maisons.

AMPHITRYON, *à Sosie.*

Je te ferai, pour ton partage,
Sentir, par mille coups, ces propos outrageants.

SOSIE.

Mon maître est homme de courage,
Et ne souffrira point que l'on batte ses gens.

---

[1] *Être éludé,* pour *être joué.*

AMPHITRYON.

Laissez-moi m'assouvir dans mon courroux extrême,
Et laver mon affront au sang d'un scélérat.

NAUCRATÈS, *arrêtant Amphitryon.*

Nous ne souffrirons point cet étrange combat
D'Amphitryon contre lui-même.

AMPHITRYON.

Quoi ! mon honneur de vous reçoit ce traitement ?
Et mes amis d'un fourbe embrassent la défense !
Loin d'être les premiers à prendre ma vengeance,
Eux-mêmes font obstacle à mon ressentiment !

NAUCRATÈS.

Que voulez-vous qu'à cette vue
Fassent nos résolutions,
Lorsque, par deux Amphitryons,
Toute notre chaleur demeure suspendue ?
A vous faire éclater notre zèle aujourd'hui,
Nous craignons de faillir et de vous méconnoître.
Nous voyons bien en vous Amphitryon paroître,
Du salut des Thébains le glorieux appui ;
Mais nous le voyons tous aussi paroître en lui,
Et ne saurions juger dans lequel il peut être.
Notre parti n'est point douteux,
Et l'imposteur par nous doit mordre la poussière :
Mais ce parfait rapport le cache entre vous deux ;
Et c'est un coup trop hasardeux
Pour l'entreprendre sans lumière.
Avec douceur laissez-nous voir
De quel côté peut être l'imposteur ;
Et, dès que nous aurons démêlé l'aventure,

Il ne nous faudra point dire notre devoir.

JUPITER.

Oui, vous avez raison; et cette ressemblance
A douter de tous deux vous peut autoriser.
Je ne m'offense point de vous voir en balance :
Je suis plus raisonnable, et sais vous excuser.
L'œil ne peut entre nous faire de différence;
Et je vois qu'aisément on s'y peut abuser.
Vous ne me voyez point témoigner de colère,
  Point mettre l'épée à la main;
C'est un mauvais moyen d'éclaircir ce mystère,
Et j'en puis trouver un plus doux et plus certain.
  L'un de nous est Amphitryon;
Et tous deux à vos yeux nous le pouvons paroître.
C'est à moi de finir cette confusion;
Et je prétends me faire à tous si bien connoître,
Qu'aux pressantes clartés de ce que je puis être
Lui-même soit d'accord du sang qui m'a fait naître,
Et n'ait plus de rien dire aucune occasion.
C'est aux yeux des Thébains que je veux, avec vous,
De la vérité pure ouvrir la connoissance;
Et la chose, sans doute, est assez d'importance
  Pour affecter la circonstance
  De l'éclaircir aux yeux de tous.
Alcmène attend de moi ce public témoignage;
Sa vertu, que l'éclat de ce désordre outrage,
Veut qu'on la justifie, et j'en vais prendre soin :
C'est à quoi mon amour envers elle m'engage;
Et des plus nobles chefs je fais un assemblage
Pour l'éclaircissement dont sa gloire a besoin.

Attendant avec vous ces témoins souhaités,
>Ayez, je vous prie, agréable
>De venir honorer la table
>Où vous a Sosie invités.

SOSIE.

Je ne me trompois pas, messieurs ; ce mot termine
>Toute l'irrésolution :
>Le véritable Amphitryon
>Est l'Amphitryon où l'on dîne.

AMPHITRYON.

O ciel ! puis-je plus bas me voir humilié ?
Quoi ! faut-il que j'entende ici, pour mon martyre,
Tout ce que l'imposteur à mes yeux vient de dire,
Et que, dans la fureur que ce discours m'inspire,
>On me tienne le bras lié !

NAUCRATÈS, *à Amphitryon.*

Vous vous plaignez à tort. Permettez-nous d'entendre
>L'éclaircissement qui doit rendre
>Les ressentiments de saison.
>Je ne sais pas s'il impose ;
>Mais il parle sur la chose
>Comme s'il avoit raison.

AMPHITRYON.

Allez, foibles amis, et flattez l'imposture :
Thèbes en a pour moi de tout autres que vous ;
Et je vais en trouver qui, partageant l'injure,
Sauront prêter la main à mon juste courroux.

JUPITER.

Hé bien, je les attends, et saurai décider
>Le différent en leur présence.

AMPHITRYON.

Fourbe, tu crois par là peut-être t'évader ;
Mais rien ne te sauroit sauver de ma vengeance.

JUPITER.

A ces injurieux propos
Je ne daigne à présent répondre,
Et tantôt je saurai confondre
Cette fureur avec deux mots.

AMPHITRYON.

Le ciel même, le ciel ne t'y sauroit soustraire;
Et jusques aux enfers j'irai suivre tes pas.

JUPITER.

Il ne sera pas nécessaire;
Et l'on verra tantôt que je ne fuirai pas.

AMPHITRYON, *à part.*

Allons, courons, avant que d'avec eux il sorte,
Assembler des amis qui suivent mon courroux;
Et chez moi venons à main forte,
Pour le percer de mille coups.

SCÈNE VI.

JUPITER, NAUCRATÈS, POLIDAS, SOSIE.

JUPITER.

Point de façon, je vous conjure;
Entrons vite dans la maison.

NAUCRATÈS.

Certes, toute cette aventure
Confond le sens et la raison.

SOSIE.

Faites trêve, messieurs, à toutes vos surprises;
Et, pleins de joie, allez tabler jusqu'à demain.
    (*seul.*)
Que je vais m'en donner, et me mettre en beau train
        De raconter nos vaillantises!
        Je brûle d'en venir aux prises;
        Et jamais je n'eus tant de faim.

SCÈNE VII.

MERCURE, SOSIE.

MERCURE.

Arrête. Quoi! tu viens ici mettre ton nez,
        Impudent fleureur de cuisine!

SOSIE.

Ah, de grace, tout doux!

MERCURE.

            Ah, vous y retournez!
        Je vous ajusterai l'échine.

SOSIE.

    Hélas, brave et généreux moi,
        Modère-toi, je t'en supplie.
    Sosie, épargne un peu Sosie,
Et ne te plais pas tant à frapper dessus toi.

MERCURE.

    Qui de t'appeler de ce nom
        A pu te donner la licence?
Ne t'en ai-je pas fait une expresse défense,

ACTE III, SCÈNE VII.

Sous peine d'essuyer mille coups de bâton?

SOSIE.

C'est un nom que tous deux nous pouvons à la fois
    Posséder sous un même maître.
Pour Sosie, en tous lieux, on sait me reconnoître;
        Je souffre bien que tu le sois,
        Souffre aussi que je le puisse être.
        Laissons aux deux Amphitryons
        Faire éclater les jalousies;
        Et, parmi leurs contentions,
Faisons en bonne paix vivre les deux Sosies.

MERCURE.

Non, c'est assez d'un seul; et je suis obstiné
    A ne point souffrir de partage.

SOSIE.

Du pas devant sur moi tu prendras l'avantage;
Je serai le cadet, et tu seras l'aîné.

MERCURE.

Non; un frère incommode, et n'est pas de mon goût;
    Et je veux être fils unique.

SOSIE.

    O cœur barbare et tyrannique!
Souffre qu'au moins je sois ton ombre.

MERCURE.

                        Point du tout.

SOSIE.

Que d'un peu de pitié ton ame s'humanise!
En cette qualité souffre-moi près de toi :
Je te serai partout une ombre si soumise,
    Que tu seras content de moi.

MERCURE.

Point de quartier; immuable est la loi.
Si d'entrer là dedans tu prends encor l'audace,
　　Mille coups en seront le fruit.

SOSIE.

　　Las! à quelle étrange disgrace,
　　Pauvre Sosie, es-tu réduit!

MERCURE.

　　Quoi, ta bouche se licencie
A te donner encore un nom que je défends!

SOSIE.

　　Non, ce n'est pas moi que j'entends,
　　Et je parle d'un vieux Sosie
　　Qui fut jadis de mes parents,
　　Qu'avec très grande barbarie
A l'heure du dîner on chassa de céans.

MERCURE.

Prends garde de tomber dans cette frénésie,
Si tu veux demeurer au nombre des vivants.

SOSIE, *à part.*

Que je te rosserois, si j'avois du courage,
Double fils de putain, de trop d'orgueil enflé!

MERCURE.

Que dis-tu?

SOSIE.

　　Rien.

MERCURE.

　　　　Tu tiens, je crois, quelque langage.

SOSIE.

Demandez, je n'ai pas soufflé.

MERCURE.

Certain mot de fils de putain
A pourtant frappé mon oreille,
Il n'est rien de plus certain.

SOSIE.

C'est donc un perroquet que le beau temps réveille.

MERCURE.

Adieu. Lorsque le dos pourra te démanger,
Voilà l'endroit où je demeure.

SOSIE, *seul*.

O ciel! que l'heure de manger
Pour être mis dehors est une maudite heure!
Allons, cédons au sort dans notre affliction,
Suivons-en aujourd'hui l'aveugle fantaisie;
Et, par une juste union,
Joignons le malheureux Sosie
Au malheureux Amphitryon.
Je l'aperçois venir en bonne compagnie.

SCÈNE VIII.

AMPHITRYON, ARGATIPHONTIDAS, PAUSICLÈS; SOSIE, *dans un coin du théâtre, sans être aperçu*.

AMPHITRYON, *à plusieurs autres officiers qui l'accompagnent*.

Arrêtez là, messieurs; suivez-nous d'un peu loin,
Et n'avancez tous, je vous prie,

Que quand il en sera besoin.
PAUSICLÈS.
Je comprends que ce coup doit fort toucher votre ame.
AMPHITRYON.
Ah, de tous les côtés mortelle est ma douleur !
Et je souffre pour ma flamme
Autant que pour mon honneur.
PAUSICLÈS.
Si cette ressemblance est telle que l'on dit,
Alcmène, sans être coupable...
AMPHITRYON.
Ah, sur le fait dont il s'agit,
L'erreur simple devient un crime véritable,
Et, sans consentement, l'innocence y périt.
De semblables erreurs, quelque jour qu'on leur donne,
Touchent les endroits délicats ;
Et la raison bien souvent les pardonne,
Que l'honneur et l'amour ne les pardonnent pas.
ARGATIPHONTIDAS.
Je n'embarrasse point là dedans ma pensée.
Mais je hais vos messieurs de leurs honteux délais ;
Et c'est un procédé dont j'ai l'ame blessée,
Et que les gens de cœur n'approuveront jamais :
Quand quelqu'un nous emploie, on doit, tête baissée,
Se jeter dans ses intérêts.
Argatiphontidas ne va point aux accords.
Écouter d'un ami raisonner l'adversaire,
Pour des hommes d'honneur n'est point un coup à faire ;
Il ne faut écouter que la vengeance alors.
Le procès ne me sauroit plaire ;

Et l'on doit commencer toujours, dans ses transports,
>   Par bailler, sans autre mystère,
>   De l'épée au travers du corps.
>   Oui, vous verrez, quoi qu'il avienne,
Qu'Argatiphontidas marche droit sur ce point ;
>   Et de vous il faut que j'obtienne
>   Que le pendard ne meure point
>   D'une autre main que de la mienne.

AMPHITRYON.

Allons.

SOSIE, *à Amphitryon.*

>   Je viens, monsieur, subir, à deux genoux,
Le juste châtiment d'une audace maudite.
Frappez, battez, chargez, accablez-moi de coups,
>   Tuez-moi dans votre courroux,
>   Vous ferez bien ; je le mérite,
Et je n'en dirai pas un seul mot contre vous.

AMPHITRYON.

Lève-toi. Que fait-on ?

SOSIE.

>   L'on m'a chassé tout net ;
Et, croyant à manger m'aller comme eux ébattre,
>   Je ne songeois pas qu'en effet
>   Je m'attendois là pour me battre.
Oui, l'autre moi, valet de l'autre vous, a fait
>   Tout de nouveau le diable à quatre.
>   La rigueur d'un pareil destin,
>   Monsieur, aujourd'hui nous talonne ;
>   Et l'on me des-Sosie enfin,
>   Comme on vous des-Amphitryonne.

AMPHITRYON.

Suis-moi.

SOSIE.

N'est-il pas mieux de voir s'il vient personne?

SCÈNE IX.

CLÉANTHIS, AMPHITRYON, ARGATIPHON-TIDAS, POLIDAS, NAUCRATÈS, PAUSICLÈS, SOSIE.

CLÉANTHIS.

O ciel!

AMPHITRYON.

Qui t'épouvante ainsi?
Quelle est la peur que je t'inspire?

CLÉANTHIS.

Las, vous êtes là haut, et je vous vois ici!

NAUCRATÈS, *à Amphitryon.*

Ne vous pressez point; le voici
Pour donner devant tous les clartés qu'on désire,
Et qui, si l'on peut croire à ce qu'il vient de dire,
Sauront vous affranchir de trouble et de souci.

SCÈNE X.

MERCURE, AMPHITRYON, ARGATIPHONTIDAS, POLIDAS, NAUCRATÈS, PAUSICLÈS, CLÉANTHIS, SOSIE.

MERCURE.

Oui, vous l'allez voir tous ; et sachez, par avance,
  Que c'est le grand maître des dieux,
Que, sous les traits chéris de cette ressemblance,
Alcmène a fait du ciel descendre dans ces lieux.
  Et, quant à moi, je suis Mercure,
Qui, ne sachant que faire, ai rossé tant soit peu
  Celui dont j'ai pris la figure :
Mais de s'en consoler il a maintenant lieu ;
  Et les coups de bâton d'un dieu
  Font honneur à qui les endure.

SOSIE.

Ma foi, monsieur le dieu, je suis votre valet :
Je me serois passé de votre courtoisie.

MERCURE.

Je lui donne à présent congé d'être Sosie :
Je suis las de porter un visage si laid ;
Et je m'en vais au ciel, avec de l'ambroisie,
  M'en débarbouiller tout-à-fait.

  (Mercure s'envole au ciel.)

SOSIE.

Le ciel de m'approcher t'ôte à jamais l'envie !
Ta fureur s'est par trop acharnée après moi ;

Et je ne vis de ma vie
Un dieu plus diable que toi.

SCÈNE XI.

JUPITER, AMPHITRYON, NAUCRATÈS, ARGATIPHONTIDAS, POLIDAS, PAUSICLÈS, CLÉANTHIS, SOSIE.

JUPITER, *annoncé par le bruit du tonnerre, armé de son foudre, dans un nuage, sur son aigle.*

Regarde, Amphitryon, quel est ton imposteur;
Et, sous tes propres traits, vois Jupiter paroître.
A ces marques tu peux aisément le connoître;
Et c'est assez, je crois, pour remettre ton cœur
  Dans l'état auquel il doit être,
Et rétablir chez toi la paix et la douceur.
Mon nom, qu'incessamment toute la terre adore,
Étouffe ici les bruits qui pouvoient éclater.
  Un partage avec Jupiter
  N'a rien du tout qui déshonore;
Et, sans doute, il ne peut être que glorieux
De se voir le rival du souverain des dieux.
Je n'y vois pour ta flamme aucun lieu de murmure;
  Et c'est moi, dans cette aventure,
Qui, tout dieu que je suis, dois être le jaloux :
Alcmène est toute à toi, quelque soin qu'on emploie;
Et ce doit à tes feux être un objet bien doux,
De voir que, pour lui plaire, il n'est point d'autre voie
  Que de paroître son époux;

Que Jupiter, orné de sa gloire immortelle,
Par lui-même, n'a pu triompher de sa foi ;
    Et que ce qu'il a reçu d'elle
N'a, par son cœur ardent, été donné qu'à toi.

SOSIE.

Le seigneur Jupiter sait dorer la pilule.

JUPITER.

Sors donc des noirs chagrins que ton cœur à soufferts,
Et rends le calme entier à l'ardeur qui te brûle ;
Chez toi doit naître un fils qui, sous le nom d'Hercule,
Remplira de ses faits tout le vaste univers.
L'éclat d'une fortune en mille biens féconde
Fera connoître à tous que je suis ton support ;
    Et je mettrai tout le monde
    Au point d'envier ton sort.
   Tu peux hardiment te flatter
   De ces espérances données ;
  C'est un crime que d'en douter :
  Les paroles de Jupiter
  Sont des arrêts des destinées.
    (Il se perd dans les nues.)

NAUCRATÈS.

Certes, je suis ravi de ces marques brillantes...

SOSIE.

Messieurs, voulez-vous bien suivre mon sentiment ?
   Ne vous embarquez nullement
   Dans ces douceurs congratulantes :
   C'est un mauvais embarquement ;
Et, d'une et d'autre part, pour un tel compliment,
   Les phrases sont embarrassantes.

Le grand dieu Jupiter nous fait beaucoup d'honneur,
Et sa bonté, sans doute, est pour nous sans seconde;
  Il nous promet l'infaillible bonheur
  D'une fortune en mille biens féconde,
Et chez nous il doit naître un fils d'un très grand cœur :
    Tout cela va le mieux du monde.
    Mais enfin coupons aux discours,
Et que chacun chez soi doucement se retire :
    Sur de telles affaires toujours
    Le meilleur est de ne rien dire.

FIN D'AMPHITRYON.

L'AVARE,

COMÉDIE EN CINQ ACTES

ET EN PROSE,

Représentée à Paris, sur le théâtre du Palais-Royal,
le 9 septembre 1668.

PERSONNAGES.

HARPAGON, père de Cléante et d'Élise, et amoureux de Mariane [1].
CLÉANTE, fils d'Harpagon, amant de Mariane [2].
ÉLISE, fille d'Harpagon, amante de Valère [3].
VALÈRE, fils d'Anselme, et amant d'Élise [4].
MARIANE, amante de Cléante, et aimée d'Harpagon [5].
ANSELME, père de Valère et de Mariane.
FROSINE, femme d'intrigue [6].
MAITRE SIMON, courtier.
MAITRE JACQUES, cuisinier et cocher d'Harpagon [7].
LA FLÈCHE, valet de Cléante [8].
DAME CLAUDE, servante d'Harpagon.
BRINDAVOINE, } laquais d'Harpagon.
LA MERLUCHE, }
UN COMMISSAIRE, ET SON CLERC.

ACTEURS.

[1] MOLIÈRE. — [2] LA GRANGE. — [3] Mademoiselle MOLIÈRE. — [4] DU CROISY. — [5] Mademoiselle DE BRIE. — [6] Madeleine BÉJART. — [7] HUBERT. — [8] BÉJART cadet.

La scène est à Paris, dans la maison d'Harpagon.

L'AVARE.

ACTE PREMIER.

SCÈNE I.

VALÈRE, ÉLISE.

VALÈRE.

Hé quoi, charmante Élise, vous devenez mélancolique, après les obligeantes assurances que vous avez eu la bonté de me donner de votre foi! je vous vois soupirer, hélas, au milieu de ma joie! Est-ce du regret, dites-moi, de m'avoir fait heureux? et vous repentez-vous de cet engagement où mes feux ont pu vous contraindre?

ÉLISE.

Non, Valère, je ne puis pas me repentir de tout ce que je fais pour vous. Je m'y sens entraîner par une trop douce puissance; et je n'ai pas même la force de souhaiter que les choses ne fussent pas. Mais, à vous dire vrai, le succès me donne de l'inquiétude, et je crains fort de vous aimer un peu plus que je ne devrois.

VALÈRE.

Hé, que pouvez-vous craindre, Élise, dans les bontés que vous avez pour moi?

ÉLISE.

Hélas! cent choses à la fois : l'emportement d'un père, les reproches d'une famille, les censures du monde, mais plus que tout, Valère, le changement de votre cœur, et cette froideur criminelle dont ceux de votre sexe paient le plus souvent les témoignages trop ardents d'une innocente amour.

VALÈRE.

Ah, ne me faites pas ce tort de juger de moi par les autres! Soupçonnez-moi de tout, Élise, plutôt que de manquer à ce que je vous dois. Je vous aime trop pour cela; et mon amour pour vous durera autant que ma vie.

ÉLISE.

Ah, Valère! chacun tient les mêmes discours. Tous les hommes sont semblables par les paroles, et ce n'est que les actions qui les découvrent différents.

VALÈRE.

Puisque les seules actions font connoître ce que nous sommes, attendez donc, au moins, à juger de mon cœur par elles, et ne me cherchez point des crimes dans les injustes craintes d'une fâcheuse prévoyance. Ne m'assassinez point, je vous prie, par les sensibles coups d'un soupçon outrageux, et donnez-moi le temps de vous convaincre, par mille et mille preuves, de l'honnêteté de mes feux.

ÉLISE.

Hélas, qu'avec facilité on se laisse persuader par les personnes que l'on aime! Oui, Valère, je tiens votre cœur incapable de m'abuser. Je crois que vous m'aimez d'un véritable amour, et que vous me serez fidèle ; je n'en veux point du tout douter, et je retranche mon chagrin aux appréhensions du blâme qu'on pourra me donner.

VALÈRE.

Mais pourquoi cette inquiétude ?

ÉLISE.

Je n'aurois rien à craindre si tout le monde vous voyoit des yeux dont je vous vois ; et je trouve en votre personne de quoi avoir raison aux choses que je fais pour vous. Mon cœur, pour sa défense, a tout votre mérite, appuyé du secours d'une reconnoissance où le ciel m'engage envers vous. Je me représente à toute heure ce péril étonnant qui commença de nous offrir aux regards l'un de l'autre, cette générosité surprenante qui vous fit risquer votre vie pour dérober la mienne à la fureur des ondes ; ces soins pleins de tendresse que vous me fîtes éclater après m'avoir tirée de l'eau, et les hommages assidus de cet ardent amour que ni le temps ni les difficultés n'ont rebuté, et qui, vous faisant négliger et parents et patrie, arrête vos pas en ces lieux, y tient en ma faveur votre fortune déguisée, et vous a réduit, pour me voir, à vous revêtir de l'emploi de domestique de mon père. Tout cela fait chez moi, sans doute, un merveilleux effet ; et c'en est assez, à mes yeux, pour me justifier l'engagement où j'ai pu consentir : mais ce n'est pas assez, peut-être, pour le justifier aux autres, et je ne suis pas sûre qu'on entre dans mes sentiments.

VALÈRE.

De tout ce que vous avez dit, ce n'est que par mon seul amour que je prétends, auprès de vous, mériter quelque chose; et, quant aux scrupules que vous avez, votre père lui-même ne prend que trop de soin de vous justifier à tout le monde; et l'excès de son avarice, et la manière austère dont il vit avec ses enfants, pourroient autoriser des choses plus étranges. Pardonnez-moi, charmante Élise, si j'en parle ainsi devant vous. Vous savez que, sur ce chapitre, on n'en peut pas dire de bien. Mais enfin, si je puis, comme je l'espère, retrouver mes parents, nous n'aurons pas beaucoup de peine à nous les rendre favorables. J'en attends des nouvelles avec impatience; et j'en irai chercher moi-même, si elles tardent à venir.

ÉLISE.

Ah, Valère! ne bougez d'ici, je vous prie; et songez seulement à vous bien mettre dans l'esprit de mon père.

VALÈRE.

Vous voyez comme je m'y prends, et les adroites complaisances qu'il m'a fallu mettre en usage pour m'introduire à son service; sous quel masque de sympathie et de rapports de sentiments je me déguise pour lui plaire, et quel personnage je joue tous les jours avec lui, afin d'acquérir sa tendresse. J'y fais des progrès admirables; et j'éprouve que, pour gagner les hommes, il n'est point de meilleure voie que de se parer à leurs yeux de leurs inclinations, que de donner dans leurs maximes, encenser leurs défauts, et applaudir à ce qu'ils font. On n'a que faire d'avoir peur de trop charger la complaisance ; et la manière dont on les joue a beau être visible, les plus fins toujours sont de grandes dupes du côté de la flatterie ; et il n'y a rien de si impertinent et de si ridicule qu'on ne fasse avaler, lorsqu'on l'assaisonne en louange. La sincérité souffre un peu au métier que je fais : mais, quand on a besoin des hommes, il faut bien s'ajuster à eux ; et, puisqu'on ne sauroit les gagner que par là, ce n'est pas la faute de ceux qui flattent, mais de ceux qui veulent être flattés.

ÉLISE.

Mais que ne tâchez-vous aussi à gagner l'appui de mon frère, en cas que la servante s'avisât de révéler notre secret ?

VALÈRE.

On ne peut pas ménager l'un et l'autre ; et l'esprit du père et celui du fils sont des choses si opposées, qu'il est difficile d'accommoder ces deux confidences ensemble. Mais vous, de votre part, agissez auprès de votre frère, et servez-vous de l'amitié qui est entre vous deux pour le jeter dans nos intérêts. Il vient. Je me retire. Prenez ce temps pour lui parler ; et ne lui découvrez de notre affaire que ce que vous jugerez à propos.

ÉLISE.

Je ne sais si j'aurai la force de lui faire cette confidence.

SCÈNE II.

CLÉANTE, ÉLISE.

CLÉANTE.

Je suis bien aise de vous trouver seule, ma sœur; et je brûlois de vous parler pour m'ouvrir à vous d'un secret.

ÉLISE.

Me voilà prête à vous ouïr, mon frère. Qu'avez-vous à me dire?

CLÉANTE.

Bien des choses, ma sœur, enveloppées dans un mot. J'aime.

ÉLISE.

Vous aimez?

CLÉANTE.

Oui, j'aime. Mais, avant que d'aller plus loin, je sais que je dépends d'un père, et que le nom de fils me soumet à ses volontés; que nous ne devons point engager notre foi sans le consentement de ceux dont nous tenons le jour; que le ciel les a faits les maîtres de nos vœux, et qu'il nous est enjoint de n'en disposer que par leur conduite; que, n'étant prévenus d'aucune folle ardeur, ils sont en état de se tromper bien moins que nous, et de voir beaucoup mieux ce qui nous est propre; qu'il en faut plutôt croire les lumières de leur prudence que l'aveuglement de notre passion; et que l'emportement de la jeunesse nous entraîne le plus souvent dans des précipices fâcheux.

ACTE I, SCÈNE II.

Je vous dis tout cela, ma sœur, afin que vous ne vous donniez pas la peine de me le dire; car enfin mon amour ne veut rien écouter, et je vous prie de ne me point faire de remontrances.

ÉLISE.

Vous êtes-vous engagé, mon frère, avec celle que vous aimez?

CLÉANTE.

Non; mais j'y suis résolu : et je vous conjure, encore une fois, de ne me point apporter de raisons pour m'en dissuader.

ÉLISE.

Suis-je, mon frère, une si étrange personne?

CLÉANTE.

Non, ma sœur; mais vous n'aimez pas. Vous ignorez la douce violence qu'un tendre amour fait sur nos cœurs, et j'appréhende votre sagesse.

ÉLISE.

Hélas, mon frère! ne parlons point de ma sagesse. Il n'est personne qui n'en manque, du moins une fois en sa vie; et, si je vous ouvre mon cœur, peut-être serai-je à vos yeux bien moins sage que vous.

CLÉANTE.

Ah, plût au ciel que votre ame, comme la mienne...

ÉLISE.

Finissons auparavant votre affaire, et me dites qui est celle que vous aimez.

CLÉANTE.

Une jeune personne qui loge depuis peu en ces quartiers, et qui semble être faite pour donner de l'amour à tous ceux qui la voient. La nature, ma sœur, n'a rien formé de plus aimable ; et je me sentis transporté dès le moment que je la vis. Elle se nomme Mariane, et vit sous la conduite d'une bonne femme de mère, qui est presque toujours malade, et pour qui cette aimable fille a des sentiments d'amitié qui ne sont pas imaginables. Elle la sert, la plaint, et la console avec une tendresse qui vous toucheroit l'ame. Elle se prend d'un air le plus charmant du monde aux choses qu'elle fait ; et l'on voit briller mille graces en toutes ses actions, une douceur pleine d'attraits, une bonté toute engageante, une honnêteté adorable, une... Ah, ma sœur ! je voudrois que vous l'eussiez vue !

ÉLISE.

J'en vois beaucoup, mon frère, dans les choses que vous me dites ; et, pour comprendre ce qu'elle est, il me suffit que vous l'aimez.

CLÉANTE.

J'ai découvert sous main qu'elles ne sont pas fort accommodées[1], et que leur discrète conduite a de la peine à étendre à tous leurs besoins le bien qu'elles peuvent avoir. Figurez-vous, ma sœur, quelle joie ce peut être que de relever la fortune d'une personne que l'on aime ; que de donner adroitement quelques petits secours aux modestes nécessités d'une vertueuse famille : et concevez quel déplaisir ce m'est de voir

---

[1] *Elles ne sont pas fort accommodées,* pour *elles ne sont pas fort à l'aise.*

ACTE I, SCÈNE II.

que, par l'avarice d'un père, je sois dans l'impuissance de goûter cette joie, et de faire éclater à cette belle aucun témoignage de mon amour.

ÉLISE.

Oui, je conçois assez, mon frère, quel doit être votre chagrin.

CLÉANTE.

Ah, ma sœur! il est plus grand qu'on ne peut croire. Car enfin peut-on rien voir de plus cruel que cette rigoureuse épargne qu'on exerce sur nous? que cette sécheresse étrange où l'on nous fait languir? Hé! que nous servira d'avoir du bien, s'il ne nous vient que dans le temps que nous ne serons plus dans le bel âge d'en jouir; et si, pour m'entretenir même, il faut que maintenant je m'engage de tous côtés; si je suis réduit, avec vous, à chercher tous les jours le secours des marchands pour avoir moyen de porter des habits raisonnables? Enfin j'ai voulu vous parler pour m'aider à sonder mon père sur les sentiments où je suis; et, si je l'y trouve contraire, j'ai résolu d'aller en d'autres lieux, avec cette aimable personne, jouir de la fortune que le ciel voudra nous offrir. Je fais chercher partout, pour ce dessein, de l'argent à emprunter; et, si vos affaires, ma sœur, sont semblables aux miennes, et qu'il faille que notre père s'oppose à nos désirs, nous le quitterons là tous deux, et nous affranchirons de cette tyrannie où nous tient depuis si long-temps son avarice insupportable.

ÉLISE.

Il est bien vrai que tous les jours il nous donne de

plus en plus sujet de regretter la mort de notre mère, et que...

CLÉANTE.

J'entends sa voix. Éloignons-nous un peu pour achever notre confidence, et nous joindrons, après, nos forces pour venir attaquer la dureté de son humeur.

SCÈNE III.

HARPAGON, LA FLÈCHE.

HARPAGON.

Hors d'ici tout-à-l'heure, et qu'on ne réplique pas. Allons, que l'on détale de chez moi, maître juré filou, vrai gibier de potence.

LA FLÈCHE, *à part.*

Je n'ai jamais rien vu de si méchant que ce maudit vieillard ; et je pense, sauf correction, qu'il a le diable au corps.

HARPAGON.

Tu murmures entre tes dents?

LA FLÈCHE.

Pourquoi me chassez-vous?

HARPAGON.

C'est bien à toi, pendard, à me demander des raisons! Sors vite, que je ne t'assomme.

LA FLÈCHE.

Qu'est-ce que je vous ai fait?

HARPAGON.

Tu m'as fait que je veux que tu sortes.

LA FLÈCHE.

Mon maître, votre fils, m'a donné ordre de l'attendre.

HARPAGON.

Va-t'en l'attendre dans la rue, et ne sois point dans ma maison, planté tout droit comme un piquet, à observer ce qui se passe, et faire ton profit de tout. Je ne veux point avoir sans cesse devant moi un espion de mes affaires, un traître, dont les yeux maudits assiégent toutes mes actions, dévorent ce que je possède, et furetent de tous côtés pour voir s'il n'y a rien à voler.

LA FLÈCHE.

Comment diantre voulez-vous qu'on fasse pour vous voler? Êtes-vous un homme volable, quand vous renfermez toutes choses, et faites sentinelle jour et nuit?

HARPAGON.

Je veux renfermer ce que bon me semble, et faire sentinelle comme il me plaît. Ne voilà pas de mes mouchards[1] qui prennent garde à ce que l'on fait! (*bas, à part.*) Je tremble qu'il n'ait soupçonné quelque chose de mon argent. (*haut.*) Ne serois-tu point homme à aller faire courir le bruit que j'ai chez moi de l'argent caché?

---

[1] *Mouchard.* Mézeray, dans son *Histoire de France* (règne de François II), dit en parlant d'Antoine Démocharès, théologien de Paris, inquisiteur de la foi : « Il se nommoit *de Mouchy*... et ses espions s'appeloient *mouchards.* »

LA FLÈCHE.

Vous avez de l'argent caché?

HARPAGON.

Non, coquin, je ne dis pas cela. (*bas.*) J'enrage! (*haut.*) Je demande si malicieusement tu n'irois point faire courir le bruit que j'en ai?

LA FLÈCHE.

Hé! que nous importe que vous en ayez ou que vous n'en ayez pas, si c'est pour nous la même chose?

HARPAGON, *levant la main pour donner un soufflet à La Flèche.*

Tu fais le raisonneur! Je te baillerai de ce raisonnement-ci par les oreilles. Sors d'ici, encore une fois.

LA FLÈCHE.

Hé bien, je sors!

HARPAGON.

Attends. Ne m'emportes-tu rien?

LA FLÈCHE.

Que vous emporterois-je?

HARPAGON.

Tiens, viens çà que je voie. Montre-moi tes mains.

LA FLÈCHE.

Les voilà.

HARPAGON.

Les autres.

LA FLÈCHE.

Les autres?

HARPAGON.

Oui.

ACTE I, SCÈNE III.

LA FLÈCHE.

Les voilà.

HARPAGON, *montrant les hauts-de-chausses de La Flèche.*

N'as-tu rien mis ici dedans?

LA FLÈCHE.

Voyez vous-même.

HARPAGON, *tâtant le bas des hauts-de-chausses de La Flèche.*

Ces grands hauts-de-chausses sont propres à devenir les receleurs des choses qu'on dérobe; et je voudrois qu'on en eût fait pendre quelqu'un.

LA FLÈCHE, *à part.*

Ah, qu'un homme comme cela mériteroit bien ce qu'il craint, et que j'aurois de joie à le voler!

HARPAGON.

Euh?

LA FLÈCHE.

Quoi?

HARPAGON.

Qu'est-ce que tu parles de voler?

LA FLÈCHE.

Je vous dis que vous fouilliez bien partout pour voir si je vous ai volé.

HARPAGON.

C'est ce que je veux faire.

(*Harpagon fouille dans les poches de La Flèche.*)

LA FLÈCHE, *à part.*

La peste soit de l'avarice et des avaricieux!

HARPAGON.

Comment? que dis-tu?

LA FLÈCHE.

Ce que je dis?

HARPAGON.

Oui. Qu'est-ce que tu dis d'avarice et d'avaricieux?

LA FLÈCHE.

Je dis que la peste soit de l'avarice et des avaricieux.

HARPAGON.

De qui veux-tu parler?

LA FLÈCHE.

Des avaricieux.

HARPAGON.

Et qui sont-ils, ces avaricieux?

LA FLÈCHE.

Des vilains et des ladres.

HARPAGON.

Mais qui est-ce que tu entends par là?

LA FLÈCHE.

De quoi vous mettez-vous en peine?

HARPAGON.

Je me mets en peine de ce qu'il faut.

LA FLÈCHE.

Est-ce que vous croyez que je veux parler de vous?

HARPAGON.

Je crois ce que je crois; mais je veux que tu me dises à qui tu parles quand tu dis cela.

LA FLÈCHE.

Je parle... Je parle à mon bonnet.

HARPAGON.

Et moi, je pourrois bien parler à ta barrette[1].

---

[1] *Parler à la barrette de quelqu'un*, pour *lui parler sans ménagement, le frapper.*

ACTE I, SCÈNE III.

LA FLÈCHE.

M'empêcherez-vous de maudire les avaricieux?

HARPAGON.

Non; mais je t'empêcherai de jaser et d'être insolent. Tais-toi.

LA FLÈCHE.

Je ne nomme personne.

HARPAGON.

Je te rosserai, si tu parles.

LA FLÈCHE.

Qui se sent morveux, qu'il se mouche.

HARPAGON.

Te tairas-tu?

LA FLÈCHE.

Oui, malgré moi.

HARPAGON.

Ha, ha!

LA FLÈCHE, *montrant à Harpagon une poche de son justaucorps.*

Tenez, voilà encore une poche; êtes-vous satisfait?

HARPAGON.

Allons, rends-le-moi sans te fouiller.

LA FLÈCHE.

Quoi?

HARPAGON.

Ce que tu m'as pris.

LA FLÈCHE.

Je ne vous ai rien pris du tout.

HARPAGON.

Assurément?

LA FLÈCHE.

Assurément.

HARPAGON.

Adieu. Va-t'en à tous les diables!

LA FLÈCHE, *à part.*

Me voilà fort bien congédié!

HARPAGON.

Je te le mets sur ta conscience, au moins.

SCÈNE IV.

HARPAGON.

Voilà un pendard de valet qui m'incommode fort; et je ne me plais point à voir ce chien de boiteux-là. Certes, ce n'est pas une petite peine que de garder chez soi une grande somme d'argent; et bien heureux qui a tout son fait bien placé, et ne conserve seulement que ce qu'il faut pour sa dépense. On n'est pas peu embarrassé à inventer dans toute une maison une cache fidèle; car, pour moi, les coffres-forts me sont suspects, et je ne veux jamais m'y fier : je les tiens justement une franche amorce à voleurs; et c'est toujours la première chose que l'on va attaquer.

SCÈNE V.

HARPAGON; ÉLISE ET CLÉANTE, *parlant ensemble, et restant dans le fond du théâtre.*

HARPAGON, *se croyant seul.*

Cependant je ne sais si j'aurai bien fait d'avoir enterré dans mon jardin dix mille écus qu'on me rendit hier. Dix mille écus en or, chez soi, est une somme assez... (*à part, apercevant Élise et Cléante.*) O ciel! je me serai trahi moi-même; la chaleur m'aura emporté; et je crois que j'ai parlé haut en raisonnant tout seul. (*à Cléante et à Élise.*) Qu'est-ce?

CLÉANTE.

Rien, mon père.

HARPAGON.

Y a-t-il long-temps que vous êtes là?

ÉLISE.

Nous ne venons que d'arriver.

HARPAGON.

Vous avez entendu...

CLÉANTE.

Quoi, mon père?

HARPAGON.

Là...

ÉLISE.

Quoi?

HARPAGON.

Ce que je viens de dire.

CLÉANTE.

Non.

HARPAGON.

Si fait, si fait.

ÉLISE.

Pardonnez-moi.

HARPAGON.

Je vois bien que vous en avez ouï quelques mots. C'est que je m'entretenois en moi-même de la peine qu'il y a aujourd'hui à trouver de l'argent; et je disois qu'il est bien heureux qui peut avoir dix mille écus chez soi.

CLÉANTE.

Nous feignions à vous aborder, de peur de vous interrompre.

HARPAGON.

Je suis bien aise de vous dire cela, afin que vous n'alliez pas prendre les choses de travers, et vous imaginer que je dise que c'est moi qui ai dix mille écus.

CLÉANTE.

Nous n'entrons point dans vos affaires.

HARPAGON.

Plût à Dieu que je les eusse, dix mille écus!

CLÉANTE.

Je ne crois pas...

HARPAGON.

Ce seroit une bonne affaire pour moi.

ÉLISE.

Ce sont des choses...

ACTE I, SCÈNE V.

HARPAGON.

J'en aurois bon besoin.

CLÉANTE.

Je pense que...

HARPAGON.

Cela m'accommoderoit fort.

ÉLISE.

Vous êtes...

HARPAGON.

Et je ne me plaindrois pas, comme je fais, que le temps est misérable.

CLÉANTE.

Mon dieu! mon père, vous n'avez pas lieu de vous plaindre, et l'on sait que vous avez assez de bien.

HARPAGON.

Comment, j'ai assez de bien! ceux qui le disent en ont menti, il n'y a rien de plus faux, et ce sont des coquins qui font courir tous ces bruits-là.

ÉLISE.

Ne vous mettez point en colère.

HARPAGON.

Cela est étrange, que mes propres enfants me trahissent, et deviennent mes ennemis!

CLÉANTE.

Est-ce être votre ennemi que de dire que vous avez du bien?

HARPAGON.

Oui. De pareils discours, et les dépenses que vous faites, seront cause qu'un de ces jours on me viendra chez moi couper la gorge, dans la pensée que je suis tout cousu de pistoles.

CLÉANTE.

Quelle grande dépense est-ce que je fais?

HARPAGON.

Quelle? Est-il rien de plus scandaleux que ce somptueux équipage que vous promenez par la ville? Je querellois hier votre sœur; mais c'est encore pis. Voilà qui crie vengeance au ciel; et, à vous prendre depuis les pieds jusqu'à la tête, il y auroit là de quoi faire une bonne constitution. Je vous l'ai dit vingt fois, mon fils, toutes vos manières me déplaisent fort, vous donnez furieusement dans le marquis; et, pour aller ainsi vêtu, il faut bien que vous me dérobiez.

CLÉANTE.

Hé, comment vous dérober?

HARPAGON.

Que sais-je? Où pouvez-vous donc prendre de quoi entretenir l'état que vous portez?

CLÉANTE.

Moi, mon père? c'est que je joue; et comme je suis fort heureux, je mets sur moi tout l'argent que je gagne.

HARPAGON.

C'est fort mal fait. Si vous êtes heureux au jeu, vous en devriez profiter, et mettre à honnête intérêt l'argent que vous gagnez, afin de le trouver un jour. Je voudrois bien savoir, sans parler du reste, à quoi servent tous ces rubans dont vous voilà lardé depuis les pieds jusqu'à la tête, et si une demi-douzaine d'aiguillettes ne suffit pas pour attacher un haut-de-chausses. Il est bien nécessaire d'employer de l'argent à des perruques, lorsque l'on peut porter des cheveux de son cru, qui ne coûtent rien ! Je vais gager qu'en perruques et rubans il y a du moins vingt pistoles ; et vingt pistoles rapportent, par année, dix-huit livres six sous huit deniers, à ne les placer qu'au denier douze.

CLÉANTE.

Vous avez raison.

HARPAGON.

Laissons cela, et parlons d'autres affaires. (*apercevant Cléante et Élise qui se font des signes.*) Euh ! (*bas, à part.*) Je crois qu'ils se font signe l'un à l'autre de me voler ma bourse. (*haut.*) Que veulent dire ces gestes-là ?

ÉLISE.

Nous marchandons, mon frère et moi, à qui parlera le premier ; et nous avons tous deux quelque chose à vous dire.

HARPAGON.

Et moi, j'ai quelque chose aussi à vous dire à tous deux.

CLÉANTE.

C'est de mariage, mon père, que nous désirons vous parler.

HARPAGON.

Et c'est de mariage aussi que je veux vous entretenir.

ÉLISE.

Ah, mon père!

HARPAGON.

Pourquoi ce cri? Est-ce le mot, ma fille, ou la chose qui vous fait peur?

CLÉANTE.

Le mariage peut nous faire peur à tous deux, de la façon que vous pouvez l'entendre; et nous craignons que nos sentiments ne soient pas d'accord avec votre choix.

HARPAGON.

Un peu de patience. Ne vous alarmez point. Je sais ce qu'il faut à tous deux, et vous n'aurez, ni l'un ni l'autre, aucun lieu de vous plaindre de tout ce que je prétends faire; et, pour commencer par un bout, (*à Cléante.*) avez-vous vu, dites-moi, une jeune personne appelée Mariane, qui ne loge pas loin d'ici?

CLÉANTE.

Oui, mon père.

HARPAGON.

Et vous?

ÉLISE.

J'en ai ouï parler.

HARPAGON.

Comment, mon fils, trouvez-vous cette fille?

CLÉANTE.

Une fort charmante personne.

HARPAGON.

Sa physionomie?

ACTE I, SCÈNE V.

CLÉANTE.

Toute honnête et pleine d'esprit.

HARPAGON.

Son air et sa manière?

CLÉANTE.

Admirables, sans doute.

HARPAGON.

Ne croyez-vous pas qu'une fille comme cela mériteroit assez que l'on songeât à elle?

CLÉANTE.

Oui, mon père.

HARPAGON.

Que ce seroit un parti souhaitable?

CLÉANTE.

Très souhaitable.

HARPAGON.

Qu'elle a toute la mine de faire un bon ménage?

CLÉANTE.

Sans doute.

HARPAGON.

Et qu'un mari auroit satisfaction avec elle?

CLÉANTE.

Assurément.

HARPAGON.

Il y a une petite difficulté; c'est que j'ai peur qu'il n'y ait pas, avec elle, tout le bien qu'on pourroit prétendre.

CLÉANTE.

Ah, mon père! le bien n'est pas considérable [1]

---

[1] *N'est pas considérable*, pour *ne sauroit être pris en considération.*

lorsqu'il est question d'épouser une honnête personne.

HARPAGON.

Pardonnez-moi, pardonnez-moi. Mais ce qu'il y a à dire, c'est que, si l'on n'y trouve pas tout le bien qu'on souhaite, on peut tâcher de regagner cela sur autre chose.

CLÉANTE.

Cela s'entend.

HARPAGON.

Enfin je suis bien aise de vous voir dans mes sentiments : car son maintien honnête et sa douceur m'ont gagné l'ame ; et je suis résolu de l'épouser, pourvu que j'y trouve quelque bien.

CLÉANTE.

Euh !

HARPAGON.

Comment ?

CLÉANTE.

Vous êtes résolu, dites-vous...

HARPAGON.

D'épouser Mariane.

CLÉANTE.

Qui ? vous, vous ?

HARPAGON.

Oui, moi, moi, moi. Que veut dire cela ?

CLÉANTE.

Il m'a pris tout à coup un éblouissement, et je me retire d'ici.

ACTE I, SCÈNE VI.

HARPAGON.

Cela ne sera rien. Allez vite boire dans la cuisine un grand verre d'eau claire.

SCÈNE VI.

HARPAGON, ÉLISE.

HARPAGON.

Voilà de mes damoiseaux flouets, qui n'ont non plus de vigueur que des poules. C'est là, ma fille, ce que j'ai résolu pour moi. Quant à ton frère, je lui destine une certaine veuve, dont ce matin on m'est venu parler; et, pour toi, je te donne au seigneur Anselme.

ÉLISE.

Au seigneur Anselme?

HARPAGON.

Oui. Un homme mûr, prudent et sage, qui n'a pas plus de cinquante ans, et dont on vante les grands biens.

ÉLISE, *faisant la révérence.*

Je ne veux point me marier, mon père, s'il vous plaît.

HARPAGON, *contrefaisant Élise.*

Et moi, ma petite fille, ma mie, je veux que vous vous mariiez, s'il vous plaît.

ÉLISE, *faisant encore la révérence.*

Je vous demande pardon, mon père.

HARPAGON, *contrefaisant Élise.*

Je vous demande pardon, ma fille.

ÉLISE.

Je suis très humble servante au seigneur Anselme; mais, (*faisant encore la révérence.*) avec votre permission, je ne l'épouserai point.

HARPAGON.

Je suis votre très humble valet; mais, (*contrefaisant encore Élise.*) avec votre permission, vous l'épouserez dès ce soir.

ÉLISE.

Dès ce soir?

HARPAGON.

Dès ce soir.

ÉLISE, *faisant encore la révérence.*

Cela ne sera pas, mon père.

HARPAGON, *contrefaisant encore Élise.*

Cela sera, ma fille.

ÉLISE.

Non.

HARPAGON.

Si.

ÉLISE.

Non, vous dis-je.

HARPAGON.

Si, vous dis-je.

ÉLISE.

C'est une chose où vous ne me réduirez point.

HARPAGON.

C'est une chose où je te réduirai.

ÉLISE.

Je me tuerai plutôt que d'épouser un tel mari.

ACTE I, SCÈNE VI.

HARPAGON.

Tu ne te tueras point, et tu l'épouseras. Mais voyez quelle audace! A-t-on jamais vu une fille parler de la sorte à son père?

ÉLISE.

Mais a-t-on jamais vu un père marier sa fille de la sorte?

HARPAGON.

C'est un parti où il n'y a rien à redire; et je gage que tout le monde approuvera mon choix.

ÉLISE.

Et moi, je gage qu'il ne sauroit être approuvé d'aucune personne raisonnable.

HARPAGON, *apercevant Valère de loin.*

Voilà Valère. Veux-tu qu'entre nous deux nous le fassions juge de cette affaire?

ÉLISE.

J'y consens.

HARPAGON.

Te rendras-tu à son jugement?

ÉLISE.

Oui; j'en passerai par ce qu'il dira.

HARPAGON.

Voilà qui est fait.

SCÈNE VII.

VALÈRE, HARPAGON, ÉLISE.

HARPAGON.

Ici, Valère. Nous t'avons élu pour nous dire qui a raison de ma fille ou de moi.

VALÈRE.

C'est vous, monsieur, sans contredit.

HARPAGON.

Sais-tu bien de quoi nous parlons?

VALÈRE.

Non; mais vous ne sauriez avoir tort, et vous êtes toute raison.

HARPAGON.

Je veux ce soir lui donner pour époux un homme aussi riche que sage; et la coquine me dit au nez qu'elle se moque de le prendre. Que dis-tu de cela?

VALÈRE.

Ce que j'en dis?

HARPAGON.

Oui.

VALÈRE.

Eh, eh!

HARPAGON.

Quoi?

VALÈRE.

Je dis que, dans le fond, je suis de votre sentiment; et vous ne pouvez pas que vous n'ayez raison : mais aussi n'a-t-elle pas tort tout-à-fait; et...

HARPAGON.

Comment? le seigneur Anselme est un parti considérable; c'est un gentilhomme qui est noble, doux, posé, sage et fort accommodé, et auquel il ne reste aucun enfant de son premier mariage. Sauroit-elle mieux rencontrer?

VALÈRE.

Cela est vrai; mais elle pourroit vous dire que c'est un peu précipiter les choses, et qu'il faudroit au moins quelque temps pour voir si son inclination pourroit s'accorder avec...

HARPAGON.

C'est une occasion qu'il faut prendre vite aux cheveux. Je trouve ici un avantage qu'ailleurs je ne trouverois pas; et il s'engage à la prendre sans dot...

VALÈRE.

Sans dot?

HARPAGON.

Oui.

VALÈRE.

Ah, je ne dis plus rien! Voyez-vous, voilà une raison tout-à-fait convaincante : il se faut rendre à cela.

HARPAGON.

C'est pour moi une épargne considérable.

VALÈRE.

Assurément; cela ne reçoit point de contradiction. Il est vrai que votre fille vous peut représenter que le mariage est une plus grande affaire qu'on ne peut croire; qu'il y va d'être heureux ou malheureux toute sa vie; et qu'un engagement qui doit durer jusqu'à la mort ne se doit jamais faire qu'avec de grandes précautions.

HARPAGON.

Sans dot.

VALÈRE.

Vous avez raison. Voilà qui décide tout; cela s'entend. Il y a des gens qui pourroient vous dire qu'en de telles occasions l'inclination d'une fille est une chose, sans doute, où l'on doit avoir de l'égard, et que cette grande inégalité d'âge, d'humeur et de sentiments rend un mariage sujet à des accidents très fâcheux.

HARPAGON.

Sans dot.

VALÈRE.

Ah! il n'y a pas de réplique à cela; on le sait bien. Qui diantre peut aller là contre? Ce n'est pas qu'il n'y ait quantité de pères qui aimeroient mieux ménager la satisfaction de leurs filles, que l'argent qu'ils pourroient donner; qui ne les voudroient point sacrifier à l'intérêt, et chercheroient, plus que toute autre chose, à mettre, dans un mariage, cette douce conformité qui sans cesse y maintient l'honneur, la tranquillité et la joie; et que...

HARPAGON.

Sans dot.

VALÈRE.

Il est vrai, cela ferme la bouche à tout. Sans dot! Le moyen de résister à une raison comme celle-là!

HARPAGON, *à part, regardant du côté du jardin.*

Ouais! il me semble que j'entends un chien qui aboie. N'est-ce point qu'on en voudroit à mon argent? (*à Valère.*) Ne bougez! je reviens tout-à-l'heure.

SCÈNE VIII.

ÉLISE, VALÈRE.

ÉLISE.

Vous moquez-vous, Valère, de lui parler comme vous faites?

VALÈRE.

C'est pour ne point l'aigrir, et pour en venir mieux à bout. Heurter de front ses sentiments est le moyen de tout gâter; et il y a de certains esprits qu'il ne faut prendre qu'en biaisant, des tempéraments ennemis de toute résistance, des naturels rétifs, que la vérité fait cabrer, qui toujours se roidissent contre le droit chemin de la raison, et qu'on ne mène qu'en tournant où l'on veut les conduire. Faites semblant de consentir à ce qu'il veut, vous en viendrez mieux à vos fins, et...

ÉLISE.

Mais ce mariage, Valère?

VALÈRE.

On cherchera des biais pour le rompre.

ÉLISE.

Mais quelle invention trouver, s'il se doit conclure ce soir?

VALÈRE.

Il faut demander un délai, et feindre quelque maladie.

ÉLISE.

Mais on découvrira la feinte, si on appelle des médecins.

VALÈRE.

Vous moquez-vous? Y connoissent-ils quelque chose? Allez, allez, vous pourrez, avec eux, avoir quel mal il vous plaira : ils vous trouveront des raisons pour vous dire d'où cela vient.

SCÈNE IX.

HARPAGON, ÉLISE, VALÈRE.

HARPAGON, *à part, dans le fond du théâtre.*
Ce n'est rien, dieu merci.

VALÈRE, *sans voir Harpagon.*

Enfin notre dernier recours, c'est que la fuite nous peut mettre à couvert de tout; et si votre amour, belle Élise, est capable d'une fermeté... (*apercevant Harpagon.*) Oui, il faut qu'une fille obéisse à son père. Il ne faut point qu'elle regarde comme un mari est fait, et, lorsque la grande raison de *sans dot* s'y rencontre, elle doit être prête à prendre tout ce qu'on lui donne.

HARPAGON.

Bon, voilà bien parler cela!

VALÈRE.

Monsieur, je vous demande pardon si je m'emporte

un peu, et prends la hardiesse de lui parler comme je fais.

HARPAGON.

Comment! j'en suis ravi, et je veux que tu prennes sur elle un pouvoir absolu. (*à Élise.*) Oui, tu as beau fuir; je lui donne l'autorité que le ciel me donne sur toi, et j'entends que tu fasses tout ce qu'il te dira.

VALÈRE, *à Élise.*

Après cela, résistez à mes remontrances.

SCÈNE X.

HARPAGON, VALÈRE.

VALÈRE.

Monsieur, je vais la suivre, pour lui continuer les leçons que je lui faisois.

HARPAGON.

Oui; tu m'obligeras. Certes...

VALÈRE.

Il est bon de lui tenir un peu la bride haute.

HARPAGON.

Cela est vrai. Il faut...

VALÈRE.

Ne vous mettez pas en peine. Je crois que j'en viendrai à bout.

HARPAGON.

Fais, fais. Je m'en vais faire un petit tour en ville, et je reviens tout-à-l'heure.

VALÈRE, *adressant la parole à Élise, en s'en allant du côté par où elle est sortie.*

Oui, l'argent est plus précieux que toutes les choses du monde; et vous devez rendre grace au ciel de l'honnête homme de père qu'il vous a donné. Il sait ce que c'est que de vivre. Lorsqu'on s'offre de prendre une fille sans dot, on ne doit point regarder plus avant. Tout est renfermé là dedans; et sans dot tient lieu de beauté, de jeunesse, de naissance, d'honneur, de sagesse et de probité.

HARPAGON, *seul.*

Ah, le brave garçon! Voilà parler comme un oracle! Heureux qui peut avoir un domestique de la sorte!

FIN DU PREMIER ACTE.

ACTE SECOND.

SCÈNE I.

CLÉANTE, LA FLÈCHE.

CLÉANTE.

Ah, traître que tu es! ou t'es-tu donc allé fourrer? Ne t'avois-je pas donné ordre...

LA FLÈCHE.

Oui, monsieur, et je m'étois rendu ici pour vous attendre de pied ferme, mais monsieur votre père, le plus mal gracieux des hommes, m'a chassé dehors, malgré moi, et j'ai couru risque d'être battu.

CLÉANTE.

Comment va notre affaire? les choses pressent plus que jamais; depuis que je ne t'ai vu, j'ai découvert que mon père est mon rival.

LA FLÈCHE.

Votre père amoureux?

CLÉANTE.

Oui; et j'ai eu toutes les peines du monde à lui cacher le trouble où cette nouvelle m'a mis.

LA FLÈCHE.

Lui, se mêler d'aimer! De quoi diable s'avise-t-il? Se moque-t-il du monde? et l'amour a-t-il été fait pour des gens bâtis comme lui?

CLÉANTE.

Il a fallu, pour mes péchés, que cette passion lui soit venue en tête.

LA FLÈCHE.

Mais par quelle raison lui faire un mystère de votre amour?

CLÉANTE.

Pour lui donner moins de soupçon, et me conserver, au besoin, des ouvertures plus aisées pour détourner ce mariage. Quelle réponse t'a-t-on faite?

LA FLÈCHE.

Ma foi, monsieur, ceux qui empruntent sont bien malheureux; et il faut essuyer d'étranges choses lorsqu'on est réduit à passer, comme vous, par les mains des fesse-Mathieu [1].

CLÉANTE.

L'affaire ne se fera point?

LA FLÈCHE.

Pardonnez-moi. Notre maître Simon, le courtier qu'on nous a donné, homme agissant et plein de zèle,

---

[1] *Fesse-Mathieu*, nom injurieux qu'on donne aux usuriers. Avant sa conversion, saint Mathieu étoit banquier, *sedebat in telonio*. La malignité attribue aux banquiers des prêts usuraires; de là saint Mathieu regardé comme patron des usuriers. *Fêter saint Mathieu* est donc synonyme de *prêter à usure*. Mais au lieu de *fêter*, on a d'abord écrit *fester*: entre *st* et *ss*, liés ensemble, la différence est peu sensible; plus d'un lecteur, par conséquent, a dit *fesse-Mathieu* pour *feste-Mathieu;* et de cette méprise est résulté un sobriquet. Nous n'ignorons pas que la plupart des étymologistes trouvent dans *fesse-Mathieu* face de Mathieu, mine d'usurier. (*Dict. des proverbes.*)

ACTE II, SCÈNE I.

dit qu'il a fait rage pour vous ; et il assure que votre seule physionomie lui a gagné le cœur.

CLÉANTE.

J'aurai les quinze mille francs que je demande?

LA FLÈCHE.

Oui; mais à quelques petites conditions qu'il faudra que vous acceptiez, si vous avez dessein que les choses se fassent.

CLÉANTE.

T'a-t-il fait parler à celui qui doit prêter l'argent?

LA FLÈCHE.

Ah, vraiment, cela ne va pas de la sorte! Il apporte encore plus de soin à se cacher que vous; et ce sont des mystères bien plus grands que vous ne pensez. On ne veut point du tout dire son nom, et l'on doit aujourd'hui l'aboucher avec vous dans une maison empruntée, pour être instruit par votre bouche de votre bien et de votre famille; et je ne doute point que le seul nom de votre père ne rende les choses faciles.

CLÉANTE.

Et principalement ma mère étant morte, dont on ne peut m'ôter le bien.

LA FLÈCHE.

Voici quelques articles qu'il a dictés lui-même à notre entremetteur, pour vous être montrés avant que de rien faire :

« Supposé que le prêteur voie toutes ses sûretés, et
« que l'emprunteur soit majeur, et d'une famille où
« le bien soit ample, solide, assuré, clair, et net de

« tout embarras, on fera une bonne et exacte obliga-
« tion pardevant un notaire, le plus honnête homme
« qu'il se pourra, et qui, pour cet effet, sera choisi
« par le prêteur, auquel il importe le plus que l'acte
« soit dûment dressé. »

CLÉANTE.

Il n'y a rien à dire à cela.

LA FLÈCHE.

« Le prêteur, pour ne charger sa conscience d'au-
« cun scrupule, prétend ne donner son argent qu'au
« denier dix-huit. »

CLÉANTE.

Au denier dix-huit? Parbleu! voilà qui est honnête.
Il n'y a pas lieu de se plaindre.

LA FLÈCHE.

Cela est vrai.

« Mais comme ledit prêteur n'a pas chez lui la
« somme dont il est question, et que, pour faire plai-
« sir à l'emprunteur, il est contraint lui-même de
« l'emprunter d'un autre, sur le pied du denier cinq,
« il conviendra que ledit premier emprunteur paie cet
« intérêt, sans préjudice du reste, attendu que ce
« n'est que pour l'obliger que ledit prêteur s'engage à
« cet emprunt. »

CLÉANTE.

Comment diable! quel juif, quel arabe est-ce là!
C'est plus qu'au denier quatre.

LA FLÈCHE.

Il est vrai; c'est ce que j'ai dit. Vous avez à voir
là dessus.

ACTE II, SCÈNE I.

CLÉANTE.

Que veux-tu que je voie? J'ai besoin d'argent, et il faut bien que je consente à tout.

LA FLÈCHE.

C'est la réponse que j'ai faite.

CLÉANTE.

Il y a encore quelque chose?

LA FLÈCHE.

Ce n'est plus qu'un petit article.

« Des quinze mille francs qu'on demande, le prê-
« teur ne pourra compter en argent que douze mille
« livres, et, pour les mille écus restants, il faudra que
« l'emprunteur prenne les hardes, nippes et bijoux
« dont s'ensuit le mémoire, que ledit prêteur a mis,
« de bonne foi, au plus modique prix qu'il lui a été
« possible. »

CLÉANTE.

Que veut dire cela?

LA FLÈCHE.

Écoutez le mémoire.

« Premièrement, un lit de quatre pieds, à bandes
« de point de Hongrie, appliquées fort proprement
« sur un drap de couleur d'olive, avec six chaises et
« la courte-pointe de même; le tout bien conditionné,
« et doublé d'un petit taffetas changeant rouge et
« bleu.

« Plus, un pavillon à queue, d'une bonne serge
« d'Aumale rose sèche, avec le mollet et les franges
« de soie. »

CLÉANTE.

Que veut-il que je fasse de cela?

LA FLÈCHE.

Attendez.

« Plus, une tenture de tapisserie des amours de
« Gombaud et de Macée.

« Plus, une grande table de bois de noyer à douze
« colonnes ou piliers tournés, qui se tire par les deux
« bouts, et garnie par le dessous de six escabelles. »

CLÉANTE.

Qu'ai-je à faire, morbleu...

LA FLÈCHE.

Donnez-vous patience.

« Plus, trois gros mousquets, tout garnis de nacre
« de perle, avec les trois fourchettes assortissantes.

« Plus, un fourneau de brique, avec deux cornues
« et trois récipients, fort utiles à ceux qui sont curieux
« de distiller. »

CLÉANTE.

J'enrage!

LA FLÈCHE.

Doucement.

« Plus, un luth de Bologne, garni de toutes ses
« cordes, ou peu s'en faut.

« Plus, un trou-madame, et un damier, avec un jeu
« de l'oie renouvelé des Grecs, fort propre à passer
« le temps lorsque l'on n'a que faire.

« Plus, une peau d'un lézard, de trois pieds et demi,
« remplie de foin; curiosité agréable pour pendre au
« plancher d'une chambre.

« Le tout ci-dessus mentionné valant loyalement
« plus de quatre mille cinq cents livres, et rabaissé
« à la valeur de mille écus, par la discrétion du
« prêteur. »

CLÉANTE.

Que la peste l'étouffe avec sa discrétion, le traître,
le bourreau qu'il est! A-t-on jamais parlé d'une usure
semblable? Et n'est-il pas content du furieux intérêt
qu'il exige, sans vouloir encore m'obliger à prendre
pour trois mille livres les vieux rogatons qu'il ramasse? Je n'aurai pas deux cents écus de tout cela;
et cependant il faut bien me résoudre à consentir à
ce qu'il veut; car il est en état de me faire tout accepter, et il me tient, le scélérat, le poignard sur la
gorge.

LA FLÈCHE.

Je vous vois, monsieur, ne vous en déplaise, dans
le grand chemin justement que tenoit Panurge pour
se ruiner, prenant argent d'avance, achetant cher,
vendant à bon marché, et mangeant son blé en
herbe.

CLÉANTE.

Que veux-tu que j'y fasse? Voilà où les jeunes gens
sont réduits par la maudite avarice des pères : et on
s'étonne, après cela, que les fils souhaitent qu'ils
meurent!

LA FLÈCHE.

Il faut avouer que le vôtre animeroit contre sa vi-
lenie le plus posé homme du monde. Je n'ai pas,
dieu merci, les inclinations fort patibulaires; et,

parmi mes confrères, que je vois se mêler de beaucoup de petits commerces, je sais tirer adroitement mon épingle du jeu, et me démêler prudemment de toutes les galanteries qui sentent tant soit peu l'échelle; mais, à vous dire vrai, il me donneroit, par ses procédés, des tentations de le voler; et je croirois, en le volant, faire une action méritoire.

CLÉANTE.

Donne-moi un peu ce mémoire, que je le voie encore.

SCÈNE II.

HARPAGON, MAITRE SIMON; CLÉANTE ET LA FLÈCHE, *dans le fond du théâtre.*

MAÎTRE SIMON.

Oui, monsieur, c'est un jeune homme qui a besoin d'argent: ses affaires le pressent d'en trouver, et il en passera par tout ce que vous en prescrirez.

HARPAGON.

Mais, croyez-vous, maître Simon, qu'il n'y ait rien à péricliter? et savez-vous le nom, les biens et la famille de celui pour qui vous parlez?

MAÎTRE SIMON.

Non : je ne puis pas bien vous en instruire à fond; et ce n'est que par aventure que l'on m'a adressé à lui : mais vous serez de toutes choses éclairci par lui-même, et son homme m'a assuré que vous serez content quand vous le connoîtrez. Tout ce que je saurois vous dire, c'est que sa famille est fort riche, qu'il n'a plus de mère déja, et qu'il s'obligera, si vous voulez, que son père mourra avant qu'il soit huit mois.

HARPAGON.

C'est quelque chose que cela. La charité, maître Simon, nous oblige à faire plaisir aux personnes lorsque nous le pouvons.

MAÎTRE SIMON.

Cela s'entend.

LA FLÈCHE, *bas, à Cléante, reconnoissant maître Simon.*

Que veut dire ceci? Notre maître Simon qui parle à votre père!

CLÉANTE, *bas, à La Flèche.*

Lui auroit-on appris qui je suis? et serois-tu pour me trahir?

MAÎTRE SIMON, *à Cléante et à La Flèche.*

Ah, ah! vous êtes bien pressés! Qui vous a dit que c'étoit céans? (*à Harpagon.*) Ce n'est pas moi, monsieur, au moins, qui leur ai découvert votre nom et votre logis. Mais, à mon avis, il n'y a pas grand mal à cela; ce sont des personnes discrètes, et vous pouvez ici vous expliquer ensemble.

HARPAGON.

Comment!

MAÎTRE SIMON, *montrant Cléante.*

Monsieur est la personne qui veut vous emprunter les quinze mille livres dont je vous ai parlé.

HARPAGON.

Comment, pendard! c'est toi qui t'abandonnes à ces coupables extrémités!

CLÉANTE.

Comment, mon père, c'est vous qui vous portez à ces honteuses actions !

(*Maître Simon s'enfuit, et La Flèche va se cacher.*)

SCÈNE III.

HARPAGON, CLÉANTE.

HARPAGON.

C'est toi qui te veux ruiner par des emprunts si condamnables !

CLÉANTE.

C'est vous qui cherchez à vous enrichir par des usures si criminelles !

HARPAGON.

Oses-tu bien, après cela, paroître devant moi ?

CLÉANTE.

Osez-vous bien, après cela, vous présenter aux yeux du monde ?

HARPAGON.

N'as-tu point de honte, dis-moi, d'en venir à ces débauches-là, de te précipiter dans des dépenses effroyables, et de faire une honteuse dissipation du bien que tes parents t'ont amassé avec tant de sueurs ?

CLÉANTE.

Ne rougissez-vous point de déshonorer votre condition par les commerces que vous faites ? de sacrifier gloire et réputation au désir insatiable d'entasser écu sur écu, et de renchérir, en fait d'intérêt, sur les plus infames subtilités qu'aient jamais inventées les plus célèbres usuriers?

HARPAGON.

Ote-toi de mes yeux, coquin; ôte-toi de mes yeux!

CLÉANTE.

Qui est plus criminel, à votre avis, ou celui qui achète un argent dont il a besoin, ou bien celui qui vole un argent dont il n'a que faire?

HARPAGON.

Retire-toi, te dis-je, et ne m'échauffe pas les oreilles. (*seul*.) Je ne suis pas fâché de cette aventure; et ce m'est un avis de tenir l'œil plus que jamais sur toutes ses actions.

SCÈNE IV.

FROSINE, HARPAGON.

FROSINE.

Monsieur.

HARPAGON.

Attendez un moment; je vais revenir vous parler. (*à part*.) Il est à propos que je fasse un petit tour à mon argent.

SCÈNE V.

LA FLÈCHE, FROSINE.

LA FLÈCHE, *sans voir Frosine.*

L'aventure est tout-à-fait drôle. Il faut bien qu'il ait quelque part un ample magasin de hardes; car nous n'avons rien reconnu au mémoire que nous avons.

FROSINE.

Hé! c'est toi, mon pauvre La Flèche! D'où vient cette rencontre?

LA FLÈCHE.

Ah, ah! c'est toi, Frosine! Que viens-tu faire ici?

FROSINE.

Ce que je fais partout ailleurs : m'entremettre d'affaires; me rendre serviable aux gens, et profiter du mieux qu'il m'est possible des petits talents que je puis avoir. Tu sais que, dans ce monde, il faut vivre d'adresse, et qu'aux personnes comme moi le ciel n'a donné d'autres rentes que l'intrigue et que l'industrie.

LA FLÈCHE.

As-tu quelque négoce avec le patron du logis?

FROSINE.

Oui; je traite pour lui quelque petite affaire dont j'espère une récompense.

LA FLÈCHE.

De lui? Ah, ma foi! tu seras bien fine si tu en tires

quelque chose; et je te donne avis que l'argent céans est fort cher.

FROSINE.

Il y a de certains services qui touchent merveilleusement.

LA FLÈCHE.

Je suis votre valet! Et tu ne connois pas encore le seigneur Harpagon. Le seigneur Harpagon est de tous les humains l'humain le moins humain, le mortel de tous les mortels le plus dur et le plus serré. Il n'est point de service qui pousse sa reconnoissance jusqu'à lui faire ouvrir les mains. De la louange, de l'estime, de la bienveillance en paroles, et de l'amitié, tant qu'il vous plaira, mais de l'argent, point d'affaires. Il n'est rien de plus sec et de plus aride que ses bonnes graces et ses caresses; et *donner* est un mot pour qui il a tant d'aversion, qu'il ne dit jamais *je vous donne*, mais, *je vous prête le bonjour*.

FROSINE.

Mon dieu! je sais l'art de traire les hommes; j'ai le secret de m'ouvrir leur tendresse, de chatouiller leurs cœurs, de trouver les endroits par où ils sont sensibles.

LA FLÈCHE.

Bagatelles ici. Je te défie d'attendrir, du côté de l'argent, l'homme dont il est question. Il est Turc là dessus, mais d'une turquerie à désespérer tout le monde; et l'on pourroit crever, qu'il n'en branleroit pas. En un mot, il aime l'argent plus que réputation, qu'honneur et que vertu; et la vue d'un demandeur lui donne des convulsions. C'est le frapper par son endroit mortel, c'est lui percer le cœur, c'est lui arracher les entrailles; et si... Mais il revient, je me retire.

SCÈNE VI.

HARPAGON, FROSINE.

HARPAGON, *bas*.

Tout va comme il faut. (*haut*.) Hé bien, qu'est-ce, Frosine?

FROSINE.

Ah, mon dieu, que vous vous portez bien! et que vous avez là un vrai visage de santé!

HARPAGON.

Qui, moi?

FROSINE.

Jamais je ne vous vis un teint si frais et si gaillard.

HARPAGON.

Tout de bon?

FROSINE.

Comment! vous n'avez de votre vie été si jeune que vous êtes, et je vois des gens de vingt-cinq ans qui sont plus vieux que vous.

HARPAGON.

Cependant, Frosine, j'en ai soixante bien comptés.

FROSINE.

Hé bien, qu'est-ce que cela, soixante ans? voilà bien de quoi! C'est la fleur de l'âge, cela; et vous entrez maintenant dans la belle saison de l'homme.

HARPAGON.

Il est vrai; mais vingt années de moins pourtant ne me feroient point de mal, que je crois.

FROSINE.

Vous moquez-vous? Vous n'avez pas besoin de cela, et vous êtes d'une pâte à vivre jusques à cent ans.

HARPAGON.

Tu le crois?

FROSINE.

Assurément. Vous en avez toutes les marques. Tenez-vous un peu. Oh, que voilà bien, entre vos deux yeux, un signe de longue vie!

HARPAGON.

Tu te connois à cela?

FROSINE.

Sans doute. Montrez-moi votre main. Ah, mon dieu, quelle ligne de vie!

HARPAGON.

Comment?

FROSINE.

Ne voyez-vous pas jusqu'où va cette ligne-là?

HARPAGON.

Hé bien, qu'est-ce que cela veut dire?

FROSINE.

Par ma foi, je disois cent ans; mais vous passerez les six-vingts.

HARPAGON.

Est-il possible?

FROSINE.

Il faudra vous assommer, vous dis-je; et vous mettrez en terre et vos enfants et les enfants de vos enfants.

HARPAGON.

Tant mieux. Comment va notre affaire?

FROSINE.

Faut-il le demander? et me voit-on mêler de rien dont je ne vienne à bout? J'ai surtout pour les mariages un talent merveilleux. Il n'est point de partis au monde que je ne trouve en peu de temps le moyen d'accoupler; et je crois, si je me l'étois mis en tête, que je marierois le Grand-Turc avec la république de Venise. Il n'y avoit pas, sans doute, de si grandes difficultés à cette affaire-ci. Comme j'ai commerce chez elles, je les ai à fond l'une et l'autre entretenues de vous; et j'ai dit à la mère le dessein que vous aviez conçu pour Mariane, à la voir passer dans la rue et prendre l'air à sa fenêtre.

HARPAGON.

Qui a fait réponse...

FROSINE.

Elle a reçu la proposition avec joie; et, quand je lui ai témoigné que vous souhaitiez fort que sa fille assistât ce soir au contrat de mariage qui doit se faire de la vôtre, elle y a consenti sans peine, et me l'a confiée pour cela.

HARPAGON.

C'est que je suis obligé, Frosine, de donner à souper au seigneur Anselme; et je serai bien aise qu'elle soit du régal.

FROSINE.

Vous avez raison. Elle doit après dîner rendre visite

ACTE II, SCÈNE VI.

à votre fille, d'où elle fait son compte d'aller faire un tour à la Foire, pour venir ensuite au souper.

HARPAGON.

Hé bien, elles iront ensemble dans mon carrosse, que je leur prêterai.

FROSINE.

Voilà justement son affaire.

HARPAGON.

Mais, Frosine, as-tu entretenu la mère touchant le bien qu'elle peut donner à sa fille? Lui as-tu dit qu'il falloit qu'elle s'aidât un peu, qu'elle fît quelque effort, qu'elle se saignât pour une occasion comme celle-ci? Car encore n'épouse-t-on point une fille sans qu'elle apporte quelque chose.

FROSINE.

Comment! c'est une fille qui vous apportera douze mille livres de rente.

HARPAGON.

Douze mille livres de rente!

FROSINE.

Oui. Premièrement, elle est nourrie et élevée dans une grande épargne de bouche : c'est une fille accoutumée à vivre de salade, de lait, de fromage et de pommes, et à laquelle, par conséquent, il ne faudra ni table bien servie, ni consommés exquis, ni orges mondés perpétuels, ni les autres délicatesses qu'il faudroit pour une autre femme; et cela ne va pas à si peu de chose, qu'il ne monte bien tous les ans à trois mille francs pour le moins. Outre cela, elle n'est curieuse que d'une propreté fort simple, et n'aime point les superbes habits, ni les riches bijoux, ni les meubles somptueux, où donnent ses pareilles avec tant de chaleur; et cet article-là vaut plus de quatre mille livres par an. De plus, elle a une aversion horrible pour le jeu : ce qui n'est pas commun aux femmes d'aujourd'hui; et j'en sais une de nos quartiers qui a perdu, à trente et quarante, vingt mille francs cette année. Mais n'en prenons rien que le quart. Cinq mille francs au jeu par an, et quatre mille francs en habits et bijoux, cela fait neuf mille livres; et mille écus que nous mettons pour la nourriture, ne voilà-t-il pas, par année, vos douze mille francs bien comptés?

HARPAGON.

Oui, cela n'est pas mal; mais ce compte-là n'a rien de réel.

FROSINE.

Pardonnez-moi. N'est-ce pas quelque chose de réel que de vous apporter en mariage une grande sobriété, l'héritage d'un grand amour de simplicité de parure, et l'acquisition d'un grand fonds de haine pour le jeu?

HARPAGON.

C'est une raillerie que de vouloir me constituer sa dot de toutes les dépenses qu'elle ne fera point. Je n'irai pas donner quittance de ce que je ne reçois pas; et il faut bien que je touche quelque chose.

FROSINE.

Mon dieu, vous toucherez assez! et elles m'ont parlé d'un certain pays où elles ont du bien dont vous serez le maître.

HARPAGON.

Il faut voir cela. Mais, Frosine, il y a encore une chose qui m'inquiète. La fille est jeune, comme tu vois; et les jeunes gens d'ordinaire n'aiment que leurs semblables, et ne cherchent que leur compagnie. J'ai peur qu'un homme de mon âge ne soit pas de son goût, et que cela ne vienne à produire chez moi certains petits désordres qui ne m'accommoderoient pas.

FROSINE.

Ah, que vous la connoissez mal! C'est encore une particularité que j'avois à vous dire. Elle a une aversion épouvantable pour les jeunes gens, et n'a de l'amour que pour les vieillards.

HARPAGON.

Elle?

FROSINE.

Oui, elle. Je voudrois que vous l'eussiez entendue parler là dessus. Elle ne peut souffrir du tout la vue d'un jeune homme; mais elle n'est point plus ravie, dit-elle, que lorsqu'elle peut voir un beau vieillard avec une barbe majestueuse. Les plus vieux sont pour elle les plus charmants; et je vous avertis de n'aller pas vous faire plus jeune que vous êtes. Elle veut tout au moins qu'on soit sexagénaire; et il n'y a pas quatre mois encore qu'étant près d'être mariée, elle rompit tout net le mariage, sur ce que son amant fit voir qu'il n'avoit que cinquante-six ans, et qu'il ne prit point de lunettes pour signer le contrat.

HARPAGON.

Sur cela seulement?

FROSINE.

Oui. Elle dit que ce n'est pas contentement pour elle que cinquante-six ans; et surtout elle est pour les nez qui portent des lunettes.

HARPAGON.

Certes, tu me dis là une chose toute nouvelle.

FROSINE.

Cela va plus loin qu'on ne vous peut dire. On lui voit dans sa chambre quelques tableaux et quelques estampes. Mais que pensez-vous que ce soit? des Adonis, des Céphales, des Pâris et des Apollons? Non: de beaux portraits de Saturne, du roi Priam, du vieux Nestor, et du bon père Anchise sur les épaules de son fils.

HARPAGON.

Cela est admirable! Voilà ce que je n'aurois jamais pensé; et je suis bien aise d'apprendre qu'elle est de cette humeur. En effet, si j'avois été femme, je n'aurois point aimé les jeunes hommes.

FROSINE.

Je le crois bien. Voilà de belles drogues que des jeunes gens, pour les aimer! Ce sont de beaux morveux, de beaux godelureaux, pour donner envie de leur peau! et je voudrois bien savoir quel ragoût il y a à eux!

HARPAGON.

Pour moi, je n'y en comprends point, et je ne sais pas comment il y a des femmes qui les aiment tant.

FROSINE.

Il faut être folle fieffée. Trouver la jeunesse aimable,

est-ce avoir le sens commun? Sont-ce des hommes que de jeunes blondins? et peut-on s'attacher à ces animaux-là?

HARPAGON.

C'est ce que je dis tous les jours. Avec leur ton de poule laitée, leurs trois petits brins de barbe relevés en barbe de chat, leurs perruques d'étoupes, leurs hauts-de-chausses tout tombants, et leurs estomacs débraillés!

FROSINE.

Hé, cela est bien bâti, auprès d'une personne comme vous! Voilà un homme, cela. Il y a là de quoi satisfaire à la vue! et c'est ainsi qu'il faut être fait et vêtu pour donner de l'amour.

HARPAGON.

Tu me trouves bien?

FROSINE.

Comment! vous êtes à ravir, et votre figure est à peindre. Tournez-vous un peu, s'il vous plaît. Il ne se peut pas mieux! Que je vous voie marcher. Voilà un corps taillé, libre et dégagé comme il faut, et qui ne marque aucune incommodité.

HARPAGON.

Je n'en ai pas de grandes, dieu merci; il n'y a que ma fluxion qui me prend de temps en temps.

FROSINE.

Cela n'est rien; votre fluxion ne vous sied point mal, et vous avez grace à tousser.

HARPAGON.

Dis-moi un peu : Mariane ne m'a-t-elle point encore vu? N'a-t-elle point pris garde à moi en passant?

FROSINE.

Non; mais nous nous sommes fort entretenues de vous. Je lui ai fait un portrait de votre personne; et je n'ai pas manqué de lui vanter votre mérite, et l'avantage que ce lui seroit d'avoir un mari comme vous.

HARPAGON.

Tu as bien fait, et je t'en remercie.

FROSINE.

J'aurois, monsieur, une petite prière à vous faire. J'ai un procès que je suis sur le point de perdre, faute d'un peu d'argent (*Harpagon prend un air sérieux*); et vous pourriez facilement me procurer le gain de ce procès, si vous aviez quelques bontés pour moi...Vous ne sauriez croire le plaisir qu'elle aura de vous voir. (*Harpagon reprend un air gai.*) Ah! que vous lui plairez! et que votre fraise à l'antique fera sur son esprit un effet admirable! Mais surtout, elle sera charmée de votre haut-de-chausses attaché au pourpoint avec des aiguillettes : c'est pour la rendre folle de vous; et un amant aiguilletté sera pour elle un ragoût merveilleux.

HARPAGON.

Certes, tu me ravis de me dire cela.

FROSINE.

En vérité, monsieur, ce procès m'est d'une conséquence tout-à-fait grande (*Harpagon reprend son air sérieux*) : je suis ruinée si je le perds; et quelque petite assistance me rétabliroit mes affaires... Je voudrois que vous eussiez vu le ravissement où elle étoit à m'entendre parler de vous. (*Harpagon reprend un air gai.*) La joie éclatoit dans ses yeux au récit de vos qualités; et je l'ai mise enfin dans une impatience extrême de voir ce mariage entièrement conclu.

HARPAGON.

Tu m'as fait grand plaisir, Frosine; et je t'en ai, je te l'avoue, toutes les obligations du monde.

FROSINE.

Je vous prie, monsieur, de me donner le petit secours que je vous demande (*Harpagon reprend son air sérieux*); cela me remettra sur pied, et je vous en serai éternellement obligée.

HARPAGON.

Adieu. Je vais achever mes dépêches.

FROSINE.

Je vous assure, monsieur, que vous ne sauriez jamais me soulager dans un plus grand besoin.

HARPAGON.

Je mettrai ordre que mon carrosse soit tout prêt pour vous mener à la Foire.

FROSINE.

Je ne vous importunerois pas, si je ne m'y voyois forcée par la nécessité.

HARPAGON.

Et j'aurai soin qu'on soupe de bonne heure, pour ne vous point faire malades.

FROSINE.

Ne me refusez pas la grace dont je vous sollicite. Vous ne sauriez croire, monsieur, le plaisir que...

HARPAGON.

Je m'en vais. Voilà qu'on m'appelle. Jusqu'à tantôt.

FROSINE, *seule*.

Que la fièvre te serre, chien de vilain, à tous les diables. Le ladre a été ferme à toutes mes attaques. Mais il ne me faut pas pourtant quitter la négociation ; et j'ai l'autre côté, en tous cas, d'où je suis assurée de tirer bonne récompense.

FIN DU SECOND ACTE.

ACTE TROISIÈME.

SCÈNE I.

**HARPAGON, CLÉANTE, ÉLISE, VALÈRE;
DAME CLAUDE,** *tenant un balai;* **MAITRE
JACQUES, BRINDAVOINE, LA MERLUCHE.**

HARPAGON.

Allons, venez çà tous, que je vous distribue mes ordres pour tantôt, et règle à chacun son emploi. Approchez, dame Claude; commençons par vous. Bon, vous voilà les armes à la main. Je vous commets au soin de nettoyer partout; et, surtout, prenez garde de ne point frotter les meubles trop fort, de peur de les user. Outre cela, je vous constitue, pendant le souper, au gouvernement des bouteilles; et, s'il s'en écarte quelqu'une, et qu'il se casse quelque chose, je m'en prendrai à vous et le rabattrai sur vos gages.

MAÎTRE JACQUES, *à part.*

Châtiment politique!

HARPAGON, *à dame Claude.*

Allez.

SCÈNE II.

HARPAGON, CLÉANTE, ÉLISE, VALÈRE, MAITRE JACQUES, BRINDAVOINE, LA MERLUCHE.

HARPAGON.

Vous, Brindavoine, et vous, La Merluche, je vous établis dans la charge de rincer les verres et de donner à boire, mais seulement lorsque l'on aura soif, et non pas suivant la coutume de certains impertinents de laquais, qui viennent provoquer les gens, et les faire aviser de boire lorsqu'on n'y songe pas. Attendez qu'on vous en demande plus d'une fois, et vous ressouvenez de porter toujours beaucoup d'eau.

MAÎTRE JACQUES, *à part.*

Oui, le vin pur monte à la tête.

LA MERLUCHE.

Quitterons-nous nos siquenilles, monsieur?

HARPAGON.

Oui, quand vous verrez venir les personnes; et gardez bien de gâter vos habits.

BRINDAVOINE.

Vous savez bien, monsieur, qu'un des devants de mon pourpoint est couvert d'une grande tache de l'huile de la lampe.

LA MERLUCHE.

Et moi, monsieur, que j'ai mon haut-de-chausses

tout troué par derrière, et qu'on me voit, révérence parler...

HARPAGON, *à La Merluche.*

Paix. Rangez cela adroitement du côté de la muraille, et présentez toujours le devant au monde.
(*à Brindavoine, en lui montrant comme il doit mettre son chapeau au devant de son pourpoint, pour cacher la tache d'huile.*)
Et vous, tenez toujours votre chapeau ainsi, lorsque vous servirez.

SCÈNE III.

HARPAGON, CLÉANTE, ÉLISE, VALÈRE, MAITRE JACQUES.

HARPAGON.

Pour vous, ma fille, vous aurez l'œil sur ce que l'on desservira, et prendrez garde qu'il ne s'en fasse aucun dégât : cela sied bien aux filles. Mais cependant préparez-vous à bien recevoir ma maîtresse, qui vous doit venir visiter, et vous mener avec elle à la Foire. Entendez-vous ce que je vous dis ?

ÉLISE.

Oui, mon père.

SCÈNE IV.

HARPAGON, CLÉANTE, VALÈRE, MAITRE JACQUES.

HARPAGON.

Et vous, mon fils le damoiseau, à qui j'ai la bonté de pardonner l'histoire de tantôt, ne vous allez pas aviser non plus de lui faire mauvais visage.

CLÉANTE.

Moi, mon père, mauvais visage! et par quelle raison?

HARPAGON.

Mon dieu! nous savons le train des enfants dont les pères se remarient, et de quel œil ils ont coutume de regarder ce qu'on appelle belle-mère. Mais si vous souhaitez que je perde le souvenir de votre dernière fredaine, je vous recommande surtout de régaler d'un bon visage cette personne-là, et de lui faire enfin tout le meilleur accueil qu'il vous sera possible.

CLÉANTE.

A vous dire le vrai, mon père, je ne puis pas vous promettre d'être bien aise qu'elle devienne ma belle-mère; je mentirois si je vous le disois : mais pour ce qui est de la bien recevoir, et de lui faire bon visage, je vous promets de vous obéir ponctuellement sur ce chapitre.

HARPAGON.

Prenez-y garde, au moins.

CLÉANTE.

Vous verrez que vous n'aurez pas sujet de vous en plaindre.

HARPAGON.

Vous ferez sagement.

SCÈNE V.

HARPAGON, VALÈRE, MAITRE JACQUES.

HARPAGON.

Valère, aide-moi à ceci. Oh çà, maître Jacques, approchez-vous : je vous ai gardé pour le dernier.

MAÎTRE JACQUES.

Est-ce à votre cocher, monsieur, ou bien à votre cuisinier, que vous voulez parler ? car je suis l'un et l'autre.

HARPAGON.

C'est à tous les deux.

MAÎTRE JACQUES.

Mais à qui des deux le premier ?

HARPAGON.

Au cuisinier.

MAÎTRE JACQUES.

Attendez donc, s'il vous plaît.

(*Maître Jacques ôte sa casaque de cocher, et paroît vêtu en cuisinier.*)

HARPAGON.

Quelle diantre de cérémonie est-ce là ?

MAÎTRE JACQUES.

Vous n'avez qu'à parler.

HARPAGON.

Je me suis engagé, maître Jacques, à donner ce soir à souper.

MAÎTRE JACQUES, *à part.*

Grande merveille!

HARPAGON.

Dis-moi un peu, nous feras-tu bonne chère?

MAÎTRE JACQUES

Oui, si vous me donnez bien de l'argent.

HARPAGON.

Que diable! toujours de l'argent! il semble qu'ils n'aient autre chose à dire : de l'argent, de l'argent, de l'argent! Ah! ils n'ont que ce mot à la bouche : de l'argent! Toujours parler d'argent! Voilà leur épée de chevet[1] : de l'argent!

VALÈRE.

Je n'ai jamais vu de réponse plus impertinente que celle-là. Voilà une belle merveille de faire bonne chère avec bien de l'argent! c'est une chose la plus aisée du monde, et il n'y a si pauvre esprit qui n'en fît bien autant. Mais pour agir en habile homme, il faut parler de faire bonne chère avec peu d'argent.

MAÎTRE JACQUES.

Bonne chère avec peu d'argent?

VALÈRE.

Oui.

---

[1] *L'épée de chevet* est l'épée que l'on place la nuit sous son chevet, pour se mettre en garde contre toute attaque; c'est au figuré le raisonnement que l'on emploie de préférence.

ACTE III, SCÈNE V.

MAÎTRE JACQUES, *à Valère.*

Par ma foi, monsieur l'intendant, vous nous obligerez de nous faire voir ce secret, et de prendre mon office de cuisinier : aussi bien vous mêlez-vous céans d'être le factoton.

HARPAGON.

Taisez-vous. Qu'est-ce qu'il nous faudra?

MAÎTRE JACQUES.

Voilà monsieur votre intendant qui vous fera bonne chère pour peu d'argent.

HARPAGON.

Haye! je veux que tu me répondes.

MAÎTRE JACQUES.

Combien serez-vous de gens à table?

HARPAGON.

Nous serons huit ou dix; mais il ne faut prendre que huit. Quand il y a à manger pour huit, il y en a bien pour dix.

VALÈRE.

Cela s'entend.

MAÎTRE JACQUES.

Hé bien! il faudra quatre grands potages et cinq assiettes. Potages... Entrées...

HARPAGON.

Que diable! voilà pour traiter toute une ville entière!

MAÎTRE JACQUES.

Rôt...

HARPAGON, *mettant la main sur la bouche de maître Jacques.*

Ah, traître! tu manges tout mon bien.

MAÎTRE JACQUES.

Entremets...

HARPAGON, *mettant encore la main sur la bouche de maître Jacques.*

Encore!

VALÈRE, *à maître Jacques.*

Est-ce que vous avez envie de faire crever tout le monde? et monsieur a-t-il invité des gens pour les assassiner à force de mangeaille! Allez-vous-en lire un peu les préceptes de la santé, et demander aux médecins s'il y a rien de plus préjudiciable à l'homme que de manger avec excès.

HARPAGON.

Il a raison.

VALÈRE.

Apprenez, maître Jacques, vous et vos pareils, que c'est un coupe-gorge qu'une table remplie de trop de viandes; que, pour se bien montrer ami de ceux que l'on invite, il faut que la frugalité règne dans les repas qu'on donne, et que, suivant le dire d'un ancien, *il faut manger pour vivre, et non pas vivre pour manger.*

HARPAGON.

Ah, que cela est bien dit! approche, que je t'embrasse pour ce mot. Voilà la plus belle sentence que j'aie entendue de ma vie : *Il faut vivre pour manger, et non pas manger pour vi...* Non, ce n'est pas cela. Comment est-ce que tu dis?

VALÈRE.

Qu'*il faut manger pour vivre, et non pas vivre pour manger.*

HARPAGON, *à maître Jacques*.

Oui. Entends-tu? (*à Valère.*) Qui est le grand homme qui a dit cela?

VALÈRE.

Je ne me souviens pas maintenant de son nom.

HARPAGON.

Souviens-toi de m'écrire ces mots. Je les veux faire graver en lettres d'or sur la cheminée de ma salle.

VALÈRE.

Je n'y manquerai pas; et pour votre souper, vous n'avez qu'à me laisser faire, je règlerai tout cela comme il faut.

HARPAGON.

Fais donc.

MAÎTRE JACQUES.

Tant mieux! j'en aurai moins de peine.

HARPAGON, *à Valère*.

Il faudra de ces choses dont on ne mange guère, et qui rassasient d'abord; quelque bon haricot bien gras, avec quelque pâté en pot, bien garni de marrons.

VALÈRE.

Reposez-vous sur moi.

HARPAGON.

Maintenant, maître Jacques, il faut nettoyer mon carrosse.

MAÎTRE JACQUES.

Attendez. Ceci s'adresse au cocher.

(*Maître Jacques remet sa casaque.*)

Vous dites...

HARPAGON.

Qu'il faut nettoyer mon carrosse, et tenir mes chevaux tout prêts pour conduire à la foire...

MAÎTRE JACQUES.

Vos chevaux, monsieur? Ma foi, ils ne sont point du tout en état de marcher. Je ne vous dirai point qu'ils sont sur la litière, les pauvres bêtes n'en ont point; et ce seroit fort mal parler : mais vous leur faites observer des jeûnes si austères, que ce ne sont plus rien que des idées ou des fantômes, des façons de chevaux.

HARPAGON.

Les voilà bien malades! ils ne font rien.

MAÎTRE JACQUES.

Et pour ne faire rien, monsieur, est-ce qu'il ne faut rien manger? Il leur vaudroit bien mieux, les pauvres animaux, de travailler beaucoup, de manger de même. Cela me fend le cœur, de les voir ainsi exténués. Car enfin, j'ai une tendresse pour mes chevaux, qu'il me semble que c'est moi-même, quand je les vois pâtir. Je m'ôte tous les jours pour eux les choses de la bouche; et c'est être, monsieur, d'un naturel trop dur que de n'avoir nulle pitié de son prochain.

HARPAGON.

Le travail ne sera pas grand d'aller jusqu'à la foire.

MAÎTRE JACQUES.

Non, je n'ai point le courage de les mener, et je ferois conscience de leur donner des coups de fouet en l'état où ils sont. Comment voudriez-vous qu'ils traînassent un carrosse, qu'ils ne peuvent pas se traîner eux-mêmes?

VALÈRE.

Monsieur, j'obligerai le voisin Picard à se charger de les conduire; aussi bien nous fera-t-il ici besoin pour apprêter le souper.

MAÎTRE JACQUES.

Soit. J'aime mieux encore qu'ils meurent sous la main d'un autre que sous la mienne.

VALÈRE.

Maître Jacques fait bien le raisonnable!

MAÎTRE JACQUES.

Monsieur l'intendant fait bien le nécessaire!

HARPAGON.

Paix.

MAÎTRE JACQUES.

Monsieur, je ne saurois souffrir les flatteurs; et je vois que ce qu'il en fait, que ses contrôles perpétuels sur le pain et le vin, le bois, le sel et la chandelle, ne sont rien que pour vous gratter, et vous faire sa cour. J'enrage de cela, et suis fâché tous les jours d'entendre ce qu'on dit de vous : car enfin je me sens pour vous de la tendresse, en dépit que j'en aie; et, après mes chevaux, vous êtes la personne que j'aime le plus.

HARPAGON.

Pourrois-je savoir de vous, maître Jacques, ce que l'on dit de moi?

MAÎTRE JACQUES.

Oui, monsieur, si j'étois assuré que cela ne vous fâchât point.

HARPAGON.

Non, en aucune façon.

MAÎTRE JACQUES.

Pardonnez-moi; je sais fort bien que je vous mettrois en colère.

HARPAGON.

Point du tout; au contraire, c'est me faire plaisir; et je suis bien aise d'apprendre comme on parle de moi.

MAÎTRE JACQUES.

Monsieur, puisque vous le voulez, je vous dirai franchement qu'on se moque partout de vous, qu'on nous jette de tous côtés cent brocards à votre sujet, et que l'on n'est point plus ravi que de vous tenir au cul et aux chausses, et de faire sans cesse des contes de votre lésine. L'un dit que vous faites imprimer des almanachs particuliers, où vous faites doubler les quatre-temps et les vigiles, afin de profiter des jeûnes où vous obligez votre monde; l'autre, que vous avez toujours une querelle toute prête à faire à vos valets dans le temps des étrennes, ou de leur sortie d'avec vous, pour vous trouver une raison de ne leur donner rien. Celui-là conte qu'une fois vous fîtes assigner le chat d'un de vos voisins, pour vous avoir mangé un reste d'un gigot de mouton; celui-ci, que l'on vous surprit une nuit en venant dérober vous-même l'avoine de vos chevaux, et que votre cocher, qui étoit celui d'avant moi, vous donna, dans l'obscurité, je ne sais combien de coups de bâton, dont vous ne voulûtes rien dire. Enfin, voulez-vous que je vous dise? on ne sauroit aller nulle part où l'on ne vous entende accommoder de toutes pièces. Vous êtes la fable et la risée de tout le monde; et jamais on ne parle de vous que sous les noms d'avare, de ladre, de vilain et de fesse-Mathieu.

HARPAGON, *en battant maître Jacques.*

Vous êtes un sot, un maraud, un coquin et un impudent.

MAÎTRE JACQUES.

Hé bien, ne l'avois-je pas deviné? Vous ne m'avez pas voulu croire. Je vous avois bien dit que je vous fâcherois de vous dire la vérité.

HARPAGON.

Apprenez à parler.

SCÈNE VI.

VALÈRE, MAITRE JACQUES.

VALÈRE, *riant.*

A ce que je puis voir, maître Jacques, on paie mal votre franchise.

MAÎTRE JACQUES.

Morbleu! monsieur le nouveau venu, qui faites l'homme d'importance, ce n'est pas votre affaire. Riez de vos coups de bâton quand on vous en donnera, et ne venez point rire des miens.

VALÈRE.

Ah, monsieur maître Jacques! ne vous fâchez pas, je vous prie.

MAÎTRE JACQUES, *à part*.

Il file doux. Je veux faire le brave; et, s'il est assez sot pour me craindre, le frotter quelque peu. (*haut*.) Savez-vous bien, monsieur le rieur, que je ne ris pas, moi, et que, si vous m'échauffez la tête, je vous ferai rire d'une autre sorte.

(*Maître Jacques pousse Valère jusqu'au bout du théâtre en le menaçant.*)

VALÈRE.

Hé, doucement!

MAÎTRE JACQUES.

Comment, doucement? Il ne me plaît pas, moi!

VALÈRE.

De grace!

MAÎTRE JACQUES.

Vous êtes un impertinent.

VALÈRE.

Monsieur maître Jacques...

MAÎTRE JACQUES.

Il n'y a point de monsieur maître Jacques pour un double. Si je prends un bâton, je vous rosserai d'importance.

VALÈRE.

Comment, un bâton?

(*Valère fait reculer maître Jacques à son tour.*)

MAÎTRE JACQUES.

Hé, je ne parle pas de cela!

ACTE III, SCÈNE VI.

VALÈRE.

Savez-vous bien, monsieur le fat, que je suis homme à vous rosser vous-même?

MAÎTRE JACQUES.

Je n'en doute pas.

VALÈRE.

Que vous n'êtes, pour tout potage, qu'un faquin de cuisinier?

MAÎTRE JACQUES.

Je le sais bien.

VALÈRE.

Et que vous ne me connoissez pas encore?

MAÎTRE JACQUES.

Pardonnez-moi.

VALÈRE.

Vous me rosserez, dites-vous?

MAÎTRE JACQUES.

Je le disois en raillant.

VALÈRE.

Et moi, je ne prends point de goût à votre raillerie. (*donnant des coups de bâton à maître Jacques.*) Apprenez que vous êtes un mauvais railleur.

MAÎTRE JACQUES, *seul.*

Peste soit de la sincérité! c'est un mauvais métier: désormais j'y renonce, et je ne veux plus dire vrai. Passe encore pour mon maître; il a quelque droit de me battre : mais, pour ce monsieur l'intendant, je m'en vengerai, si je puis.

SCÈNE VII.

MARIANE, FROSINE, MAITRE JACQUES.

FROSINE.

Savez-vous, maître Jacques, si votre maître est au logis?

MAÎTRE JACQUES.

Oui, vraiment, il y est; je ne le sais que trop.

FROSINE.

Dites-lui, je vous prie, que nous sommes ici.

SCÈNE VIII.

MARIANE, FROSINE.

MARIANE.

Ah, que je suis, Frosine, dans un étrange état! et s'il faut dire ce que je sens, que j'appréhende cette vue!

FROSINE.

Mais pourquoi, et quelle est votre inquiétude?

MARIANE.

Hélas! me le demandez-vous? et ne vous figurez-vous point les alarmes d'une personne toute prête à voir le supplice où l'on veut l'attacher?

FROSINE.

Je vois bien que, pour mourir agréablement, Harpagon n'est pas le supplice que vous voudriez embrasser; et je connois à votre mine que le jeune blondin dont vous m'avez parlé vous revient un peu dans l'esprit.

MARIANE.

Oui. C'est une chose, Frosine, dont je ne veux pas me défendre; et les visites respectueuses qu'il a rendues chez nous, ont fait, je vous l'avoue, quelque effet dans mon ame.

FROSINE.

Mais avez-vous su quel il est?

MARIANE.

Non, je ne sais point quel il est. Mais je sais qu'il est fait d'un air à se faire aimer; que, si l'on pouvoit mettre les choses à mon choix, je le prendrois plutôt qu'un autre, et qu'il ne contribue pas peu à me faire trouver un tourment effroyable dans l'époux qu'on veut me donner.

FROSINE.

Mon dieu! tous ces blondins sont agréables, et débitent fort bien leur fait : mais la plupart sont gueux comme des rats; et il vaut mieux pour vous de prendre un vieux mari qui vous donne beaucoup de bien. Je vous avoue que les sens ne trouvent pas si bien leur compte du côté que je dis, et qu'il y a quelques petits dégoûts à essuyer avec un tel époux : mais cela n'est pas pour durer; et sa mort, croyez-moi, vous mettra bientôt en état d'en prendre un plus aimable, qui réparera toutes choses.

MARIANE.

Mon dieu, Frosine! c'est une étrange affaire, lorsque, pour être heureuse, il faut souhaiter ou attendre le trépas de quelqu'un ; et la mort ne suit pas tous les projets que nous faisons.

FROSINE.

Vous moquez-vous ? Vous ne l'épousez qu'aux conditions de vous laisser veuve bientôt ; et ce doit être là un des articles du contrat. Il seroit bien impertinent de ne pas mourir dans trois mois ! Le voici en propre personne.

MARIANE.

Ah, Frosine, quelle figure !

SCÈNE IX.

HARPAGON, MARIANE, FROSINE.

HARPAGON, *à Mariane*.

Ne vous offensez pas, ma belle, si je viens à vous avec des lunettes. Je sais que vos appas frappent assez les yeux, sont assez visibles d'eux-mêmes, et qu'il n'est pas besoin de lunettes pour les apercevoir : mais enfin c'est avec des lunettes qu'on observe les astres ; et je maintiens et garantis que vous êtes un astre, mais un astre, le plus bel astre qui soit dans le pays des astres... Frosine, elle ne répond mot, et ne témoigne, ce me semble, aucune joie de me voir.

FROSINE.

C'est qu'elle est encore toute surprise ; et puis les filles ont toujours honte à témoigner d'abord ce qu'elles ont dans l'ame.

HARPAGON, *à Frosine.*

Tu as raison. (*à Mariane.*) Voilà, belle mignonne, ma fille qui vient vous saluer.

SCÈNE X.

HARPAGON, ÉLISE, MARIANE, FROSINE.

MARIANE.

Je m'acquitte bien tard, madame, d'une telle visite.

ÉLISE.

Vous avez fait, madame, ce que je devois faire, et c'étoit à moi de vous prévenir.

HARPAGON.

Vous voyez qu'elle est grande; mais mauvaise herbe croît toujours.

MARIANE, *bas, à Frosine.*

O l'homme déplaisant!

HARPAGON, *bas, à Frosine.*

Que dit la belle?

FROSINE.

Qu'elle vous trouve admirable.

HARPAGON.

C'est trop d'honneur que vous me faites, adorable mignonne.

MARIANE, *à part.*

Quel animal!

HARPAGON.

Je vous suis trop obligé de ces sentiments.

MARIANE, *à part.*

Je n'y puis plus tenir.

SCÈNE XI.

HARPAGON, MARIANE, ÉLISE, CLÉANTE, VALÈRE, FROSINE, BRINDAVOINE.

HARPAGON.

Voici mon fils aussi, qui vous vient faire la révérence.

MARIANE, *bas, à Frosine.*

Ah, Frosine, quelle rencontre ! C'est justement celui dont je t'ai parlé.

FROSINE, *à Mariane.*

L'aventure est merveilleuse.

HARPAGON.

Je vois que vous vous étonnez de me voir de si grands enfants; mais je serai bientôt défait de l'un et de l'autre.

CLÉANTE, *à Mariane.*

Madame, à vous dire le vrai, c'est ici une aventure où, sans doute, je ne m'attendois pas; et mon père ne m'a pas peu surpris, lorsqu'il m'a dit tantôt le dessein qu'il avoit formé.

MARIANE.

Je puis dire la même chose : c'est une rencontre imprévue qui m'a surprise autant que vous; et je n'étois point préparée à une pareille aventure.

CLÉANTE.

Il est vrai que mon père, madame, ne peut pas

faire un plus beau choix, et que ce m'est une sensible joie que l'honneur de vous voir; mais, avec tout cela, je ne vous assurerai point que je me réjouis du dessein où vous pourriez être de devenir ma belle-mère. Le compliment, je vous l'avoue, est trop difficile pour moi; et c'est un titre, s'il vous plaît, que je ne vous souhaite point. Ce discours paroîtra brutal aux yeux de quelques uns : mais je suis assuré que vous serez personne à le prendre comme il faudra; que c'est un mariage, madame, où vous vous imaginez bien que je dois avoir de la répugnance; que vous n'ignorez pas, sachant ce que je suis, comme il choque mes intérêts, et que vous voulez bien enfin que je vous dise, avec la permission de mon père, que, si les choses dépendoient de moi, cet hymen ne se feroit point.

HARPAGON.

Voilà un compliment bien impertinent! Quelle belle confession à lui faire!

MARIANE.

Et moi, pour vous répondre, j'ai à vous dire que les choses sont fort égales; et que, si vous auriez de la répugnance à me voir votre belle-mère, je n'en aurois pas moins, sans doute, à vous voir mon beau-fils. Ne croyez pas, je vous prie, que ce soit moi qui cherche à vous donner cette inquiétude. Je serois fort fâchée de vous causer du déplaisir; et, si je ne m'y vois forcée par une puissance absolue, je vous donne ma parole que je ne consentirai point au mariage qui vous chagrine.

HARPAGON.

Elle a raison : à sot compliment il faut une réponse de même. Je vous demande pardon, ma belle, de l'impertinence de mon fils. C'est un jeune sot qui ne sait pas encore la conséquence des paroles qu'il dit.

MARIANE.

Je vous promets que ce qu'il m'a dit ne m'a point du tout offensée; au contraire, il m'a fait plaisir de m'expliquer ainsi ses véritables sentiments. J'aime de lui un aveu de la sorte; et, s'il avoit parlé d'autre façon, je l'en estimerois bien moins.

HARPAGON.

C'est beaucoup de bonté à vous de vouloir ainsi excuser ses fautes. Le temps le rendra plus sage, et vous verrez qu'il changera de sentiments.

CLÉANTE.

Non, mon père, je ne suis point capable d'en changer; et je prie instamment madame de le croire.

HARPAGON.

Mais voyez quelle extravagance! Il continue encore plus fort.

CLÉANTE.

Voulez-vous que je trahisse mon cœur?

HARPAGON.

Encore! Avez-vous envie de changer de discours?

CLÉANTE.

Hé bien, puisque vous voulez que je parle d'autre façon : Souffrez, madame, que je me mette ici à la place de mon père, et que je vous avoue que je n'ai rien vu dans le monde de si charmant que vous; que je ne conçois rien d'égal au bonheur de vous plaire, et que le titre de votre époux est une gloire, une félicité que je préférerois aux destinées des plus grands princes de la terre. Oui, madame, le bonheur de vous posséder est, à mes regards, la plus belle de toutes les fortunes; c'est où j'attache toute mon ambition. Il n'y a rien que je ne sois capable de faire pour une conquête si précieuse; et les obstacles les plus puissants...

HARPAGON.

Doucement, mon fils, s'il vous plaît.

CLÉANTE.

C'est un compliment que je fais pour vous à madame.

HARPAGON.

Mon dieu! j'ai une langue pour m'expliquer moi-même, et je n'ai pas besoin d'un procureur comme vous. Allez, donnez des sièges.

FROSINE.

Non : il vaut mieux que de ce pas nous allions à la Foire, afin d'en revenir plus tôt, et d'avoir tout le temps ensuite de vous entretenir.

HARPAGON, *à Brindavoine.*

Qu'on mette donc les chevaux au carrosse.

SCÈNE XII.

HARPAGON, MARIANE, ÉLISE, CLÉANTE, VALÈRE, FROSINE.

HARPAGON, *à Mariane.*

Je vous prie de m'excuser, ma belle, si je n'ai pas songé de vous donner un peu de collation avant que de partir.

CLÉANTE.

J'y ai pourvu, mon père; et j'ai fait apporter ici quelques bassins d'oranges de la Chine, de citrons doux et de confitures, que j'ai envoyé querir de votre part.

HARPAGON, *bas, à Valère.*

Valère?

VALÈRE, *à Harpagon.*

Il a perdu le sens.

CLÉANTE.

Est-ce que vous trouvez, mon père, que ce ne soit pas assez? Madame aura la bonté d'excuser cela, s'il lui plaît.

MARIANE.

C'est une chose qui n'étoit pas nécessaire.

CLÉANTE.

Avez-vous jamais vu, madame, un diamant plus vif que celui que vous voyez que mon père a au doigt?

MARIANE.

Il est vrai qu'il brille beaucoup.

ACTE III, SCÈNE XII.

CLÉANTE, *ôtant du doigt de son père le diamant et le donnant à Mariane.*

Il faut que vous le voyiez de près.

MARIANE.

Il est fort beau, sans doute, et jette quantité de feux.

CLÉANTE, *se mettant au devant de Mariane, qui veut rendre le diamant.*

Non, madame, il est en de trop belles mains; c'est un présent que mon père vous fait.

HARPAGON.

Moi?

CLÉANTE.

N'est-il pas vrai, mon père, que vous voulez que madame le garde pour l'amour de vous?

HARPAGON, *bas, à son fils.*

Comment!

CLÉANTE, *à Mariane.*

Belle demande! Il me fait signe de vous le faire accepter.

MARIANE.

Je ne veux point...

CLÉANTE, *à Mariane.*

Vous moquez-vous? il n'a garde de le reprendre.

HARPAGON, *à part.*

J'enrage!

MARIANE.

Ce seroit...

CLÉANTE, *empêchant toujours Mariane de rendre le diamant.*

Non, vous dis-je; c'est l'offenser.

MARIANE.

De grace...

CLÉANTE.

Point du tout.

HARPAGON, *à part.*

Peste soit...

CLÉANTE.

Le voilà qui se scandalise de votre refus.

HARPAGON, *bas, à son fils.*

Ah, traître!

CLÉANTE, *à Mariane.*

Vous voyez qu'il se désespère.

HARPAGON, *bas, à son fils, en le menaçant.*

Bourreau que tu es!

CLÉANTE.

Mon père, ce n'est pas ma faute : je fais ce que je puis pour l'obliger à le garder; mais elle est obstinée.

HARPAGON, *bas, à son fils, avec emportement.*

Pendard!

CLÉANTE.

Vous êtes cause, madame, que mon père me querelle.

HARPAGON, *bas, à son fils, avec les mêmes gestes.*

Le coquin!

CLÉANTE, *à Mariane.*

Vous le ferez tomber malade. De grace, madame, ne résistez pas davantage!

FROSINE, *à Mariane.*

Mon dieu, que de façons! Gardez la bague, puisque monsieur le veut.

MARIANE, *à Harpagon.*

Pour ne vous point mettre en colère, je la garde maintenant; et je prendrai un autre temps pour vous la rendre.

SCÈNE XIII.

HARPAGON, MARIANE, ÉLISE, CLÉANTE, VALÈRE, FROSINE, BRINDAVOINE.

BRINDAVOINE.

Monsieur, il y a là un homme qui veut vous parler.

HARPAGON.

Dis-lui que je suis empêché, et qu'il revienne une autre fois.

BRINDAVOINE.

Il dit qu'il vous apporte de l'argent.

HARPAGON, *à Mariane.*

Je vous demande pardon; je reviens tout-à-l'heure.

SCÈNE XIV.

HARPAGON, MARIANE, ÉLISE, CLÉANTE, VALÈRE, FROSINE, LA MERLUCHE.

LA MERLUCHE, *courant, et faisant tomber Harpagon.*

Monsieur...

HARPAGON.

Ah, je suis mort!

CLÉANTE.

Qu'est-ce, mon père? Vous êtes-vous fait mal?

HARPAGON.

Le traître assurément a reçu de l'argent de mes débiteurs pour me faire rompre le cou.

VALÈRE, *à Harpagon.*

Cela ne sera rien.

LA MERLUCHE, *à Harpagon.*

Monsieur, je vous demande pardon; je croyois bien faire d'accourir vite.

HARPAGON.

Que viens-tu faire ici, bourreau?

LA MERLUCHE.

Vous dire que vos deux chevaux sont déferrés.

HARPAGON.

Qu'on les mène promptement chez le maréchal.

CLÉANTE.

En attendant qu'ils soient ferrés, je vais faire pour vous, mon père, les honneurs de votre logis, et conduire madame dans le jardin, où je ferai porter la collation.

SCÈNE XV.

HARPAGON, VALÈRE.

HARPAGON.

Valère, aie un peu l'œil à tout cela, et prends soin,

ACTE III, SCÈNE XV.

je te prie, de m'en sauver le plus que tu pourras pour le renvoyer au marchand.

VALÈRE.

C'est assez.

HARPAGON, *seul.*

O fils impertinent! as-tu envie de me ruiner?

FIN DU TROISIÈME ACTE.

ACTE QUATRIÈME.

SCÈNE I.

CLÉANTE, MARIANE, ÉLISE, FROSINE.

CLÉANTE.

Rentrons ici ; nous serons beaucoup mieux : il n'y a plus autour de nous personne de suspect, et nous pouvons parler librement.

ÉLISE.

Oui, madame, mon frère m'a fait confidence de la passion qu'il a pour vous. Je sais les chagrins et les déplaisirs que sont capables de causer de pareilles traverses; et c'est, je vous assure, avec une tendresse extrême que je m'intéresse à votre aventure.

MARIANE.

C'est une douce consolation que de voir dans ses intérêts une personne comme vous; et je vous conjure, madame, de me garder toujours cette généreuse amitié, si capable de m'adoucir les cruautés de la fortune.

FROSINE.

Vous êtes, par ma foi, de malheureuses gens, l'un et l'autre, de ne m'avoir point, avant tout ceci, avertie de votre affaire. Je vous aurois sans doute détourné cette inquiétude, et n'aurois point amené les choses où l'on voit qu'elles sont.

CLÉANTE.

Que veux-tu? c'est ma mauvaise destinée qui l'a voulu ainsi. Mais, belle Mariane, quelles résolutions sont les vôtres?

MARIANE.

Hélas, suis-je en pouvoir de faire des résolutions? et dans la dépendance où je me vois, puis-je former que des souhaits?

CLÉANTE.

Point d'autre appui pour moi, dans votre cœur, que de simples souhaits? point de pitié officieuse? point de secourable bonté? point d'affection agissante?

MARIANE.

Que saurois-je vous dire? Mettez-vous en ma place, et voyez ce que je puis faire. Avisez, ordonnez vous-même; je m'en remets à vous; et je vous crois trop raisonnable pour vouloir exiger de moi que ce qui peut m'être permis par l'honneur et la bienséance.

CLÉANTE.

Hélas, où me réduisez-vous, que de me renvoyer à ce que voudront me permettre les fâcheux sentiments d'un rigoureux honneur et d'une scrupuleuse bienséance?

MARIANE.

Mais que voulez-vous que je fasse? Quand je pourrois passer sur quantité d'égards où notre sexe est obligé, j'ai de la considération pour ma mère. Elle m'a toujours élevée avec une tendresse extrême; et je ne saurois me résoudre à lui donner du déplaisir. Faites, agissez auprès d'elle; employez tous vos soins à gagner son esprit. Vous pouvez faire et dire tout ce que vous voudrez, je vous en donne la licence; et, s'il ne tient qu'à me déclarer en votre faveur, je veux bien consentir à lui faire un aveu moi-même de tout ce que je sens pour vous.

CLÉANTE.

Frosine, ma pauvre Frosine, voudrois-tu nous servir?

FROSINE.

Par ma foi, faut-il le demander? je le voudrois de tout mon cœur. Vous savez que, de mon naturel, je suis assez humaine. Le ciel ne m'a point fait l'ame de bronze; et je n'ai que trop de tendresse à rendre de petits services, quand je vois des gens qui s'entr'aiment en tout bien et en tout honneur. Que pourrions-nous faire à ceci?

CLÉANTE.

Songe un peu, je te prie.

MARIANE.

Ouvre-nous des lumières.

ÉLISE.

Trouve quelque invention pour rompre ce que tu as fait.

FROSINE.

Ceci est assez difficile. (*à Mariane.*) Pour votre mère, elle n'est pas tout-à-fait déraisonnable; et peut-être pourroit-on la gagner, et la résoudre à transporter au fils le don qu'elle veut faire au père. (*à Cléante.*) Mais le mal que j'y trouve, c'est que votre père est votre père.

CLÉANTE.

Cela s'entend.

FROSINE.

Je veux dire qu'il conservera du dépit, si l'on montre qu'on le refuse, et qu'il ne sera point d'humeur ensuite à donner son consentement à votre mariage. Il faudroit, pour bien faire, que le refus vînt de lui-même, et tâcher, par quelque moyen, de le dégoûter de votre personne.

CLÉANTE.

Tu as raison.

FROSINE.

Oui, j'ai raison; je le sais bien. C'est là ce qu'il faudroit; mais le diantre[1] est d'en pouvoir trouver les moyens... Attendez. Si nous avions quelque femme un peu sur l'âge, qui fût de mon talent, et jouât assez bien pour contrefaire une dame de qualité, par le moyen d'un train fait à la hâte, et d'un bizarre nom de marquise ou de vicomtesse, que nous supposerions de la Basse-Bretagne, j'aurois assez d'adresse pour faire accroire à votre père que ce seroit une personne riche, outre ses maisons, de cent mille écus en argent comptant; qu'elle seroit éperdument amoureuse de lui, et souhaiteroit de se voir sa femme, jusqu'à lui donner tout son bien par contrat de mariage : et je ne doute point qu'il ne prêtât l'oreille à la proposition. Car enfin il vous aime fort, je le sais,

---

[1] *Diantre*, cette expression, suivant Ménage, a été imaginée pour éviter de se servir du mot *diable*.

mais il aime un peu plus l'argent; et quand, ébloui de ce leurre, il auroit une fois consenti à ce qui vous touche, il importeroit peu ensuite qu'il se désabusât, en venant à vouloir voir clair aux affaires de notre marquise.

CLÉANTE.

Tout cela est fort bien pensé.

FROSINE.

Laissez-moi faire. Je viens de me ressouvenir d'une de mes amies qui sera notre fait.

CLÉANTE.

Sois assurée, Frosine, de ma reconnoissance, si tu viens à bout de la chose. Mais, charmante Mariane, commençons, je vous prie, par gagner votre mère : c'est toujours beaucoup faire que de rompre ce mariage. Faites-y, de votre part, je vous en conjure, tous les efforts qu'il vous sera possible. Servez-vous de tout le pouvoir que vous donne sur elle cette amitié qu'elle a pour vous. Déployez sans réserve les graces éloquentes, les charmes tout puissants que le ciel a placés dans vos yeux et dans votre bouche; et n'oubliez rien, s'il vous plaît, de ces tendres paroles, de ces douces prières, et de ces caresses touchantes, à qui je suis persuadé qu'on ne sauroit rien refuser.

MARIANE.

J'y ferai tout ce que je puis, et n'oublierai aucune chose.

SCÈNE II.

HARPAGON, CLÉANTE, MARIANE, ÉLISE, FROSINE.

HARPAGON, *à part, sans être aperçu.*
Ouais ! mon fils baise la main de sa prétendue belle-mère, et sa prétendue belle-mère ne s'en défend pas fort. Y auroit-il quelque mystère là dessous ?

ÉLISE.
Voilà mon père.

HARPAGON.
Le carrosse est tout prêt; vous pouvez partir quand il vous plaira.

CLÉANTE.
Puisque vous n'y allez pas, mon père, je m'en vais les conduire.

HARPAGON.
Non, demeurez. Elles iront bien toutes seules, et j'ai besoin de vous.

SCÈNE III.

HARPAGON, CLÉANTE.

HARPAGON.
Oh çà, intérêt de belle-mère à part, que te semble, à toi, de cette personne?

CLÉANTE.
Ce qui m'en semble?

HARPAGON.

Oui, de son air, de sa taille, de sa beauté, de son esprit?

CLÉANTE.

La, la.

HARPAGON.

Mais encore?

CLÉANTE.

A vous en parler franchement, je ne l'ai pas trouvée ici ce que je l'avois crue. Son air est de franche coquette; sa taille est assez gauche; sa beauté, très médiocre; et son esprit, des plus communs. Ne croyez pas que ce soit, mon père, pour vous en dégoûter; car, belle-mère pour belle-mère, j'aime autant celle-là qu'une autre.

HARPAGON.

Tu lui disois, pourtant...

CLÉANTE.

Je lui ai dit quelques douceurs en votre nom; mais c'étoit pour vous plaire.

HARPAGON.

Si bien donc que tu n'aurois pas d'inclination pour elle?

CLÉANTE.

Moi? point du tout.

HARPAGON.

J'en suis fâché; car cela rompt une pensée qui m'étoit venue dans l'esprit. J'ai fait, en la voyant ici, réflexion sur mon âge; et j'ai songé qu'on pourra trouver à redire de me voir marier à une si jeune personne. Cette considération m'en faisoit quitter le dessein; et, comme je l'ai fait demander, et que je suis pour elle engagé de parole, je te l'aurois donnée, sans l'aversion que tu témoignes.

CLÉANTE.

A moi?

HARPAGON.

A toi.

CLÉANTE.

En mariage?

HARPAGON.

En mariage.

CLÉANTE.

Écoutez. Il est vrai qu'elle n'est pas fort à mon goût; mais, pour vous faire plaisir, mon père, je me résoudrai à l'épouser, si vous voulez.

HARPAGON.

Moi! Je suis plus raisonnable que tu ne penses. Je ne veux point forcer ton inclination.

CLÉANTE.

Pardonnez-moi; je me ferai cet effort pour l'amour de vous.

HARPAGON.

Non, non : un mariage ne sauroit être heureux où l'inclination n'est pas.

CLÉANTE.

C'est une chose, mon père, qui peut-être viendra ensuite; et l'on dit que l'amour est souvent un fruit du mariage.

HARPAGON.

Non : du côté de l'homme on ne doit point risquer l'affaire; et ce sont des suites fâcheuses où je n'ai garde de me commettre. Si tu avois senti quelque inclination pour elle, à la bonne heure; je te l'aurois fait épouser, au lieu de moi : mais, cela n'étant pas, je suivrai mon premier dessein, et je l'épouserai moi-même.

CLÉANTE.

Hé bien, mon père, puisque les choses sont ainsi, il faut vous découvrir mon cœur; il faut vous révéler notre secret. La vérité est que je l'aime depuis un jour que je la vis dans une promenade; que mon dessein étoit tantôt de vous la demander pour femme; et que rien ne m'a retenu, que la déclaration de vos sentimens, et la crainte de vous déplaire.

HARPAGON.

Lui avez-vous rendu visite?

CLÉANTE.

Oui, mon père.

HARPAGON.

Beaucoup de fois?

CLÉANTE.

Assez, pour le temps qu'il y a.

HARPAGON.

Vous a-t-on bien reçu?

CLÉANTE.

Fort bien, mais sans savoir qui j'étois; et c'est ce qui a fait tantôt la surprise de Mariane.

ACTE IV, SCÈNE III.

HARPAGON.

Lui avez-vous déclaré votre passion, et le dessein où vous étiez de l'épouser?

CLÉANTE.

Sans doute; et même j'en avois fait à sa mère quelque peu d'ouverture.

HARPAGON.

A-t-elle écouté pour sa fille votre proposition?

CLÉANTE.

Oui, fort civilement.

HARPAGON.

Et la fille correspond-elle fort à votre amour?

CLÉANTE.

Si j'en dois croire les apparences, je me persuade, mon père, qu'elle a quelque bonté pour moi.

HARPAGON, *bas, à part.*

Je suis bien aise d'avoir appris un tel secret; et voilà justement ce que je demandois. (*haut.*) Or sus, mon fils, savez-vous ce qu'il y a? C'est qu'il faut songer, s'il vous plaît, à vous défaire de votre amour, à cesser toutes vos poursuites auprès d'une personne que je prétends pour moi, et à vous marier dans peu avec celle qu'on vous destine.

CLÉANTE.

Oui, mon père, c'est ainsi que vous me jouez! Hé bien, puisque les choses en sont venues là, je vous déclare, moi, que je ne quitterai point la passion que j'ai pour Mariane; qu'il n'y a point d'extrémité où je ne m'abandonne pour vous disputer sa conquête; et que, si vous avez pour vous le consentement d'une mère, j'aurai d'autres secours peut-être qui combattront pour moi.

HARPAGON.

Comment, pendard, tu as l'audace d'aller sur mes brisées !

CLÉANTE.

C'est vous qui allez sur les miennes; et je suis le premier en date.

HARPAGON.

Ne suis-je pas ton père? et ne me dois-tu pas respect?

CLÉANTE.

Ce ne sont point ici des choses où les enfants soient obligés de déférer aux pères, et l'amour ne connoît personne.

HARPAGON.

Je te ferai bien me connoître avec de bons coups de bâton.

CLÉANTE.

Toutes vos menaces ne feront rien.

HARPAGON.

Tu renonceras à Mariane.

CLÉANTE.

Point du tout.

HARPAGON.

Donnez-moi un bâton tout-à-l'heure.

SCÈNE IV.

HARPAGON, CLÉANTE, MAÎTRE JACQUES.

MAÎTRE JACQUES.

Hé, hé, hé! messieurs, qu'est-ce ci? A quoi songez-vous?

CLÉANTE.

Je me moque de cela.

MAÎTRE JACQUES, *à Cléante.*

Ah, monsieur! doucement.

HARPAGON.

Me parler avec cette impudence!

MAÎTRE JACQUES, *à Harpagon.*

Ah, monsieur! de grace.

CLÉANTE.

Je n'en démordrai point.

MAÎTRE JACQUES, *à Cléante.*

Hé quoi, à votre père!

HARPAGON.

Laisse-moi faire.

MAÎTRE JACQUES, *à Harpagon.*

Hé quoi, à votre fils! Encore passe pour moi.

HARPAGON.

Je te veux faire, toi-même, maître Jacques, juge de cette affaire, pour montrer comme j'ai raison.

MAÎTRE JACQUES.

J'y consens. (*à Cléante.*) Éloignez-vous un peu.

HARPAGON.

J'aime une fille que je veux épouser; et le pendard

a l'insolence de l'aimer avec moi, et d'y prétendre malgré mes ordres.

MAÎTRE JACQUES.

Ah, il a tort !

HARPAGON.

N'est-ce pas une chose épouvantable, qu'un fils qui veut entrer en concurrence avec son père? et ne doit-il pas, par respect, s'abstenir de toucher à mes inclinations?

MAÎTRE JACQUES.

Vous avez raison. Laissez-moi lui parler, et demeurez là.

CLÉANTE, *à maître Jacques, qui s'approche de lui.*

Hé bien, oui, puisqu'il veut te choisir pour juge, je n'y recule point : il ne m'importe qui ce soit; et je veux bien aussi me rapporter à toi, maître Jacques, de notre différent.

MAÎTRE JACQUES.

C'est beaucoup d'honneur que vous me faites.

CLÉANTE.

Je suis épris d'une jeune personne qui répond à mes vœux, et reçoit tendrement les offres de ma foi; et mon père s'avise de venir troubler notre amour par la demande qu'il en fait faire.

MAÎTRE JACQUES.

Il a tort assurément.

CLÉANTE.

N'a-t-il point de honte à son âge de songer à se marier? Lui sied-il bien d'être encore amoureux? et ne devroit-il pas laisser cette occupation aux jeunes gens?

MAITRE JACQUES.

Vous avez raison, il se moque, laissez-moi lui dire deux mots. (*à Harpagon.*) Hé bien! votre fils n'est pas si étrange que vous le dites, et il se met à la raison. Il dit qu'il sait le respect qu'il vous doit; qu'il ne s'est emporté que dans la première chaleur, et qu'il ne fera point refus de se soumettre à ce qu'il vous plaira, pourvu que vous vouliez le traiter mieux que vous ne faites, et lui donner quelque personne en mariage dont il ait lieu d'être content.

HARPAGON.

Ah! dis-lui, maître Jacques, que, moyennant cela, il pourra espérer toutes choses de moi, et que, hors Mariane, je lui laisse la liberté de choisir celle qu'il voudra.

MAÎTRE JACQUES.

Laissez-moi faire. (*à Cléante.*) Hé bien! votre père n'est pas si déraisonnable que vous le faites; et il m'a témoigné que ce sont vos emportements qui l'ont mis en colère, et qu'il n'en veut seulement qu'à votre manière d'agir; et qu'il sera fort disposé à vous accorder ce que vous souhaitez, pourvu que vous vouliez vous y prendre par la douceur, et lui rendre les déférences, les respects et les soumissions qu'un fils doit à son père.

CLÉANTE.

Ah, maître Jacques! tu lui peux assurer que, s'il m'accorde Mariane, il me verra toujours le plus soumis de tous les hommes, et que jamais je ne ferai aucune chose que par ses volontés.

MAÎTRE JACQUES, *à Harpagon*.

Cela est fait : il consent à ce que vous dites.

HARPAGON.

Voilà qui va le mieux du monde.

MAÎTRE JACQUES, *à Cléante*.

Tout est conclu. Il est content de vos promesses.

CLÉANTE.

Le ciel en soit loué !

MAÎTRE JACQUES.

Messieurs, vous n'avez qu'à parler ensemble ; vous voilà d'accord maintenant ; et vous alliez vous quereller, faute de vous entendre.

CLÉANTE.

Mon pauvre maître Jacques, je te serai obligé toute ma vie.

MAÎTRE JACQUES.

Il n'y a pas de quoi, monsieur.

HARPAGON.

Tu m'as fait plaisir, maître Jacques ; et cela mérite une récompense.

(*Harpagon fouille dans sa poche, maître Jacques tend la main ; mais Harpagon ne tire que son mouchoir, en disant :*)

Va, je m'en souviendrai, je t'assure.

MAÎTRE JACQUES.

Je vous baise les mains.

SCÈNE V.

HARPAGON, CLÉANTE.

CLÉANTE.

Je vous demande pardon, mon père, de l'emportement que j'ai fait paroître.

HARPAGON.

Cela n'est rien.

CLÉANTE.

Je vous assure que j'en ai tous les regrets du monde.

HARPAGON.

Et moi, j'ai toutes les joies du monde de te voir raisonnable.

CLÉANTE.

Quelle bonté à vous d'oublier si vite ma faute!

HARPAGON.

On oublie aisément les fautes des enfants, lorsqu'ils rentrent dans leur devoir.

CLÉANTE.

Quoi, ne garder aucun ressentiment de toutes mes extravagances!

HARPAGON.

C'est une chose où tu m'obliges par la soumission et le respect où tu te ranges.

CLÉANTE.

Je vous promets, mon père, que, jusqu'au tombeau, je conserverai dans mon cœur le souvenir de vos bontés.

HARPAGON.

Et moi, je te promets qu'il n'y aura aucune chose que de moi tu n'obtiennes.

CLÉANTE.

Ah, mon père! je ne vous demande plus rien; et c'est m'avoir assez donné, que de me donner Mariane.

HARPAGON.

Comment?

CLÉANTE.

Je dis, mon père, que je suis trop content de vous, et que je trouve toutes choses dans la bonté que vous avez de m'accorder Mariane?

HARPAGON.

Qui est-ce qui parle de t'accorder Mariane?

CLÉANTE.

Vous, mon père.

HARPAGON.

Moi?

CLÉANTE.

Sans doute.

HARPAGON.

Comment! c'est toi qui as promis d'y renoncer.

CLÉANTE.

Moi, y renoncer?

HARPAGON.

Oui.

CLÉANTE.

Point du tout.

HARPAGON.

Tu ne t'es pas départi d'y prétendre?

ACTE IV, SCÈNE V.

CLÉANTE.

Au contraire, j'y suis porté plus que jamais.

HARPAGON.

Quoi, pendard! derechef?

CLÉANTE.

Rien ne me peut changer.

HARPAGON.

Laisse-moi faire, traître!

CLÉANTE.

Faites tout ce qu'il vous plaira.

HARPAGON.

Je te défends de me jamais voir.

CLÉANTE.

A la bonne heure.

HARPAGON.

Je t'abandonne.

CLÉANTE.

Abandonnez.

HARPAGON.

Je te renonce pour mon fils.

CLÉANTE.

Soit.

HARPAGON.

Je te déshérite.

CLÉANTE.

Tout ce que vous voudrez.

HARPAGON.

Et je te donne ma malédiction.

CLÉANTE.

Je n'ai que faire de vos dons.

SCÈNE VI.

CLÉANTE, LA FLÈCHE.

LA FLÈCHE, *sortant du jardin avec une cassette.*
Ah, monsieur! que je vous trouve à propos! Suivez-moi vite.

CLÉANTE.
Qu'y a-t-il?

LA FLÈCHE.
Suivez-moi, vous dis-je : nous sommes bien.

CLÉANTE.
Comment?

LA FLÈCHE.
Voici votre affaire.

CLÉANTE.
Quoi?

LA FLÈCHE.
J'ai guigné[1] ceci tout le jour.

CLÉANTE.
Qu'est-ce que c'est?

LA FLÈCHE.
Le trésor de votre père, que j'ai attrapé.

CLÉANTE.
Comment as-tu fait?

LA FLÈCHE.
Vous saurez tout. Sauvons-nous, je l'entends crier.

---

[1] *Guigner une chose*, la regarder avec envie, la guetter.

SCÈNE VII.

HARPAGON, *criant au voleur, dès le jardin.*

Au voleur! au voleur! à l'assassin! au meurtrier! Justice, juste ciel! Je suis perdu, je suis assassiné; on m'a coupé la gorge, on m'a dérobé mon argent. Qui peut-ce être? Qu'est-il devenu? Où est-il? Où se cache-t-il? Que ferai-je pour le trouver? Où courir? Où ne pas courir? N'est-il point là? N'est-il point ici? Qui est-ce? Arrête. (*à lui-même, se prenant par le bras.*) Rends-moi mon argent, coquin... Ah, c'est moi... Mon esprit est troublé, et j'ignore où je suis, qui je suis, et ce que je fais. Hélas, mon pauvre argent! mon pauvre argent, mon cher ami, on m'a privé de toi! Et, puisque tu m'es enlevé, j'ai perdu mon support, ma consolation, ma joie : tout est fini pour moi, et je n'ai plus que faire au monde! Sans toi il m'est impossible de vivre. C'en est fait! je n'en puis plus, je me meurs, je suis mort, je suis enterré. N'y a-t-il personne qui veuille me ressusciter, en me rendant mon cher argent, ou en m'apprenant qui l'a pris? Euh, que dites-vous? Ce n'est personne. Il faut, qui que ce soit qui ait fait le coup, qu'avec beaucoup de soin on ait épié l'heure; et l'on a choisi justement le temps que je parlois à mon traître de fils. Sortons. Je veux aller quérir la justice, et faire donner la question à toute ma maison, à servantes, à valets, à fils, à fille et à moi aussi. Que de gens assemblés! Je ne jette mes regards sur personne qui ne me donne des soupçons, et tout me semble mon voleur. Hé, de quoi est-ce qu'on parle là? de celui qui m'a dérobé? Quel bruit fait-on là haut? Est-ce mon voleur qui y est? De grace, si l'on sait des nouvelles de mon voleur, je supplie que l'on m'en dise. N'est-il point caché là parmi vous? Ils me regardent tous, et se mettent à rire. Vous verrez qu'ils ont part, sans doute, au vol que l'on m'a fait. Allons vite, des commissaires, des archers, des prevôts, des juges, des gênes, des potences et des bourreaux. Je veux faire pendre tout le monde; et, si je ne retrouve mon argent, je me pendrai moi-même après.

FIN DU QUATRIÈME ACTE.

ACTE CINQUIÈME.

SCÈNE I.

HARPAGON, UN COMMISSAIRE.

LE COMMISSAIRE.

Laissez-moi faire, je sais mon métier, dieu merci. Ce n'est pas d'aujourd'hui que je me mêle de découvrir des vols ; et je voudrois avoir autant de sacs de mille francs que j'ai fait pendre de personnes.

HARPAGON.

Tous les magistrats sont intéressés à prendre cette affaire en main ; et, si l'on ne me fait retrouver mon argent, je demanderai justice de la justice.

LE COMMISSAIRE.

Il faut faire toutes les poursuites requises. Vous dites qu'il y avoit dans cette cassette...

HARPAGON.

Dix mille écus bien comptés.

LE COMMISSAIRE.

Dix mille écus !

HARPAGON.

Dix mille écus.

LE COMMISSAIRE.

Le vol est considérable.

HARPAGON.

Il n'y a point de supplice assez grand pour l'énormité de ce crime; et, s'il demeure impuni, les choses les plus sacrées ne sont plus en sûreté.

LE COMMISSAIRE.

En quelles espèces étoit cette somme?

HARPAGON.

En bons louis d'or et pistoles bien trébuchantes.

LE COMMISSAIRE.

Qui soupçonnez-vous de ce vol?

HARPAGON.

Tout le monde; et je veux que vous arrêtiez prisonniers la ville et les faubourgs.

LE COMMISSAIRE.

Il faut, si vous m'en croyez, n'effaroucher personne, et tâcher doucement d'attraper quelques preuves, afin de procéder après, par la rigueur, au recouvrement des deniers qui vous ont été pris.

SCÈNE II.

HARPAGON, LE COMMISSAIRE, MAITRE JACQUES.

MAÎTRE JACQUES, *dans le fond du théâtre, en se retournant du côté par lequel il est entré.*

Je m'en vais revenir: qu'on me l'égorge tout-à-l'heure; qu'on me lui fasse griller les pieds; qu'on me le mette dans l'eau bouillante; et qu'on me le pende au plancher.

HARPAGON, *à maître Jacques.*

Qui? celui qui m'a dérobé?

ACTE V, SCÈNE II.

MAÎTRE JACQUES.

Je parle d'un cochon de lait que votre intendant me vient d'envoyer, et je veux vous l'accommoder à ma fantaisie.

HARPAGON.

Il n'est pas question de cela, et voilà monsieur à qui il faut parler d'autre chose.

LE COMMISSAIRE, *à maître Jacques.*

Ne vous épouvantez point; je suis homme à ne vous point scandaliser, et les choses iront dans la douceur.

MAÎTRE JACQUES.

Monsieur est de votre souper?

LE COMMISSAIRE.

Il faut ici, mon cher ami, ne rien cacher à votre maître.

MAÎTRE JACQUES.

Ma foi, monsieur, je montrerai tout ce que je sais faire, et je vous traiterai du mieux qu'il me sera possible.

HARPAGON.

Ce n'est pas là l'affaire.

MAÎTRE JACQUES.

Si je ne vous fais pas aussi bonne chère que je voudrois, c'est la faute de monsieur notre intendant qui m'a rogné les ailes avec les ciseaux de son économie.

HARPAGON.

Traître! il s'agit d'autre chose que de souper; et je veux que tu me dises des nouvelles de l'argent qu'on m'a pris.

MAÎTRE JACQUES.

On vous a pris de l'argent?

HARPAGON.

Oui, coquin; et je m'en vais te faire pendre si tu ne me le rends.

LE COMMISSAIRE, *à Harpagon.*

Mon dieu, ne le maltraitez point. Je vois à sa mine qu'il est honnête homme, et que, sans se faire mettre en prison, il vous découvrira ce que vous voulez savoir. Oui, mon ami, si vous nous confessez la chose, il ne vous sera fait aucun mal, et vous serez récompensé comme il faut par votre maître. On lui a pris aujourd'hui son argent, et il n'est pas que vous ne sachiez quelque nouvelle de cette affaire.

MAÎTRE JACQUES, *bas, à part.*

Voici justement ce qu'il me faut pour me venger de notre intendant. Depuis qu'il est entré céans, il est le favori; on n'écoute que ses conseils; et j'ai aussi sur le cœur les coups de bâton de tantôt.

HARPAGON.

Qu'as-tu à ruminer?

LE COMMISSAIRE, *à Harpagon.*

Laissez-le faire. Il se prépare à vous contenter, et je vous ai bien dit qu'il étoit honnête homme.

MAÎTRE JACQUES.

Monsieur, si vous voulez que je vous dise les choses, je crois que c'est monsieur votre cher intendant qui a fait le coup.

HARPAGON.

Valère?

MAÎTRE JACQUES.

Oui.

HARPAGON.
Lui, qui me paroît si fidèle?
MAÎTRE JACQUES.
Lui-même. Je crois que c'est lui qui vous a dérobé.
HARPAGON.
Et sur quoi le crois-tu?
MAÎTRE JACQUES.
Sur quoi?
HARPAGON.
Oui.
MAÎTRE JACQUES.
Je le crois... sur ce que je le crois.
LE COMMISSAIRE.
Mais il est nécessaire de dire les indices que vous avez.
HARPAGON.
L'as-tu vu rôder autour du lieu où j'avois mis mon argent?
MAÎTRE JACQUES.
Oui, vraiment. Où étoit-il, votre argent?
HARPAGON.
Dans le jardin.
MAÎTRE JACQUES.
Justement. Je l'ai vu rôder dans le jardin. Et dans quoi est-ce que cet argent étoit?
HARPAGON.
Dans une cassette.
MAÎTRE JACQUES.
Voilà l'affaire. Je lui ai vu une cassette.
HARPAGON.
Et cette cassette, comment est-elle faite? Je verrai bien si c'est la mienne.

####### MAÎTRE JACQUES.

Comment elle est faite?

####### HARPAGON.

Oui.

####### MAÎTRE JACQUES.

Elle est faite... elle est faite comme une cassette.

####### LE COMMISSAIRE.

Cela s'entend. Mais dépeignez-la un peu, pour voir.

####### MAÎTRE JACQUES.

C'est une grande cassette...

####### HARPAGON.

Celle qu'on m'a volée est petite.

####### MAÎTRE JACQUES.

Hé, oui, elle est petite, si on le veut prendre par là; mais je l'appelle grande pour ce qu'elle contient.

####### LE COMMISSAIRE.

Et de quelle couleur est-elle?

####### MAÎTRE JACQUES.

De quelle couleur?

####### LE COMMISSAIRE.

Oui.

####### MAÎTRE JACQUES.

Elle est de couleur... la, d'une certaine couleur... Ne sauriez-vous m'aider à dire?

####### HARPAGON.

Euh?

####### MAÎTRE JACQUES.

N'est-elle pas rouge?

####### HARPAGON.

Non, grise.

ACTE V, SCÈNE III.

MAÎTRE JACQUES.

Hé, oui, gris-rouge, c'est ce que je voulois dire.

HARPAGON.

Il n'y a point de doute. C'est elle assurément. Écrivez, monsieur, écrivez sa déposition. Ciel, à qui désormais se fier? Il ne faut plus jurer de rien; et je crois, après cela, que je suis homme à me voler moi-même.

MAÎTRE JACQUES, *à Harpagon*.

Monsieur, le voici qui revient. Ne lui allez pas dire au moins que c'est moi qui vous ai découvert cela.

SCÈNE III.

HARPAGON, LE COMMISSAIRE, VALÈRE, MAITRE JACQUES.

HARPAGON.

Approche, viens confesser l'action la plus noire, l'attentat le plus horrible qui ait jamais été commis.

VALÈRE.

Que voulez-vous, monsieur?

HARPAGON.

Comment, traître! tu ne rougis pas de ton crime!

VALÈRE.

De quel crime voulez-vous donc parler?

HARPAGON.

De quel crime je veux parler, infame! comme si tu ne savois pas ce que je veux dire! C'est en vain que tu prétendrois de le déguiser: l'affaire est découverte, et l'on vient de m'apprendre tout. Comment! abuser ainsi de ma bonté, et s'introduire exprès chez moi pour me trahir, pour me jouer un tour de cette nature!

VALÈRE.

Monsieur, puisqu'on vous a découvert tout, je ne veux point chercher de détours, et vous nier la chose.

MAÎTRE JACQUES, *à part.*

Oh, oh! aurois-je deviné sans y penser?

VALÈRE.

C'étoit mon dessein de vous en parler, et je voulois attendre pour cela des conjonctures favorables; mais puisqu'il est ainsi, je vous conjure de ne vous point fâcher, et de vouloir entendre mes raisons.

HARPAGON.

Et quelles belles raisons peux-tu me donner, voleur infame?

VALÈRE.

Ah, monsieur! je n'ai pas mérité ces noms. Il est vrai que j'ai commis une offense envers vous; mais, après tout, ma faute est pardonnable.

HARPAGON.

Comment, pardonnable! un guet-apens, un assassinat de la sorte!

VALÈRE.

De grace, ne vous mettez point en colère. Quand vous m'aurez ouï, vous verrez que le mal n'est pas si grand que vous le faites.

HARPAGON.

Le mal n'est pas si grand que je le fais! Quoi, mon sang, mes entrailles, pendard!

ACTE V, SCÈNE III.

VALÈRE.

Votre sang, monsieur, n'est pas tombé dans de mauvaises mains. Je suis d'une condition à ne lui point faire tort; et il n'y a rien en tout ceci que je ne puisse bien réparer.

HARPAGON.

C'est bien mon intention, et que tu me restitues ce que tu m'as ravi.

VALÈRE.

Votre honneur, monsieur, sera pleinement satisfait.

HARPAGON.

Il n'est pas question d'honneur là dedans. Mais, dis-moi, qui t'a porté à cette action?

VALÈRE.

Hélas, me le demandez-vous?

HARPAGON.

Oui, vraiment, je te le demande.

VALÈRE.

Un dieu qui porte les excuses de tout ce qu'il fait faire : l'Amour.

HARPAGON.

L'Amour!

VALÈRE.

Oui.

HARPAGON.

Bel amour! bel amour, ma foi, l'amour de mes louis d'or!

VALÈRE.

Non, monsieur; ce ne sont point vos richesses qui m'ont tenté, ce n'est pas cela qui m'a ébloui; et je proteste de ne prétendre rien à tous vos biens, pourvu que vous me laissiez celui que j'ai.

HARPAGON.

Non ferai, de par tous les diables, je ne te le laisserai pas. Mais voyez quelle insolence, de vouloir retenir le vol qu'il m'a fait!

VALÈRE.

Appelez-vous cela un vol?

HARPAGON.

Si je l'appelle un vol, un trésor comme celui-là!

VALÈRE.

C'est un trésor, il est vrai, et le plus précieux que vous ayez sans doute; mais ce ne sera pas le perdre que de me le laisser. Je vous le demande à genoux, ce trésor plein de charmes; et pour bien faire, il faut que vous me l'accordiez.

HARPAGON.

Je n'en ferai rien. Qu'est-ce à dire, cela?

VALÈRE.

Nous nous sommes promis une foi mutuelle, et avons fait serment de ne nous point abandonner.

HARPAGON.

Le serment est admirable, et la promesse plaisante.

VALÈRE.

Oui, nous nous sommes engagés d'être l'un à l'autre à jamais.

HARPAGON.

Je vous en empêcherai bien, je vous assure.

VALÈRE.

Rien que la mort ne nous peut séparer.

ACTE V, SCÈNE III.

HARPAGON.

C'est être bien endiablé après mon argent!

VALÈRE.

Je vous ai déja dit, monsieur, que ce n'étoit point l'intérêt qui m'avoit poussé à faire ce que j'ai fait. Mon cœur n'a point agi par les ressorts que vous pensez, et un motif plus noble m'a inspiré cette résolution.

HARPAGON.

Vous verrez que c'est par charité chrétienne qu'il veut avoir mon bien. Mais j'y donnerai bon ordre; et la justice, pendard effronté, me va faire raison de tout.

VALÈRE.

Vous en userez comme vous voudrez, et me voilà prêt à souffrir toutes les violences qu'il vous plaira : mais je vous prie de croire au moins que s'il y a du mal, ce n'est que moi qu'il en faut accuser, et que votre fille, en tout ceci, n'est aucunement coupable.

HARPAGON.

Je le crois bien, vraiment : il seroit fort étrange que ma fille eût trempé dans ce crime. Mais je veux ravoir mon affaire, et que tu me confesses en quel endroit tu me l'as enlevée.

VALÈRE.

Moi, je ne l'ai point enlevée; et elle est encore chez vous.

HARPAGON, *à part.*

O ma chère cassette! (*haut.*) Elle n'est point sortie de ma maison?

VALÈRE.

Non, monsieur.

HARPAGON.

Hé, dis-moi donc un peu: tu n'y as point touché?

VALÈRE.

Moi, y toucher! Ah, vous lui faites tort, aussi bien qu'à moi! et c'est d'une ardeur toute pure et respectueuse que j'ai brûlé pour elle.

HARPAGON, *à part.*

Brûlé pour ma cassette!

VALÈRE.

J'aimerois mieux mourir que de lui avoir fait paroître aucune pensée offensante; elle est trop sage et trop honnête pour cela.

HARPAGON, *à part.*

Ma cassette trop honnête!

VALÈRE.

Tous mes désirs se sont bornés à jouir de sa vue; et rien de criminel n'a profané la passion que ses beaux yeux m'ont inspirée.

HARPAGON, *à part.*

Les beaux yeux de ma cassette! Il parle d'elle comme un amant d'une maîtresse.

VALÈRE.

Dame Claude, monsieur, sait la vérité de cette aventure; et elle vous peut rendre témoignage...

HARPAGON.

Quoi, ma servante est complice de l'affaire?

VALÈRE.

Oui, monsieur, elle a été témoin de notre engagement; et c'est après avoir connu l'honnêteté de ma

ACTE V, SCENE III.

flamme qu'elle m'a aidé à persuader votre fille de me donner sa foi, et de recevoir la mienne.

HARPAGON.

Eh! (*à part.*) Est-ce que la peur de la justice le fait extravaguer? (*à Valère.*) Que nous brouilles-tu ici de ma fille?

VALERE.

Je dis, monsieur, que j'ai eu toutes les peines du monde à faire consentir sa pudeur à ce que vouloit mon amour.

HARPAGON.

La pudeur de qui?

VALÈRE.

De votre fille; et c'est seulement depuis hier qu'elle a pu se résoudre à nous signer mutuellement une promesse de mariage.

HARPAGON.

Ma fille t'a signé une promesse de mariage?

VALÈRE.

Oui, monsieur; comme de ma part je lui en ai signé une.

HARPAGON.

O ciel, autre disgrace!

MAÎTRE JACQUES, *au commissaire.*

Écrivez, monsieur, écrivez.

HARPAGON.

Rengrègement de mal[1], surcroît de désespoir! (*au commissaire.*) Allons, monsieur, faites le dû de votre

---

[1] *Rengrègement*, augmentation, surcroît.

charge, et dressez-lui-moi un procès comme larron et comme suborneur.

MAÎTRE JACQUES.

Comme larron et comme suborneur.

VALÈRE.

Ce sont des noms qui ne me sont point dus, et quand on saura qui je suis...

SCÈNE IV.

HARPAGON, ÉLISE, MARIANE, VALÈRE, FROSINE, MAITRE JACQUES, LE COMMISSAIRE.

HARPAGON.

Ah, fille scélérate! fille indigne d'un père comme moi! c'est ainsi que tu pratiques les leçons que je t'ai données! Tu te laisses prendre d'amour pour un voleur infame, et tu lui engages ta foi sans mon consentement! Mais vous serez trompés l'un et l'autre. (*à Élise.*) Quatre bonnes murailles me répondront de ta conduite; (*à Valère.*) et une bonne potence, pendard effronté, me fera raison de ton audace.

VALÈRE.

Ce ne sera point votre passion qui jugera l'affaire; et l'on m'écoutera au moins avant que de me condamner.

HARPAGON.

Je me suis abusé de dire une potence; et tu seras roué tout vif.

ACTE V; SCÈNE IV.

ÉLISE, *aux genoux d'Harpagon.*

Ah, mon père! prenez des sentiments un peu plus humains, je vous prie; et n'allez point pousser les choses dans les dernières violences du pouvoir paternel. Ne vous laissez point entraîner aux premiers mouvements de votre passion, et donnez-vous le temps de considérer ce que vous voulez faire. Prenez la peine de mieux voir celui dont vous vous offensez. Il est tout autre que vos yeux ne le jugent; et vous trouverez moins étrange que je me sois donnée à lui, lorsque vous saurez que sans lui vous ne m'auriez plus il y a long-temps. Oui, mon père, c'est lui qui me sauva de ce grand péril que vous savez que je courus dans l'eau, et à qui vous devez la vie de cette même fille dont...

HARPAGON.

Tout cela n'est rien; et il valoit bien mieux pour moi qu'il te laissât noyer, que de faire ce qu'il a fait.

ÉLISE.

Mon père, je vous conjure, par l'amour paternel, de me...

HARPAGON.

Non, non, je ne veux rien entendre; et il faut que la justice fasse son devoir.

MAÎTRE JACQUES, *à part.*

Tu me paieras mes coups de bâton.

FROSINE, *à part.*

Voici un étrange embarras.

SCÈNE V.

ANSELME, HARPAGON, ÉLISE, MARIANE, FROSINE, VALÈRE, LE COMMISSAIRE, MAÎTRE JACQUES.

ANSELME.

Qu'est-ce, seigneur Harpagon? je vous vois tout ému.

HARPAGON.

Ah, seigneur Anselme! vous me voyez le plus infortuné de tous les hommes, et voici bien du trouble et du désordre au contrat que vous venez faire. On m'assassine dans le bien, on m'assassine dans l'honneur; et voilà un traître, un scélérat qui a violé tous les droits les plus saints, qui s'est coulé chez moi, sous le titre de domestique, pour me dérober mon argent, et pour me suborner ma fille.

VALÈRE.

Qui songe à votre argent, dont vous me faites un galimatias?

HARPAGON.

Oui, ils se sont donné l'un à l'autre une promesse de mariage. Cet affront vous regarde, seigneur Anselme; et c'est vous qui devez vous rendre partie contre lui, et faire toutes les poursuites de la justice, pour vous venger de son insolence.

ANSELME.

Ce n'est pas mon dessein de me faire épouser par

force, et de rien prétendre à un cœur qui se seroit donné; mais, pour vos intérêts, je suis prêt à les embrasser ainsi que les miens propres.

HARPAGON.

Voilà monsieur, qui est un honnête commissaire, qui n'oubliera rien, à ce qu'il m'a dit, de la fonction de son office. (*au commissaire, montrant Valère.*) Chargez-le comme il faut, monsieur, et rendez les choses bien criminelles.

VALÈRE.

Je ne vois pas quel crime on me peut faire de la passion que j'ai pour votre fille, et le supplice où vous croyez que je puisse être condamné pour notre engagement, lorsqu'on saura ce que je suis.

HARPAGON.

Je me moque de tous ces contes, et le monde aujourd'hui n'est plein que de ces larrons de noblesse, que de ces imposteurs qui tirent avantage de leur obscurité, et s'habillent insolemment du premier nom illustre qu'ils s'avisent de prendre.

VALÈRE.

Sachez que j'ai le cœur trop bon pour me parer de quelque chose qui ne soit point à moi, et que tout Naples peut rendre témoignage de ma naissance.

ANSELME.

Tout beau! prenez garde à ce que vous allez dire. Vous risquez ici plus que vous ne pensez; et vous parlez devant un homme à qui tout Naples est connu, et qui peut aisément voir clair dans l'histoire que vous ferez.

L'AVARE.

VALÈRE, *en mettant fièrement son chapeau.*

Je ne suis point homme à rien craindre ; et si Naples vous est connu, vous savez qui étoit don Thomas d'Alburci.

ANSELME.

Sans doute, je le sais ; et peu de gens l'ont connu mieux que moi.

HARPAGON.

Je ne me soucie ni de don Thomas, ni de don Martin. (*Harpagon, voyant deux chandelles allumées, en souffle une.*)

ANSELME.

De grace, laissez-le parler ; nous verrons ce qu'il en veut dire.

VALÈRE.

Je veux dire que c'est lui qui m'a donné le jour.

ANSELME.

Lui ?

VALÈRE.

Oui.

ANSELME.

Allez, vous vous moquez. Cherchez quelque autre histoire qui vous puisse mieux réussir ; et ne prétendez pas vous sauver sous cette imposture.

VALÈRE.

Songez à mieux parler. Ce n'est point une imposture, et je n'avance rien qu'il ne me soit aisé de justifier.

ANSELME.

Quoi, vous osez vous dire fils de don Thomas d'Alburci?

VALÈRE.

Oui, je l'ose ; et je suis prêt de soutenir cette vérité contre qui que ce soit.

ANSELME.

L'audace est merveilleuse ! Apprenez, pour vous confondre, qu'il y a seize ans, pour le moins, que l'homme dont vous nous parlez périt sur mer avec ses enfants et sa femme, en voulant dérober leur vie aux cruelles persécutions qui ont accompagné les désordres de Naples, et qui en firent exiler plusieurs nobles familles.

VALÈRE.

Oui. Mais apprenez, pour vous confondre, vous, que son fils, âgé de sept ans, avec un domestique, fut sauvé de ce naufrage par un vaisseau espagnol, et que ce fils sauvé est celui qui vous parle. Apprenez que le capitaine de ce vaisseau, touché de ma fortune, prit amitié pour moi; qu'il me fit élever comme son propre fils, et que les armes furent mon emploi dès que je m'en trouvai capable; que j'ai su depuis peu que mon père n'étoit point mort, comme je l'avois toujours cru; que, passant ici pour l'aller chercher, une aventure par le ciel concertée me fit voir la charmante Élise; que cette vue me rendit esclave de ses beautés, et que la violence de mon amour et les sévérités de son père me firent prendre la résolution de m'introduire dans son logis, et d'envoyer un autre à la quête de mes parents.

ANSELME.

Mais quels témoignages encore, autres que vos paroles, nous peuvent assurer que ce ne soit point une fable que vous ayez bâtie sur une vérité?

VALÈRE.

Le capitaine espagnol, un cachet de rubis qui étoit à mon père, un bracelet d'agate que ma mère m'avoit mis au bras, le vieux Pédro, ce domestique qui se sauva avec moi du naufrage.

MARIANE.

Hélas, à vos paroles je puis ici répondre, moi, que vous n'imposez point; et tout ce que vous dites me fait connoître clairement que vous êtes mon frère.

VALÈRE.

Vous ma sœur!

MARIANE.

Oui: mon cœur s'est ému dès le moment que vous avez ouvert la bouche; et notre mère, que vous allez ravir [1], m'a mille fois entretenue des disgraces de notre famille. Le ciel ne nous fit point aussi périr dans ce triste naufrage: mais il ne nous sauva la vie que par la perte de notre liberté; et ce furent des corsaires qui nous recueillirent, ma mère et moi, sur un débris de notre vaisseau. Après dix ans d'esclavage, une heureuse fortune nous rendit notre liberté, et nous retournâmes dans Naples, où nous trouvâmes tout notre bien vendu, sans y pouvoir trouver des nouvelles de notre père. Nous passâmes à Gênes, où ma mère alla ramasser quelques malheureux restes d'une succession qu'on avoit déchirée; et de là, fuyant la barbare in-

---

[1] Revoir.

ACTE V, SCÈNE V.

justice de ses parents, elle vint en ces lieux, où elle n'a presque vécu que d'une vie languissante.

ANSELME.

O ciel! quels sont les traits de ta puissance! et que tu fais bien voir qu'il n'appartient qu'à toi de faire des miracles! Embrassez-moi, mes enfants, et mêlez tous deux vos transports à ceux de votre père!

VALÈRE.

Vous êtes notre père?

MARIANE.

C'est vous que ma mère a tant pleuré?

ANSELME.

Oui, ma fille, oui, mon fils, je suis don Thomas d'Alburci, que le ciel garantit des ondes avec tout l'argent qu'il portoit, et qui, vous ayant tous cru morts durant plus de seize ans, se préparoit, après de longs voyages, à chercher dans l'hymen d'une douce et sage personne la consolation de quelque nouvelle famille. Le peu de sûreté que j'ai vu pour ma vie à retourner à Naples m'a fait y renoncer pour toujours; et ayant su trouver moyen d'y faire vendre ce que j'avois, je me suis habitué ici, où, sous le nom d'Anselme, j'ai voulu m'éloigner les chagrins de cet autre nom qui m'a causé tant de traverses.

HARPAGON, *à Anselme.*

C'est là votre fils?

ANSELME.

Oui.

HARPAGON.

Je vous prends à partie pour me payer dix mille écus qu'il m'a volés.

ANSELME.

Lui! vous avoir volé?

HARPAGON.

Lui-même.

VALÈRE.

Qui vous dit cela?

HARPAGON.

Maître Jacques.

VALÈRE, *à maître Jacques.*

C'est toi qui le dis?

MAÎTRE JACQUES.

Vous voyez que je ne dis rien.

HARPAGON.

Oui, voilà monsieur le commissaire qui a reçu sa déposition.

VALÈRE.

Pouvez-vous me croire capable d'une action si lâche?

HARPAGON.

Capable ou non capable, je veux ravoir mon argent.

SCÈNE VI.

HARPAGON, ANSELME, ÉLISE, MARIANE, CLÉANTE, VALÈRE, FROSINE, LE COMMISSAIRE, MAITRE JACQUES, LA FLÈCHE.

CLÉANTE.

Ne vous tourmentez point, mon père, et n'accusez personne. J'ai découvert des nouvelles de votre affaire; et je viens ici pour vous dire que, si vous voulez vous résoudre à me laisser épouser Mariane, votre argent vous sera rendu.

HARPAGON.

Où est-il?

CLÉANTE.

Ne vous en mettez point en peine; il est en lieu dont je réponds, et tout ne dépend que de moi. C'est à vous de me dire à quoi vous vous déterminez; et vous pouvez choisir, ou de me donner Mariane, ou de perdre votre cassette.

HARPAGON.

N'en a-t-on rien ôté?

CLÉANTE.

Rien du tout. Voyez si c'est votre dessein de souscrire à ce mariage, et de joindre votre consentement à celui de sa mère, qui lui laisse la liberté de faire un choix entre nous deux.

MARIANE, *à Cléante.*

Mais vous ne savez pas que ce n'est pas assez que ce consentement; et que le ciel, *(montrant Valère.)*

avec un frère que vous voyez, vient de me rendre un père (*montrant Anselme.*), dont vous avez à m'obtenir.

ANSELME.

Le ciel, mes enfants, ne me redonne point à vous pour être contraire à vos vœux. Seigneur Harpagon, vous jugez bien que le choix d'une jeune personne tombera sur le fils plutôt que sur le père. Allons, ne vous faites point dire ce qu'il n'est pas nécessaire d'entendre; et consentez, ainsi que moi, à ce double hyménée.

HARPAGON.

Il faut, pour me donner conseil, que je voie ma cassette.

CLÉANTE.

Vous la verrez saine et entière.

HARPAGON.

Je n'ai point d'argent à donner en mariage à mes enfants.

ANSELME.

Hé bien, j'en ai pour eux; que cela ne vous inquiète point.

HARPAGON.

Vous obligerez-vous à faire tous les frais de ces deux mariages?

ANSELME.

Oui, je m'y oblige. Êtes-vous satisfait?

HARPAGON.

Oui, pourvu que, pour les noces, vous me fassiez faire un habit.

ACTE V, SCÈNE VI.

ANSELME.

D'accord. Allons jouir de l'allégresse que cet heureux jour nous présente.

LE COMMISSAIRE.

Holà, messieurs, holà! tout doucement, s'il vous plaît. Qui me paiera mes écritures?

HARPAGON.

Nous n'avons que faire de vos écritures.

LE COMMISSAIRE.

Oui; mais je ne prétends pas, moi, les avoir faites pour rien.

HARPAGON, *montrant maître Jacques.*

Pour votre paiement, voilà un homme que je vous donne à pendre.

MAÎTRE JACQUES.

Hélas! comment faut-il donc faire? On me donne des coups de bâton pour dire vrai, et on me veut pendre pour mentir.

ANSELME.

Seigneur Harpagon, il faut lui pardonner cette imposture.

HARPAGON.

Vous paierez donc le commissaire?

ANSELME.

Soit. Allons vite faire part de notre joie à votre mère.

HARPAGON.

Et moi, voir ma chère cassette.

FIN DE L'AVARE.

TABLE

DES PIÈCES CONTENUES DANS CE VOLUME.

Mélicerte, pastorale héroïque. Page	1
Pastorale comique.	37
Le Sicilien, ou l'Amour peintre, comédie-ballet en un acte et en prose.	51
Le Tartufe, ou l'Imposteur, comédie en cinq actes et en vers.	89
Préface.	91
Premier placet présenté au roi.	100
Second placet.	104
Troisième placet.	108
Amphitryon, comédie en trois actes et en vers libres.	217
A son altesse sérénissime monseigneur le Prince.	218
Au roi, sur la conquête de la Franche-Comté.	221
Prologue.	223
L'Avare, comédie en cinq actes et en prose.	321

FIN DE LA TABLE DU QUATRIÈME VOLUME.

www.ingramcontent.com/pod-product-compliance
Lightning Source LLC
Chambersburg PA
CBHW051125230426
43670CB00007B/685